행복한 선택
박래창 장로의 인생이야기

KB220513

행복한 선택
박래창 장로의 인생 이야기

2015. 7. 1. 1판 1쇄 발행
2023. 7. 5. 개정 1판 1쇄 발행

저자와의
협의하에
검인생략

지은이 | 박래창
펴낸이 | 이종춘
펴낸곳 | [BM] 한율의밀알

주소 | 04032 서울시 마포구 양화로 127 첨단빌딩 3층(출판기획 R&D 센터)
      10881 경기도 파주시 문발로 112 파주 출판 문화도시(제작 및 물류)
전화 | 02) 3142-0036
      031) 950-6300
팩스 | 031) 955-0510
등록 | 1973. 2. 1. 제406-2005-000046호
출판사 홈페이지 | **www.cyber.co.kr**
ISBN | 978-89-315-8616-9 (03230)
정가 | **18,000원**

이 책을 만든 사람들
기획 | 최옥현
편집 · 진행 | 황세원
교정 · 교열 | 문인곤
본문 디자인 | 박원석
표지 디자인 | 박원석
홍보 | 김계향, 유미나, 정단비, 김주승
국제부 | 이선민, 조혜란
마케팅 | 구본철, 차정욱, 오영일, 나진호, 강호묵
마케팅 지원 | 장상범
제작 | 김유석

■ 도서 A/S 안내

성안당에서 발행하는 모든 도서는 저자와 출판사, 그리고 독자가 함께 만들어 나갑니다.
좋은 책을 펴내기 위해 많은 노력을 기울이고 있습니다. 혹시라도 내용상의 오류나 오탈자 등이
발견되면 "좋은 책은 나라의 보배"로서 우리 모두가 함께 만들어 간다는 마음으로 연락주시기
바랍니다. 수정 보완하여 더 나은 책이 되도록 최선을 다하겠습니다.
성안당은 늘 독자 여러분들의 소중한 의견을 기다리고 있습니다. 좋은 의견을 보내주시는 분께는
성안당 쇼핑몰의 포인트(3,000포인트)를 적립해 드립니다.

잘못 만들어진 책이나 부록 등이 파손된 경우에는 교환해 드립니다.

행복한 선택
박래창 장로의
인생 이야기

박래창 지음

한알의밀알

"내가 너희를 고아와 같이 버려두지 아니하고

너희에게로 오리라."

(요 14:18)

일곱 살 때였다. 8 · 15 광복을 맞아 씨름 축제가 전국 곳곳에서 열렸다. 씨름판 구경을 나갔던 어느 날, 며칠 동안 뵙지 못했던 아버지를 만났다. 반가워서 달려가니 아버지께서 나를 번쩍 안아 올리셨다. 그리고는 노점 좌판 앞으로 데려가서 먹고 싶은 것을 고르라 하셨다.

나는 사과가 먹고 싶었지만, 워낙 과일이 귀하던 시절이라 사과는 비쌀 것이라는 생각에 삶은 고구마를 가리켰다. 아버지께서는 내 마음을 어찌 아셨는지 얼른 사과를 손에 쥐어주셨다.

나를 안아주셨던 아버지의 든든한 팔, 따뜻한 가슴, 사과를 쥐어주시던 다정함이 지금도 느껴지는 것만 같다. 어린 시절의 기억 한 조각이지만 그 장면의 느낌이 이리도 생생한 것은 지금까지 살아오면서 자주 떠올렸기 때문이리라.

그 순간의 경험은 내 인생에 중요한 영향을 미쳤다. 세계관과 신앙관의 밑바탕을 만들어 주었기 때문이다. 어리고 분별력이 없는 내가 무엇을 선택하든, 아버지의 품 안에 있는 나는 그 결과를 크게 걱정할 필요가 없다. 아버지께서는 내게 가장 좋은 것이 무엇인지 알고 계시고, 그 결과로 나를 부드럽고 따뜻하게 이끌어 주실 것이다. 언제나 나를 지켜봐 주실 것이다.

이런 믿음이 있다면 어려운 갈림길 앞에 서더라도 지나치게 근심하거나 위축되지 않을 것이다. 필요할 때마다 과감한 선택을 해볼 수있고, 그 순간을 즐기자는 마음으로 마음껏 활약을 해볼 수도 있다. 실수도 실패도 할 수 있지만 그게 끝이 아니라고, 다음 기회가 있을 것이라 생각하고 금방 마음을 추스를 수도 있다.

이것이 책의 제목에 쓴 '행복한 선택'의 원리다.

"행복한 선택이라는 게 무슨 뜻입니까?"

8년 전 책을 처음 펴냈을 때 '행복한 선택, 박래창 장로의 인생 이야기'라는 제목을 보고 이렇게 물어보시는 분들이 많았다.

'행복한 선택'이란 이런 것이다. 나한테 어떠한 일이 주어졌을 때, 그 일이 더러는 내가 원한 일이 아니었고, 하기 싫은 일일 때도 있었고, 내가 감당하기 벅찬 경우도 있었지만, 그럼에도 불구하고 최선을 다해서 감당하기로 나는 늘 '선택'을 했다. 그렇게 하다 보면 아무리 큰 어려움 속에서도 답을 찾을 수 있었다. 함께하는 분들이 늘 옆에 있어주었기에 감당할 수 있었다. 그 순간들이 쌓여서 분에 넘치는 성공의 길이 열렸다. 그것이 내게는 '행복한 선택'이었다.

하나님께서 나 박래창이라는 사람의 인생을 온전히 주재하고 계시다는 믿음이 있었기에 가능한 일이었다. 하나님께서 나를 들어 쓰시기 위해 시련을 주신 것이라면, 어차피 그 잔을 피할 수 없을 것이기에 순순히 그 뜻에 따르기로 '선택'했다는 것이다.

다만 이 원리를 내가 늘 기억하고 살았던 것은 아니다. 인생의 바닥까지 떨어진 것 같고, 어디에도 희망이 없는 것 같아서 절망하고 좌절했던 시간들이 있었다.

그도 그럴 것이, 열두 살까지 내가 부잣집 도련님으로 남부러울 것 없이 자랄 수 있게 해줬던 토대는 6·25 전쟁과 함께 사라져 버렸다. 구세군 사관(목사)이셨던 아버지는 인민군에게 '목사라는 이유'로 목숨을 잃으셨고, 그날 이후로 우리 형제는 전쟁이 끝날 때까지 '반동의 자식'으로 공포 속에 살았다. 친척집을 전전하는 애물단지가 되고, 닥치는 대로 돈을 벌어야 고등학교라도 졸업할 수 있는 처지가 됐다. 결핵으로 쓰러져 야간 대학을 중퇴해야 했던 스물세 살, 군에서 제대하고 보니 갈아입을 변변한 옷도, 차비도 없어서 어떻게 일자리를 찾아야 할지 막막하기만 했던 스물일곱 살, 그런 시절이 있었다.

그러나 남아 있는 것이 있었다. 할아버지 대부터 시작된 신앙의 유산이었다. 아버지께서는 돌아가심으로써 내게 '순교자의 아들'이라는, 무엇보다 귀중한 자산을 물려주셨다. 외할머니를 비롯한 가족들도 모두 나를 위해 끊임없이 기도해 주었다. 기도는 땅에 떨어지지 않기에, 나는 혼자 있어도 결코 고아가 아니었다. 아무리 힘들어도 예배당에 가서 앉아 있으면 덜 힘들게 느껴졌다. 어딘가 길이 있을 것이라는 막연한 희망이 피어오르곤 했다.

"저에게 제발 아무 일이라도 주십시오. 무엇이든 할 일을 주시면 일평생 열심히 하겠습니다!"

이렇게 서원기도를 한 뒤로 처음 제안 받은 일이 교회학교 교사 봉사였다. 처음에는 '나는 돈벌이 일자리를 구한 것인데?' 했지만 순종하기로 했을 때 하나둘 새로운 지경들이 펼쳐졌다. 어느 순간 돌아보니 바닥까지 내려가 있던 삶이 한참 위로 올라와 있었다.

사는 동안 어려움은 계속해서 닥쳤다. 겨우 찾아낸 사업은 매일매일 전투하듯 임하지 않으면 곧바로 도태될 정도로 치열한 업종인 패션 텍스타일 사업이었다. 집중하고 몰입해서 창의적인 결과물을 만들어내는 그 일을 무척 사랑했고 잘 해내기도 했다. 그러나 한편으로는 어떻게 그 일을 40년이나 했을까 싶을 만큼 험난한 나날들이었다.

신앙생활 안에서 맡겨진 역할들도 마찬가지였다. 교회학교 교사로 시작한 봉사는 42년간의 장로 직분으로 이어졌다. 소망교회 45년 역사 중 42년 동안 시무장로와 은퇴장로로 섬긴 것이다. 교회 안팎에서 감당해 온 수많은 직분과 역할들 중에는 어느 하나 녹록한 것이 없었다. 늘 어렵고 복잡한 상황 한가운데로 떨어졌다. 내 능력만으로는 감당할 수도 성공시킬 수도 없는 일들이 대부분이었다.

그럼에도 늘 믿는 구석이 있었다. 한탄하고 푸념하고픈 마음을 내려놓고 잠잠히 생각을 가라앉혀 보면 나를 든든히 받쳐주시는 하나님의 존재가 느껴졌다. 일곱 살 나를 안아주시던 아버지의 팔과 같고, 내 손에 사과를 쥐어주시던 아버지의 다정함과도 같은 느낌이었다. 그리고 나서 돌아보면, 나를 쓰시는 분은 하나님이시니 충실히 그 뜻에 따르기만 하는 되는 것이었다. 어떤 일이 펼쳐질지 기대하며 내가 할 수 있는 일을 하면 되는 것이었다.

이런 '행복한 선택'의 원리를 이 책을 통해 나누고 싶다. 다행히 8년 전 처음 책을 펴냈을 때 수많은 분들에게서 공감하며 읽었다는 말을 들었다. 어찌 보면 내 또래 한국인이면 누구나 겪었을 평범한 이야기들이지만, 그 사이 사이에 담아 놓은 작은 법칙과 메시지들을 발견해 준 분들이 많았나 보다.

이번에 수정 작업을 하기 위해 다시 찬찬히 되짚어 보니 이전에는 명확하게 설명하지 못했던, 삶의 고비마다 존재했던 하나님의 뜻하심을 깨닫고 크게 은혜를 받기도 했다. 이 책을 읽는 모든 분들이 삶의 여정 안에서 '행복한 선택'의 법칙을 발견하고 경험해 나가기를 기도한다.

2부 사장 인생
다섯 달란트 받은 종의 모험

3부 봉사 인생
복 주려고 붙잡으시는 하나님

4부 장로 인생
그리스도의 남은 고난에 동참하는 기쁨

1부

박래창 인생

기도는
땅에 떨어지지 않는다

기도 후원자들이 만들어준 큰 언덕

너와 함께 하니 두려워 말라

몸부림쳐도 안 될 땐 바닥에서 쉬어가라

바닥을 치고 올라가다

이 아이를 위하여 내가 기도하였더니
내가 구하여 기도한 바를
여호와께서 내게 허락하신지라.

(사무엘상 1:27)

기도 후원군들이 만들어준 큰 언덕

조각구름의 징표

엘리야가 하나님께 비를 내려달라고 부르짖어 기도했을 때, 눈에 보인 것은 손바닥만 한 조각구름뿐이었다. 그러나 엘리야는 기도하며 '큰 비의 소리'를 들었기 때문에 "곧 비가 온다"고 말할 수 있었다. (왕상 18:41~44)

흙먼지가 이는 논둑길을 타박타박 걷는다. 손에 든 강아지풀이 한들한들 춤을 춘다. 기분도 그처럼 한들거리면 좋으련만 그러기엔 다리도 아프고 배도 고프다.

바로 며칠 전에는 지금 이 길을 반대로 걸었다. 그때는 노을을 바라보며 걸었고 지금은 노을을 등지고 걷는다. 도착하면 서모가 어떤 표정을 지으실까.

나를 할머니댁으로 보내면서 "여긴 너무 비좁고 식구가 많으니 형이 있는 곳으로 가거라."라고 할 때는 그래도 무서운 표정은 아니었다. 친정집에 더불어 사는 서모로서도 힘들 것이라고 이해가 되기도 했다.

할머니댁이라지만 돌아가신 할머니 친정 쪽이어서 이전에는 왕래한 적이 한 번도 없는 최씨 집안이다. 눈치가 보이기는 마찬가지였다. 지금 돌아가고 있는 서모의 친정집도 그보다 편할 것도 없지만 그래도 형님과 같이 있고 싶었다.

그렇지만 결국 오래 못 버티고 다시 떠밀려 돌아가고 있다. 형님은 열다섯 나이에 키가 크고 힘이 세 일꾼 한 몫을 하지만 나는 이제 내 나이 열두 살, 밥만 축내는 천덕꾸러기일 뿐이다. 이번에 가면 얼마나 더 머물 수 있을까. 일 나간 사이에 내가 다시 서모 댁으로 보내진 것을 알면 형은 또 얼마나 괴로워할까.

옛날 생각이 난다. '부잣집 도련님'으로 잘 지내던 때의 기억보다 사무치도록 그립게 떠오르는 것은 딱 한 번, 아버지께 종아리를 맞았던 일이다.

아버지는 몹시 엄격하신 분이셨다. 그럼에도 형과 나는 아버지께 야단맞은 기억이 없다. 매를 맞은 기억도 거의 없다. 어머니를 여의고 서모 밑에서 자라고 있는 우리를 아버지께서는 늘 마음 아파하셨던 것 같다.

그런 아버지께 호되게 혼난 적이 한 번 있다. 아버지 서랍 속에는 희귀한 물건들이 많았다. 그중에 좋은 파카 만년필을 친구들에게 자랑하고 싶어서 몰래 학교에 가져갔다가 학교에서 제일 힘이 센 아이에게 줘버렸다. 이 일을 알고 아버지는 매를 들고 종아리를 때리셨다.

"너는 앞으로 이 나라의 훌륭한 사람이 되어야 하는데 이래서야 되겠느냐!"

종아리를 때리신 후, 아버지는 우리나라의 현재와 미래에 대한 국가관까지 어린 나에게 길게 말씀하셨다. 다 이해할 수는 없었지만 "너는 훌륭한 사람이 될 것"이라는 그 말씀은 가슴에 깊이 새겨졌다. 종아리를 때리시며 훈계하시던 가장 평범한 말씀이 평생 나의 삶에 기둥이 되어 중심을 잡아주었다.

그 기억을 떠올리니 '나는 천덕꾸러기 고아가 아니고 잘 자라서 훌륭한 사람이 될 거다.'라는 생각이 어린 마음을 감싸고 위로해줬다. 아버지는 서른아홉 젊은 나이에 돌아가셨지만, 그렇게 나를 영혼으로 기르셨다.

몇 년 전, 아흔이 다 된 형님과 그때 이야기를 나눴다. 어려서 어머니를 잃고, 전쟁 때 아버지가 돌아가시고 서모와 함께 피난살이 하면서 이 집 저 집에서 더부살이하던 그 시절 이야기다.

형님은 지금도 그때의 서럽고 억울했던 기억이 생생한 듯 분노하신다. 남보다 나을 것 없던 할머니 친척집에서 고된 노동을 했던 것보다도 어린 동생이 받았던 구박이 더 서러우셨던 듯하다. 나도 그 시절을 떠올리면 울적하고 외로웠던 감정이 되살아난다.

어린 시절은 이렇게 수채화처럼 아름다운 고향 풍경과 그 그림을 찢어발기는 듯 처절했던 전쟁의 상흔, 그리고 살아남기 위해 이리 치이고 저리 치였던 전쟁 뒤의 고생이 뒤섞여 있다. 장래를 생각하기는 커녕 한 치 앞도 가늠하기 어려운 시절이었다.

그러나 그때는 미처 몰랐을 뿐, 내게는 엘리야가 본 조각구름과 같은 징표가 있었다. 너무나 미미해서 감지하기 어려울 때가 많았지만, 돌이켜보면 '너를 지켜주겠다.'는 약속을 늘 가슴 깊은 곳에서 느끼고 있었다. 그 약속은 아무리 서럽고 슬픈 상황에서도 마음 한쪽을 든든히 지켜주었다. 그 사실을 깨달은 것도, 그 약속이 어떤 의미인지 알게 된 것도 한참 후였지만 말이다.

신앙의 뿌리, 물우리교회

회문산 자락 밑, 고향 마을 앞으로는 섬진강이 흐른다. 운암댐이 생기기 전이라 강줄기는 크고 아름다웠다. 강가에는 수천 년 물길에 다듬어지고 무늬가 진 넓은 바위와 크고 작은 조약돌, 기기묘묘한 몽돌이 어우러진 자갈밭이 3km도 넘게 펼쳐져 있었다. 늦여름이면 바다에서 올라온 팔뚝만한 은어 떼가 강에 가득했다. 수리안전답이 넓게 펼쳐져 있어 흉년 걱정이 없고, 밤나무, 감나무와 문창호지를 만드는 닥나무도 많이 재배해 농가마다 여유가 있었던 이 마을 120호 가량의 대부분이 우리 박씨 집안이었다.

우리 집도 대대로 풍족했다. 할아버지께서는 서울 유학으로 배재학당을 다녀 일찍이 개명한 분이셨다. 구레나룻에 신사복을 차려입고 단장을 짚은 채 남산에서 여러 친구분들과 함께 찍은 할아버지의 사진이 남아 있는데, 지금 봐도 여간 멋쟁이가 아니시다.

서양 문물의 영향을 접한 할아버지는 기독교를 일찍 받아들였다. 종교로 믿으셨는지 신학문으로 하셨는지 알 수는 없지만 1930년대 우리 마을에 구세군 교회인 물우리교회를 세우셨다. 외아들이었던 아버지(고 박천수 사관)는 예수 믿는 처녀였던 어머니(고 김근녀 여사)와 결혼했고, 부부가 함께 서울 정동에 있는 구세군사관학교로 유학을 했다. 할아버지께서는 아들을 외국으로 보내고 싶어하셨으나 외아들이라 어쩔 수 없이 서울로 유학을 보내셨다고 한다. 아들뿐 아니라 갓 시집 온 며느리까지 두 사람을 같이 공부하도록 서울로 보냈다는 것은 지금 봐도 신기한 일이다. 할아버지께서 보통 깨인 분이 아니셨나보다.

1935년 졸업한 뒤 아버지는 구세군사관(목사)이 되셨다. 그때 함께 유학했던 마을의 또래 청년 양풍언 사관은 후에 구세군사관학교 교장까지 지냈다. 부모님 사진을 보면, 유난히 키가 크고 건장한 아버지 곁에 하얀 저고리에 까만 반치마를 받쳐 입고 굽 높은 구두를 신은 어머니가 서 계시다. 당시로서는 보기 드문 신식 부부였을 것이다.

졸업 후 부모님께서는 경북 상주 영문(교회)에서 첫 목회를 하셨다. 박해가 점점 심해지던 일제 식민통치 말기였던 당시, 동네에서 문제가 생기면 사람들이 할아버지를 찾아와 의논을 했다. 일본어가 유창하신 할아버지가 중재를 해주시던 것이 어렴풋이 기억난다. 아버지도 일본어는 물론 영어도 가능해서 미국 선교사들과 교류하며 가까이 지내셨다. 어머니는 동네 여성들에게 한글을 가르치고 간단한 위생법 같은 것도 가르치며 농민계몽운동에 늘 바쁘셨다.

그렇게 동네에서 명문가로 이름이 높던 집안은 할아버지께서 돌아가시면서 점차 가세가 기울기 시작했다. 일제 말기에 일본의 강권으로 교단 차원에서 신사참배가 강요되자 아버지는 구세군 교회를 떠나셔야 했다.

하지만 해방 후에는 대한청년단 활동에 열심이셨다. 그러나 얼마 지나지 않아 이번에는 어머니가 내 아래로 동생을 낳은 뒤 출산 후유증으로 돌아가셨고 동생도 곧 세상을 떠났다. 병이 몹시 위중했던 어머니께서 나를 안아보겠다고 두 팔을 벌리시자 무서워서 할머니 방으로 뛰어갔던 일이 어머니에 대한 마지막 기억이다. 내가 네 살 때였다. 할머니는 연로하셨고 형과 나는 아직 어린데다 거두어야 할 큰 살림도 있어 아버지는 재혼을 하셨다. 하지만 내 기억에는 그때부터 집안에 활기가 사라졌다.

1945년 해방되던 해에 한 가지 또렷한 기억이 있다. 광복을 맞이해 우리나라 팔도강산이 온통 축제로 들떠 있던 때였다. 가는 곳마다 씨름판이 벌어지고 있었고 농악이 울리고 술판이 벌어졌다. 상으로 황소를 걸어놓고 씨름판이 벌어진 곳을 지나다 대한청년단 활동을 하시던 아버지를 만났다. 아버지께서는 나를 알아보시곤 껴안아 노점 앞으로 데려가더니 먹고 싶은 것을 집으라고 하셨다.

나는 사과가 먹고 싶었는데 삶은 고구마를 손가락으로 가리켰다. 왜 그랬는지 아버지가 돈이 없을지도 모른다고 생각했고, 그래서 일 년에 몇 번 맛보기 어려운 귀한 과일이었던 사과를 고르지 못했던 것이다. 일곱 살짜리가 왜 그런 생각을 했는지 모르겠다. 아버지께서는 그런 내 마음을 어떻게 알았는지 얼른 사과를 손에 쥐어주셨다. 지금도 나를 안아주셨던 아버지 가슴의 따뜻함과 사과를 사주시던 다정함이 생생하다. 그 사랑의 체온이 한평생 힘들 때마다 훈훈한 위로가 되었다.

그런 좋은 시절도 잠시, 내 나이 열두 살에 인생이 크게 바뀌었다. 6·25가 발발한 것이다. 1950년, 그해 할머니께서 돌아가셨고 곧이어 전쟁이 터졌다. 우리 마을 물우리는 지리산과 가까워 회문산을 중심으로 빨치산들의 거점이 됐다. 해방 직후부터 좌익과 우익의 대립이 극심했는데, 그 모습은 조정래 작가의 《태백산맥》그대로였다. 물우리는 인천상륙작전 성공으로 9·28 수복 후 후퇴하지 못한 인민군 패잔병들의 근거지이기도 했다. 해방 전에 일본군 노역에 끌려가셨던 아버지는 한국전쟁이 발발했을 때는 도리어 집에 계셨고 지리산 빨치산 토벌작전이 절정일 때 피해 다니다가 잡혀서 학살당하셨다. 면장, 경찰, 군인 가족들이 주로 인민군에 목숨을 잃었는데 우리 아버지께서도 목사라는 이유로 학살당하셨다.

하루아침에 '반동 가족'이 된 우리는 모든 재산을 몰수당했다. 인민군 패잔병이 물밀듯이 밀려 들어와 가구며 생활 집기는 물론 장롱과 속내복, 심지어는 기운 양말까지 다 가져갔다. 여러 대의 소달구지로도 모자라 동네에서 동원된 지게꾼 행렬이 빨치산 사령부가 있는 회문리까지 길게 줄을 이었다. 그때 나는 밥그릇, 숟가락까지 없어져 버린 텅 빈 집이 무서워 동산에 올라가 있었다. 멀어져 가는 소달구지와 짐꾼 행렬의 영상이 뇌리에 선명히 남은 채로 내 유복했던 유년 시절은 끝이 났다.

뜨거운 밥, 뜨거운 눈물

매일 밤낮으로 비행기 공습, 밀리고 밀리는 전투가 계속됐다. 호남지구 전투경찰, 화랑부대가 투입되어 낮에는 국군이 수복을 했지만 밤이 되면 다시 빨치산 세상이었다. 그때부터 대량학살이 일어나기 시작했다. 73년 전의 일이지만 지금도 생생하다. 공무원, 군인, 경찰들은 무차별로 죽어나갔다. 본인이 없으면 가족들이라도 끌어다 죽였다.

우리는 몇 달간 집안에 격리됐다. 우리만이 아니고 경찰 가족과 군인 가족들도 모두 '반동 가족'이라며 일반인과 접촉을 못하도록 격리시켰다. 빨치산들은 야간전투에 나가서 곡식과 옷가지, 그리고 소를 수십 마리씩 끌고 왔다. 날마다 빼앗아 온 소를 잡아 잔치를 벌였다.

고기는 인민군들이 먹고 동네 사람들도 내장이나 우족, 머릿고기를 얻어먹느라 온 동네 분위기가 시끌시끌했다. 우리 집은 예외였다. 아무도 찾아오지 않았다. 한밤중에 친척 아주머니가 대문 안으로 슬그머니 고깃국 한 대접을 밀어 넣어주고 가곤 했을 뿐이었다.

슬프다거나 부럽다는 생각은 들지 않았다. 그런 감상은 사치였다. 시시각각 닥쳐오는 죽음의 공포 속에서 어떻게든 살아남아야 한다는 절박한 생각뿐이었다. 그도 그럴 것이 당시 마을에서 군인과 경찰, 면장 가족 중 청년들은 모두 학살당했다. 열다섯, 열두 살이었던 우리 형제는 나이가 어려서 살아남았다. 한두 살만 많았어도 그때 죽었을 것이다.

지리산 일대에서 국군과 전투경찰의 빨치산 토벌 작전이 점점 치열해졌다. 동네 사람들은 진입한 국군 화랑부대의 인솔을 받으며 피란을 떠났다. 오래 격리돼 있었던 우리 형제는 일이 어떻게 돌아가는지도 모른 채 쌀자루와 이부자리만 챙겨 집을 나서야 했다.

한밤중에 산을 넘어 숲속 어느 외딴집에 들어서 보니 마을 사람들이 잔뜩 모여 있었다. 그들은 무쇠 솥과 식량을 잔뜩 지고 와 있었다. 우리도 쌀은 조금 가져왔지만 솥이 없어 밥을 지을 수 없었다. 서모와는 전투 중에 엇갈려 헤어졌고, 형과 나는 그런 짐을 지고 올 수도 없었다.

그렇게 며칠을 산속 외딴집 한 귀퉁이에서 잤다. 배고픔이 한계에 달했지만 누가 누구를 챙겨주기를 기대할 수도 없는 극한 상황이었다. 다들 친척 사이인 셈인데도 아무도 먼저 말을 거는 이가 없었다.

우리는 '반동 가족'이기 때문이었다. 우리는 누구에게도 밥 좀 달라고 부탁할 수가 없었다. 형이 벌떡 일어섰다.

"산 아래 집에 가면 뭐라도 챙겨 올 수 있을 거야!"

내가 말렸지만 형은 막무가내였다.

"걱정 마. 금방 올게."

형은 그렇게 뛰쳐나갔다. 그대로 영영 못 볼 것 같았지만 차마 따라가지 못했다. 그제야 전쟁터에 있다는 실감이 났다. 포탄이 떨어지거나 총알 스치는 소리에 소름이 끼칠 때도, 산비탈을 오를 때도 형과 함께여서 든든했었다. 혼자 남으니 두려움으로 온몸이 떨려왔다. 영원처럼 긴 밤이 흐르고, 간밤의 포탄 소리에 도망가지도 않았는지 새들이 지저귀기 시작할 때쯤 형이 돌아왔다. 등에 짊어진 통을 내려놓는데 뜨거운 밥이 가득 들어 있었다. 눈물이 왈칵 나왔다. 집까지 무사히 간 것도 그렇지만 빈집에 들어가 밥을 해왔다는 것 자체가 믿기지 않았다. 나도 그렇듯이 형은 한 번도 밥을 해본 적이 없었다. 그런데도 어두운 부엌에서 어떻게 밥을 지었는지 신기했다. 그때 형의 나이가 겨우 열다섯 살이었다.

다행히 날이 덜 추워서 우리는 그 밥으로 사나흘을 연명하며 첫 고비를 넘길 수 있었다.

최악의 상황에서 꽃피는 사랑

그 뒤로도 순창 등지에서 몇 달간 지냈던 피란 시절은 어떻게 지나왔는지 기억도 안 날 만큼 고생이 심했다. 더 이상은 도저히 버티기 어려웠던 형과 나는 전쟁 중이지만 마을로 돌아가기로 했다.

굽이굽이 꽤 높은 성미산 깔재고개를 넘어서 물우리 마을 어귀에 들어서자 집들은 모두 불타고 허물어져 폐허가 돼 있었다. 피란 간 사람들은 아직 돌아오지 않아 동네는 텅 비어 있었다. 그런데 한 움막에서 인기척이 있었다. 박씨 문중의 친척 할아버지 한 분이 불탄 집의 구들 터 위에 볏짚으로 삼각형 움막을 짓고 가족들을 기다리며 자리를 지키고 계셨다. 우리를 보더니 할아버지가 반갑게 부르셨다.

"오! 너희 왔구나. 이리 오너라. 여기 와서 자거라."

할아버지는 우리를 반기시며 당신의 잠자리와 손수 지은 밥을 나눠주셨다. 집은 불탔어도 구들장은 온전해서, 그 위에 지은 움막집은 아궁이에 불을 때니 아주 따뜻했다. 그 움막 한쪽에서 비를 피하고 잠을 자면서 나는 '이게 꿈인가?' 하는 생각을 했다. 피란 여정 내내 외면과 박대만 받았던 우리에게 그 환대는 기적 같은 것이었기 때문이다.

이제는 집에 돌아왔다는 안도감과, 세상이 그렇게 각박하지만은 않다는 생각에 마음이 훈훈해졌다. 불에 타 텅 비어버린 동네, 구들장만 겨우 남은 방에 볏짚으로 이엉을 엮어 올린 움막에서, 할아버지와 형님과 나는 잠시나마 편안했고 행복했다. 그 무엇으로부터도 구애받지 않고 자유로웠다.

국군이 진입해서 이제는 '반동 가족'이라는 딱지에서도 해방되었다. 우리처럼 재산을 몰수당하지는 않았어도 가산이 모두 불타버린 터에 처지를 가릴 것 없었던 박씨 일가친척들은 우리 형제를 선뜻 도와줬다. 불탄 구들 위에 볏짚 이엉으로 세모난 움막을 지었다. 들판에 반동 재산 몰수 때 남겨진 곡식 단들이 방치돼 있었기에 농기구를 빌려다가 벼, 콩, 팥 등 곡식들을 탈곡해 왔다. 그렇게 당분간 살아갈 토대를 만들었다.

꼭 해야 할 일이 하나 있었지만 전쟁이 끝나기를 기다려서야 겨우 할 수 있었다. 바로 아버지 시신을 찾는 일이었다. 수소문을 해보니, 아버지를 잘 알던 분이 "빨치산 사령부가 주둔했던 회문리 뒷산에서 학살 현장을 목격했다."고 했다. 마을 사람들과 함께 가보니 과연 구덩이가 여러 개 있었다.

구덩이를 파내자 손이 뒤로 결박된 모습의 시신들이 나왔다. 빨치산이 산 채로 밀어 넣고 바위를 던져 죽였다고 했다. 마을 사람들이 하나씩 시신을 꺼낼 때 아버지를 먼저 알아본 것은 나였다. 많이 부패돼 뼈가 드러난 시신이었지만 허리띠의 은장식 버클만은 그대로 반짝이고 있었다. 내가 아버지 무릎에 앉아서 늘 만지고 놀던 장식이었다. 형과 나는 겨우 아버지의 시신을 수습해 선산에 장묘를 했다.

그때 나는 어떤 생각을 했을까? 옛날을 그리워했을까, 아니면 '부모님이 살아계셨다면….' 하고 억울해했을까? 그때는 그런 생각도 하지 못했다. 아무 소원도 없었다. 그저 "전쟁만 끝나면 좋겠다."는 간절한 생각으로 가득했을 뿐이다. 치가 떨리는 복수심이나 분노 같은 혈기는 남아있지 않았다. 평화를 갈망할 뿐이었다. 전쟁을 겪어보지 않으면 그런 평화의 소중함을 알기 어렵다.

전쟁은 결코 일어나서는 안 되는 시대의 비극이다. 다만, 그 사이를 뚫고 지나온 내 유년 시절은, 삶 전체로 볼 때 처절한 단련의 시기였다. 살아남았기에 더욱 귀중한 보석과도 같은 단련의 시기였다.

전쟁의 경험이 개인에게 남는 방식도 여러 가지일 텐데 내게는 비인간성과 참혹보다는 유일한 혈육인 형제끼리 의지하며 버티는 가운데 생겨난 가족애와 인간애가 더 크게 남았다. 동생이 굶주리는 것을 보다 못해 포탄 속으로 뛰쳐나갔던 형과, 돌아온 형이 등에서 내려준 하얗고 뜨끈뜨끈했던 밥, 폐허 속에서 우리 형제를 반갑게 맞아주며 움막 한쪽을 내줬던 할아버지, 그 좁은 움막에 붙어 앉았을 때 구들장에서 전해지던 따스함…. 생사를 넘나드는 절박함 때문이었는지 그런 순간순간 느꼈던 감동과 감사함은 크고도 깊었다.

그 시절 이후로 나는 아무리 힘든 상황에 처해도 '전쟁 때보다는 낫지.'라는 생각을 할 수 있었다. 그렇게 생각하면 어떤 힘든 일이라도 헤쳐 나갈 힘을 얻는다. 어떤 난관 속에서도 자신을 지킬 수 있었다. 나를 괴롭히는 일과 사람들 앞에서도 마음을 가다듬고 여유로울 수 있었다. 큰 고비를 넘어선 경험이 운동을 통해서 얻어지는 근육처럼 나를 더 강하게 해준 것이다. 그 근육은 다음 고비를 좀 더 쉽게 넘을 수 있도록 해주었다.

'비천에 처할 줄도 알고 풍부에 처할 줄도 아는 일체의 비결'(빌 4:12)을 그렇게 철저하게 배운 것이 이후 살아가는 동안 위기 때마다 귀하게 쓰였다.

너와 함께 하니 두려워 말라

가장 안전한 피난처는 하나님의 품

수복은 됐지만 지리산을 중심으로 빨치산 잔당 토벌 작전이 계속되던 시절, 형은 키가 크고 몸집이 좋아서 때때로 공비 토벌 작전에 차출됐다. 서남지구 전투경찰들이 지리산에 숨어 있는 공비를 토벌하기 위해 야간 잠복근무를 하는 데 동원된 것이다.

생각해보면 훈련도 안 받은 15세 소년이 제대로 무장도 하지 않고 야간 토벌 작전에 투입됐으니 아차 하는 순간 목숨을 잃을 수도 있었던 셈이다. 이런 위태로운 시절은 다행히 서울에 사시던 외삼촌이 우리를 보러 오시면서 끝났다. 외삼촌은 형이 그토록 위험한 일을 하고 있다는 사실을 알고 깜짝 놀라 우리를 서울로 데려가셨다.

나는 몰랐지만 그때 형이 공비 토벌에 차출된 것은 서모의 남동생 대신이었다고 했다. 형님은 70년이 지난 지금도 그 사실을 잊지 않고 있다. 그러나 전쟁 후에는 서모께서도 예수를 믿고 밤낮 성경을 읽으시며 우리를 위해 기도해주셨고, 여든이 넘게 사시다 아름답게 소천하셨다.

서울 영등포 신길동의 외삼촌 댁에 당도하니 외할머니께서 우리를 보고는 말을 잇지 못하고 울기만 하셨다. 얼굴 하얀 도련님들로 기억하던 손자들이 거지꼴을 하고 나타났으니 그럴 만도 했다. 공무원이셨던 외삼촌은 하나뿐인 여동생이 남기고 간 피붙이인 우리를 극진히 대해주셨다. 우리는 외삼촌댁에 살면서 조금씩 안정을 되찾았고 얼마 후 나는 중학교 1학년, 형은 중학교 3학년으로 학교에 다닐 수 있게 됐다.

이때 외삼촌댁에서 살게 된 것은 우리 형제에게는 중요한 일이었다. 외할머니와 외삼촌 모두 독실한 크리스천이셨기 때문이다. 물우리에서는 교회도 불타버렸고 삶의 여유도 없어서 유년 시절 신앙생활을 못했다. 외삼촌께서는 우리 형제에게 학교보다도 먼저 교회부터 나가도록 하셨다.

"너희 부모님은 정말 훌륭한 그리스도인이자 사역자셨다. 신앙을 지키다 돌아가신 그분들의 이름과 삶에 누가 되지 않도록 너희도 바른 신앙인이 되어야 한다."

　외삼촌은 틈날 때마다 우리가 신앙생활을 잘하도록 격려해주셨고, 외할머니와 외숙모께서도 우리를 위해 밤낮으로 기도해주셨다. 지금 돌아보면 그분들의 기도가 있어서 우리 형제가 사망의 음침한 골짜기를 무사히 지나왔던 것 같다. 어미를 일찍 여읜 두 외손자를 위해, 아흔이 넘어 돌아가실 때까지 하루도 빠짐없이 기도하셨던 외할머니의 그 기도를 먹고 우리 형제가 살아갈 수 있었던 것이다.

　그렇게 시작된 신앙생활은 나중에 외삼촌댁에서 독립해 나와 살 때도 계속됐다. 살면서 힘들거나 어려울 때 교회는 가장 편안한 피난처였다. 천지간에 나 혼자인 것처럼 느껴질 때는 예배당에 가서 가만히 앉아만 있어도 편안했다.

　"너는 혼자가 아니다. 내가 너와 함께 있겠다." 어디선가 이런 음성이 들려오는 것 같았다.

　어쩌면 그것은 하나님과 가까이 만나는 순간들이었는지도 모른다. 그래서 내게 신앙은 애걸하고 매달리는 것이 아니라 아버지인 그분의 사랑 안에 잠잠히 안기는 것이었다. 주님은 언제나 따뜻하고 좋은 것을 주시는 아버지셨다. 몸부림치며 간구하지 않아도 들어주심을 느낄 수 있었다.

참말을 하는 언어와 습관을 배우다

"여호와는 의로우사 의로운 일을 좋아하시나니 정직한 자는 그의
얼굴을 뵈오리로다."(시편 11:7)

그때만 해도 서울의 중학교에는 지방 출신 아이들이 거의 없었다.
입만 열면 전라도 사투리가 튀어나와 놀림을 당하고 위축되어 요즘
말로 '왕따'가 됐다. 집에 와서 라디오를 틀어놓고 아나운서들의 발음
을 열심히 따라하곤 했지만 혼자서 사투리를 고치기란 쉽지 않았다.

그런 나를 옆에서 잘 도와주고 챙겨준 친구가 있었다. 지금은 이
름도 잊었지만, 고마웠던 마음만은 잊을 수 없는 친구다. 다른 아이
들처럼 나를 놀리기는커녕 서울말을 친절하게 가르쳐주고, 내가 사
투리로만 알고 있는 단어를 물어보면 표준어 단어를 찾아서 뜻풀이
까지 해줬다. 그 친구 덕분에 나는 1년여 만에 사투리를 극복할 수
있었다. 사투리 말씨가 남기는 했지만 내 말을 편안하게 받아넘기는
그 친구에게 용기를 얻어 다른 친구들과 대화할 때도 말씨를 부끄러
워하지 않았고, 오히려 이를 내 특징으로 삼아 아이들과 스스럼없이
더 친해지기도 했다.

그 친구가 내게 가르쳐준 가장 귀한 것은 '참말 하는 법'이었다. 여
섯 살 즈음부터 전쟁 직전까지, 유년 시절 내내 나는 거짓말을 하도
록 훈련받으며 살았다. 일제 말기 일본 순사들이 곡식 공출을 받으
러 와서 창검으로 땅을 쑤시며 집안을 뒤질 때, 또는 금속 공출을 위

해 유기그릇을 압수하러 왔을 때, 성과가 없다 싶으면 순사들은 집 안 아이들을 불러서 숨긴 곳을 묻곤 했다. 이에 대비하기 위해 어른들은 늘 아이들에게 "없다고 해야 한다.", "모른다고 해야 한다." 는 다짐을 받아놓곤 했다.

그 뒤로도 빨치산이 매일 출몰하고 대규모 양민학살이 있었으며, 청년들은 국군으로 끌려가고, 인민군에 끌려가고, 전투경찰로 끌려갔다. 그런 상황에서 입을 잘못 열었다가는 애먼 사람이 죽어나갈 수 있었으므로 어른들은 아이들 입단속을 철저히 시켰다. 입단속이란 사실을 사실대로 말하면 안 되는 훈련이고, 거짓말을 잘하는 교육이었다.

"절대 이런 말 하지 마라!", "뭐라고 물으면 아니라고 해라!" 이런 말을 수도 없이 들으면서 자랐다. 부모님 이름도 누가 물으면 바른대로 대서는 안 되고, 누가 면장인지 이장인지도 모른다고 해야만 했다. 어느 집이 경찰 가족이고 어느 집이 군인 가족인지는 절대로 바른대로 말해서는 안 됐다. 우리는 살기 위해 끊임없이 다른 사람들을 의심하면서 입만 열면 거짓말을 했다. 그런 상황에서 참말을 하면 철없는 아이였다.

그랬던 내게 서울 아이들이 마음 속 생각과 아는 바를 꾸밈없이, 스스럼없이 말하는 모습은 신기했다. 멋져 보였다. 그때까지는 잘못한 일이 있으면 잘 둘러대서 모면하고, 부족한 점이 있으면 적당히 꾸며댈 줄 아는 것이 철든 행동이라 생각했던 것을 돌아보게 됐다. '이제는 나도 참말을 하고 살아야겠다.'고 생각했다.

그렇게 생각하니 서울 아이들의 한 마디 한 마디가 재미있는 동화 구연처럼 들렸다. 속으로 따라 하면서 배우려고 했다. 그렇게 때 묻지 않고 순수한 친구들, 서로의 좋은 점을 배우려 하고 칭찬할 줄 아는 친구들을 만난 것이 내게는 큰 행운이었다. 내가 다닌 학교가 목사님이 교장선생님으로 계신 미션스쿨이기에 더 그랬던 듯했다.

그때의 영향으로 살아가면서 나보다 잘난 사람을 만났을 때 샘내거나 깎아내리기보다는 좋은 점을 칭찬하고 배우려는 습관이 생겼다.

참말을 하려고 노력하는 습관은 지금까지 살아오면서 신앙생활, 사회생활, 가정생활, 비즈니스 영역 모두에서 평생 귀하게 쓰인 자산이었고 성공으로 이끌어주는 경쟁력이 됐다.

사람은 7분마다 한 번씩 거짓말을 한다고 한다. 그러므로 거짓말을 하지 않기 위해서는 7분마다 한 번씩 고민하고 결단해야 한다. 처음엔 어렵지만 7분이 쌓여서 7시간이 되고, 7시간이 쌓여서 7일이 된다. 그것이 7년이 되고 마침내 일생의 습관이 된다.

"네 혀를 악에서 금하며 네 입술을 거짓말에서 금할지어다."

(시편 34:13)

하나님의 이 계명은 지키기 어려운 고통의 멍에가 아니라 오히려 자유의 전신갑주를 입는 것이다. 살면서 자신보다 잘나고 멋진 사람을 만날 기회가 얼마나 많은데, 그때마다 자신의 못난 면을 괴로워하고 위축되고 숨기고 뒤틀리고 모난 모습으로 상대를 질시하고 깎아내려서는 앞으로 나아갈 수가 없다. 나보다 훌륭한 사람과 사귈 기회를 얻는다는 것은 기회이고 축복이라고 생각했다. 그 사람의 좋은 점을 흉내내고 선망하고, 따라 하려고 노력하면 관계가 좋아지고 신뢰가 생긴다. 새로운 좋은 습관을 배운다.

촌놈을 편견 없이, 악의 없이 순수하게 대하고 이끌어준 서울 친구들 덕분에 나는 이런 생각에 눈을 떴고, 평생의 좋은 습관을 익혔다. 지금도 표준말을 익히려고 연습하던 그때처럼 라디오방송을 들으면서 새로운 문장이나 어휘, 격언을 들으면 습관적으로 되뇌며 외우려고 한다. 어린 시절의 버릇이 팔십 중반이 넘도록 이어지고 있는 것이다.

모르고 번 가장 귀한 장사 밑천

지나간 일을 가정하는 것은 덧없지만, 만일 내가 전쟁의 참화를 겪지 않고 아버지 슬하에서 유복하게 자랐다면 어떻게 됐을까? 다른 것은 몰라도 내가 커서 40년간 일군 그 사업을 만나거나 그만큼 성공시킬 수는 없었으리라는 점은 확실하다. 왜냐하면, 그 사업을 할 수 있었던 가장 큰 자산이 바로 '초년고생'이었기 때문이다.

중학생 때 영등포역 근처 미군부대 PX 앞에서 한 달 동안 구두닦이를 한 적이 있었다. 중·고교 시절 내내 학비와 생활비를 벌기 위해 했던 일은 신문배달, 그리고 묵은 잡지를 싸게 사다 버스나 기차에서 파는 일이었다. 이 일들은 당시 고학생의 일거리로 인식돼 있어서 교복 차림으로 해도 제지를 받지 않았다. 청량리에서 떼 온 '아리랑', '명랑', '여원' 등 과월호 월간잡지를 팔기 위해 기차에 오를 때, 차장들을 향해 교모에 경례를 올려붙이면 차장들은 고개를 끄덕이며 무임승차를 용인해주곤 했다.

그런데 이런 '고상한' 일만으로는 아무래도 살기가 너무나 빠듯했다. 당시 학교에서는 등록금을 못 낸 학생은 시험을 치지 못하게 했다. 시험을 못 치면 학년 승급도, 졸업도 못했으므로 하루하루의 학교생활이 조마조마했다. 끼니도 제대로 챙기기 어려웠다. 형님과 살 때도 있었고 자취할 때도 있었지만, 어느 쪽이건 제대로 밥을 지어먹는 날보다는 그렇지 못한 날이 더 많았다.

그러던 차에 한 친구가 솔깃한 제안을 해왔다. 여름방학 때 구두닦이를 하자는 것이었다. 돈이 쏠쏠히 벌린다는 말에 선뜻 그러자고 대답했다. 함께 나무판자를 구해 구두 통을 짜고 구두약을 살 때까지만 해도 그저 잘되려니 했고 기대와 설렘으로 흥분하기도 했다. 그러나 막상 해보니 시작부터 만만치 않았다.

처음에 당황한 것은 구두닦이를 하려면 교복을 입으면 안 된다는 사실이었다. 당시 교복은 내가 이 사회의 정상적인 일원이라는 유일한 증명이었다. 그렇지만 교복을 입고 구두를 닦을 수는 없는 일이었다. 교복 외에는 다른 외출복이나 평상복도 없었다. 옷 살 돈도 없었지만 옷을 파는 곳도 없던 시절이었다. 하는 수 없이 군복을 염색해서 줄여 입었다.

영등포역 앞 지금의 롯데백화점 자리는 미군 PX가 있어 미군들의 왕래가 많았다. 역 바로 앞에 돈 많은 신사들이 드나드는 동양다방이 있었는데, 그 앞에서 일을 시작했다. 이미 경험이 있는 친구는 "헤이, 슈사인!" 하면서 지나가는 미군에게 달라붙어 금방 개시를 했다. 그러나 나는 엄두가 안 나 우두커니 앉아 있기만 했다. 구두닦이란 지금처럼 한 자리에 앉아 찾아오는 사람들의 구두를 닦아주는 일이 아니다. 구두통을 어깨에 둘러메고 구두 닦을 생각이 별로 없는 사람들에게 "구두 닦으세요, 네?" 하며 귀찮게 해서 "어허, 이놈 참." 하며 마지못해 닦도록 하는 일이었다. 영등포역 앞에 진을 친 소년 구두닦이들만 수십 명이었으니 그럴 만도 했다.

친구는 자기 일을 하는 중간중간 "너, 저기 저 사람한테 붙어봐."라며 내 등을 떠밀었다. "아저씨, 구두 닦으세요."라고 여러 번 연습하고 나온 말을 배에 힘을 잔뜩 주고 외쳐 보았지만 정작 나오는 소리는 도로 속으로 기어들어가기만 했다. 그렇게 쭈뼛거리는 사이 첫날은 결국 친구가 연결해준 두 명의 신발만 닦았을 뿐이었다. 그날 집으로 돌아오며 '나에게는 도저히 안 맞는 일이 아닐까?' 하고 고민했다.

다행히 며칠이 지나면서 점차 요령을 터득했다. 구두를 닦을 만한 사람을 찾는 안목과 구두를 닦고 싶어지게 만드는 설득력도 생겼다. 처음 보는 사람을 붙잡고 늘어지는 배짱도 제법 커졌다.

그때부터 손님을 설득하는 방법, 그러니까 사람의 마음을 읽고 움직이는 것이 무엇인지 고민하고 연구했다. 구두닦이 수입은 갈수록 좋아졌다. 저녁에는 1달러, 10달러, 1만 환짜리가 주머니에 수북했다. 소심했던 내 성격과 기질이 바뀌는 대전환기였다. 당시에는 영등포역 앞을 중심으로 '삼일당' 깡패 조직들이 대단했는데, 우리 고학생들만큼은 괴롭히지 않고 봐주었기에 신나게 구두닦이를 할 수 있었다

그러나 구두닦이 일은 오래가지 못했다. 영등포 경찰서에서 청소년 선도사업을 한다고 경찰서 안에 야간학교를 세웠고, 거기 다니는 학생들만 구두닦이를 할 수 있도록 한 것이다. 이를 위한 일제 단속으로 나를 비롯한 구두닦이 소년들은 모두 구두 통을 빼앗겼다. 그중 나와 내 친구는 이미 학생이기 때문에 구두닦이를 더 이상 할 수 없었고 구두 통도 돌려받지 못했다.

그렇게 해서 짧은 경험은 끝이 났다. 그 이후로는 다시 신문배달과 잡지팔이 일로 돌아가야 했지만 나는 전혀 다른 사람이 돼 있었다. 성격은 당당하고 자신감 있게 변했고 '나는 무엇이든 할 수 있다.'는 긍정적인 사고를 하게 됐다. 그전까지는 장래 희망을 생각할 때 막연하게나마 법관, 교사 등 안정되고 고상한 직업만 떠올렸던 나였지만, 이때 한번 자기 자신을 새롭게 발견한 경험은 훗날 아무 연고도 없고 배운 적도 없는 사업에 호기롭게 뛰어드는 밑천이 됐다.

요즘 뉴스를 보면 많은 젊은이들이 비싼 등록금과 물가로 힘들어하고 있다. 하나밖에 없는 출구로 몰려 과잉 경쟁으로 지쳐가고 있다. 공부할 시간도 없이 아르바이트에 쫓기고, 대출받은 학자금 융자를 갚지 못해 신용불량자가 되는 대학생들이 많다고 한다. 심지어는

극단적인 선택을 하여 목숨을 끊는 일까지 있다. 그런 이야기를 들을 때마다 얼마나 마음이 아픈지 모른다. 그런 젊은이가 내 앞에 있다면 두 손을 꼭 붙잡고 이렇게 말해주고 싶다.

"오히려 어려운 시련을 극복해보는 경험이 참 소중한 기회일 수도 있다. 아무에게나 어려운 시련이 오는 것이 아니다. 한번 부딪쳐볼 기회로 삼아보자. 시련을 극복해본 사람만이 높은 경지의 경륜과 여유를 가질 수 있다. 그런 사람만이 성공할 수 있다."

몸부림쳐도 안 될 땐
바닥에서 쉬어 가라

발버둥 쳐도 안 되는 일

고등학교에 진학할 즈음, 외삼촌댁도 형편이 어려워졌다. 형님과 나는 각자 학비와 생활비를 벌어가며 학교를 다녀야 했다. 나는 다방과 당구장 관리직으로 일하게 됐다. 인천에서 산부인과 병원을 운영하며 다방과 당구장까지 경영하는 분을 만난 덕분이었다. 당구장 구석방에서 숙직하면서 청소며 이런저런 잡일을 하는 생활은 대학생이 될 때까지 계속됐다. 그 3년여 동안 두 다리 뻗고 제대로 쉬어 본 적이 없었다. 형과는 떨어져 살 수밖에 없었는데 각자의 앞가림을 하는 것만도 벅차서 따뜻한 밥 한 번 같이 먹을 기회도 거의 없었다.

그런 상황이라 고등학교를 졸업할 수 있다는 것만 해도 기적 같은 일이었다. 당시는 수도권에 종합대학교가 10개쯤 있었고 막 시작한 단과대학들이 몇 개 있었다. 학교 성적표와 입학원서를 내면 대부분 합격통지서가 나올 정도로 대학 입학이 쉬운 시절이었다. 문제는 입학 등록금이었다.

아무리 생각해도 대학 갈 형편은 안 됐다. 입학원서를 넣는 것조차도 포기했다. 그런데 D 대학교 야간대학 합격증이 날아왔다. 알아보니 한 친구가 대신 원서를 내고 첫 학기 등록금까지 내준 것이었다. 죽고만 싶다는 내 일기장을 본 모양이었다. 잊을 수 없는 고등학교 친구 류근춘이다.

그렇게 해서 꿈만 같은 대학 생활이 시작됐다. '장님이 눈을 뜬 기적이 내게도 왔구나.'하고 생각했다. 희망도 생겼다. 낮에는 일하고 밤에는 장학금을 받으려 잠도 못 자고 공부했지만 행복했다. 그러나 언제라도 부서질 듯 불안한 행복일 뿐이었다. 학기말 시험이 끝나고 친구들과 함께 공원을 산책하다가 피를 토하며 쓰러질 때까지 잠깐 동안 누릴 수 있었던 행복이었다.

갑자기 하늘이 노래지더니 눈앞이 캄캄해졌다. 정신을 차려보니 친구들이 쓰러진 나를 업고 병원으로 왔다고 했다. 만성 영양실조 상태로 장학금을 타보겠다고 기말고사 때 며칠간 밤샌 것이 화근이었다.

"결핵입니다." 의사의 한마디에 눈물이 주르륵 흘렀다.

'그렇게 발버둥 쳤는데 이렇게 끝나는구나.'

그렇게 학업을 중단했다. 학교를 그만두자 인생도 그 자리에 멈추어 선 것 같았다. 발아래 딛고 있는 땅이 얼마나 깊은지 한 걸음을 뗄 때마다 현기증이 났다.

친구들의 주선으로 인천의 작은 암자인 '약사암'에 방을 얻어 요양을 시작했다. 그 절 안에는 부잣집 별장도 있었고 고시 공부를 위해, 또는 소설을 쓰기 위해 왔다는 대학생들도 있었다. 나는 친구들이 쌀과 반찬, 양은 밥솥을 가져다주어 밥을 해 먹으며 요양을 했다. 형편이 넉넉한 대학생들, 보살 할머니, 고급 오토바이를 타고 별장에 오는 젊은 부부들과도 사귀었고 맛있는 음식을 얻어먹기도 했다.

그곳에서의 반 년은 모처럼의 휴식기간이 됐다. 책도 보고 산책도 하며 자연 속에서 여유를 찾았다. 몸부림치며 허우적거리다 모처럼의 휴식을 얻은 것이다. 절망과 좌절의 바닥에서 오히려 쉼을 얻었다. 학교를 중퇴하고 폐병에 걸린 것이 절망의 낭떠러지가 아님을 깨달았다. 하나님께 감사하는 마음이 다시 살아났다. 절에서 지내는 처지였지만 주일이면 작은 산을 넘어가 부평역 근처의 교회에서 마음을 다해 간절히 기도했다.

헌금 시간에 잠자리채 같은 헌금 주머니가 앞을 지나갈 때면 헌금을 못해서 부끄러웠다. 그래서 언젠가 돈을 벌게 되면 마음껏 헌금할 수 있기를 기도하고 또 기도했다. 그때문인지 요즘 교회에서도 주일 헌금 주머니가 눈앞을 지나갈 때면 그때 헌금을 못해 부끄러웠던 일이 생각난다. 헌금할 수 있는 처지가 된 것이 감사하고 감사하다.

　주변 사람들에게 듣기로 폐병은 잘 먹고 잘 쉬면 낫는 병이라고 했다. "약 잘 챙겨먹고 쉬면 얼마든지 고칠 수 있다."는 위로에 기운을 냈다. 유일한 치료는 서울역 앞 세브란스병원에서 무상으로 나눠줬던 폐결핵 약을 먹는 것이었다. 매일 손가락 마디만큼 굵은 약을 한 주먹씩 아침저녁으로 삼키는 것은 참으로 힘들었다. 약 이름도 지금까지 잊지 않았다. '파스', '나이드라지드'라는 두 가지 하얀색 정제로, 국제 구호단체가 무상으로 제공해준 폐결핵 치료약이었다고 기억한다. 가장 아픈 시절에 쓰디쓴 마음으로 삼켰던 그 알약들의 이름은 마치 폐결핵의 흔적이 폐에 남아있듯, 내 머릿속에서 지워지지 않고 그대로 남아있다.

바닥에 떨어졌을 때는 쉬어 가자

친구들은 자기들도 넉넉지 않은 형편이면서 나를 보러 올 때마다 먹을거리를 가져다주었다. 그럼에도 워낙 영양실조가 심해 차도가 없었다. 그러던 중 한 친구가 "공군에 가면 끼니마다 콩나물국에 돼지비계가 둥둥 뜬다더라."고 말하는데 귀가 번쩍 뜨였다.

　마침 요양 반년여 만에 육군 소집영장이 나와 있었다. 그때는 병원 진단서를 가지고 징집을 연기하는 제도가 없었다. 육군에 가면 배고픔과 심한 중노동, 훈련으로 죽을 수도 있다고 해서 걱정하던 차였다. 나는 주저 없이 공군에 지원했다.

당시에도 군대를 기피하는 사람이 많았고 '빽'(연줄)을 쓰면 면제받는 일이 드물지 않았다. 그러나 나는 기피는커녕 '어떻게든 공군에 들어가야만 산다.'는 생각뿐이었다. 문제는 공군은 경쟁이 치열하다는 것이었다. 실력도 실력이지만 역시나 '빽'이 상당히 작용한다는 소문이 있어서 내가 합격하기를 기대하기란 어려웠다.

필기시험은 우수한 성적으로 합격했는데 신체검사가 문제였다. 결핵 환자라는 점이 밝혀질 것이기 때문이었다. 그런데 놀랍게도 나는 신체검사를 무사히 통과하고 공군병 89기에 합격했다. 지금도 종합검사를 하면 폐에 흔적이 남아 있는데 어떻게 그때 두 번의 엑스레이 신체검사를 통과할 수 있었는지 참 신기한 일이다. 아마도 군 엑스레이 장비가 아주 소형이었던 탓에 잡아내지 못했던 것이리라. 어쩌면 내 '빽'이 작용했는지도 모른다. 내 기도를 들으시고 잊지 않으시는 '하나님 빽' 말이다. 그 덕분인지 공군에 입대한 다음에도 신체검사를 받았지만 무사통과됐다.

공군 생활은 과연 듣던 대로였다. 콩나물국에 돼지고기 비계 덩어리가 둥둥 떴다. 운이 좋으면 꽁치 몸통도 차례가 왔다. 매일 저녁이면 간식으로 버터가 발린 곰보빵이 나왔다. 나는 무슨 고기가 나오든지 진이 빠질 때까지 꼭꼭 씹어 먹었다. 멸치대가리도 꽁치대가리도 꼭꼭 씹어 먹는 맛이 좋았다. 급식량은 조금 모자라 늘 허기가 졌지만 정확한 시간에 따뜻한 밥을 먹을 수 있다는 것만으로도 더 바랄 것이 없었다. 지금은 고기를 그다지 즐기지 않지만 가끔 돼지고기 비계 덩어리를 입에 넣고 오래오래 씹어본다. 그때 필사적으로 씹던 비계 맛을 기억해보고 싶어서다.

미제 매트리스가 깔린 침상에서 자고 운동하면서 규칙적인 생활을 하자 점점 몸 상태가 좋아졌다. 기초훈련이 끝나고 공군통신학교에 배정되어 6개월 동안 전자통신 과정을 배웠다. 다른 훈련은 거의 없었고 밤늦게까지 주입식으로 전자공학 고급과정을 배우는 것이 일과였다.

내 특기는 레이더 장비 관리 및 정비 분야였다. 그때 공부한 실력으로 지금도 전자정보통신이나 디지털 분야를 이해하기가 그리 어렵지 않다. 통신학교 학생들에게는 벽돌만한 미제 버터가 한 달에 2개씩 특별 부식으로 지급됐다. 그 덕에 건강 상태가 더 좋아졌다. 마치 나를 위해 모든 것이 준비되어 있는 것 같았다. 그렇게 잘 먹고, 잘 쉬니 결핵은 자연히 완치되었다.

물론 편하기만 한 나날은 아니었다. 공군 통신학교에서는 군사훈련은 받지 않았지만 전자통신 과정 교육은 공대 전기과를 졸업하고 입대한 병사들도 따라가기 힘들어할 정도로 어려웠다. 최첨단 전투기, 레이더, 각종 통신 분야 장비를 정비하고 운영하는 요원들을 훈련하는 과정이니 그럴 수밖에 없었다. 교육과정 중 치르는 시험에서 과락을 하면 기지 보초병으로 가야 했다. 때문에 교육 일과가 끝나고 복습을 해야 했는데, 도서관에서 밤늦게까지 공부하는 것은 허락됐다.

공군 복무 시절의 모습

나는 이런 생활이 정말 행복했다. 다시 대학생이 된 것 같기도 했다. 학비 걱정, 먹는 걱정, 자는 걱정 없이 공부만 열심히 하면 된다니 그렇게 소원했던 대학생보다 낫다고 생각되기도 했다. 그런 규칙적 생활과 만족감 덕분인지 몸은 완전히 건강해졌다. 기초체력이 다져져 그 이후로 지금까지 심한 감기 한 번 걸린 일이 없다.

바닥에 떨어져 본 사람들은 알게 된다. 어떻게든 벗어나겠다고 발버둥치지만 그래 봐야 할 수 있는 것이 별로 없다는 것을. 아무리 안달하고 조바심쳐봤자 처한 환경을 스스로 바꿀 도리가 없고 지쳐갈 뿐이다. 그게 바로 '바닥'의 속성이다. 바닥에 떨어졌을 때 유일하게 할 수 있는 일은 쉬는 것이다. 배고프면 배고픈 대로, 슬프면 슬픈 대로, 불안하고 힘들지만 쉬어야만 여유를 찾는다. 그래야 올라갈 기회가 생길 때 최선을 다할 수 있다.

서원기도의 결과

공군 병장으로 제대한 후, 나는 '맨몸'으로 다시 세상에 나왔다. 형님 댁에서 수개월 동안 살면서 백수로 지내는데 여간 곤란하지 않았다. 걸치고 나갈 변변한 옷 한 벌 없었고 주머니에는 차비도, 점심값도 없었다. 교회에 나가 하나님께 서원기도를 했다.

"저에게 아무 일이나 주십시오. 무엇이든 할 일을 주시면 일평생 열심히 하겠습니다!"

그 뒤로는 그렇게 간절한 서원기도를 한 적이 없다. 그만큼 필사적인 심정이었다. 생각해보면 이 순간이 내가 인생에서 가장 '바닥'에 있다고 느꼈던 때였던 것 같다. 백수로 지낸 지가 벌써 몇 달째인데 대체 무슨 일을 하며 살아야 할지 알 수 없었다. 대학을 중퇴하고 사회 경험도 없는 젊은이가 취직할 자리란 도통 눈에 보이지 않았다.

당시는 하도 일자리가 없어 독일 파견 광부, 간호사 모집에 대학 졸업생들이 신분을 속이고 지원하기도 했다. 그럼에도 경쟁이 대단해서 합격하기가 어려웠던 시절이었다. 대학을 중퇴한 내가 들어갈 자리가 없는 것도 당연했다. 어쩌다 작은 회사에 겨우 취직해서 일을 해봤지만 교통비도 나오지 않을 만큼 수입이 적고 내가 배울 수 있는 분야도 아니었다.

지금처럼 남들이 기피하는 3D 업종이라는 것도 없었다. 공사장 인부 일이라도 있었으면 몸이 부서져라 했을 텐데 그런 일도 찾아보기 힘들었다. 지금처럼 토목공사나 건축공사가 흔하지 않았기 때문이다. 비를 맞으며 자전거로 물건을 배달하는 사람을 봐도 부러웠던 시절이었다. 미래, 희망, 비전과 같은 단어는 사치였다. 당장 입에 풀칠하고 외출할 옷 한 벌이라도 사 입을 수 있었으면 하는 것이 소원이었다. 나는 하나님께 기도하면서 매달렸다.

"저를 좀 살려주십시오, 하나님! 아무 일이나 주십시오. 무엇이든 좋으니 열심히 할 수 있는 일자리를 주십시오. 정말 열과 성을 다해서 일하겠습니다."

며칠을 기도했을까. 응답은 엉뚱한 데서 왔다. 주일날, 예배를 마치고 나오는데 나이 든 여자 전도사님이 나를 부르시더니 말씀하셨다.

"박 집사님! 주일학교 반사(교사)를 좀 해주세요. 여 선생은 많은데 남자 선생이 모자랍니다."

내가 집사였던 것은 서울 변두리 교회들에 워낙 젊은 남자가 귀했기 때문에 그리 된 것이었다. 서리집사도 투표로 과반을 얻어야 될 수 있었으니 지금보다 더 어려운 일이긴 했다. 그럼에도 젊은이들이 대부분 영락교회, 경동교회로만 모이던 시절이었던지라 나는 신촌장로교회 역사 최초의 총각 집사가 됐다.

주일학교 반사 제안에 나는 바로 "못합니다."라고 거절했다. 나들이옷 한 벌 변변한 것이 없었고 교통비 몇 푼이 모자라 늘 쩔쩔매던 터라 부담스럽기만 했다. 그럼에도 전도사님께서는 그 뒤로도 몇 번이나 나를 만날 때마다 부탁을 했다.

그러던 어느 날, 나는 문득 "무슨 일이든지 일을 주시면 열심히 하겠다."고 서원기도 했던 것이 생각났다. '그 기도는 돈 버는 일자리를 구한 것이지 교회 봉사 일은 아니었어.'라고 애써 자기 변명을 하고 외

신촌장로교회 교회학교 선생 시절 반 아이들과 함께 야유회에서

면했지만 점점 마음에 부담이 갔다.

'돈 버는 일은 일이고 봉사하는 일은 일이 아닌가?'라는 질문이 떠오르자 스스로도 답을 할 수가 없었다. 며칠을 그렇게 고민하다가 결국 나는 모처럼 나를 필요로 하는 곳이 있다는 사실에 정신이 번쩍 들었다. 가르칠 깜냥이 안 되면 허드렛일이라도 도와야겠다는 생각으로 주일학교에 나갔다. 그렇게 주일학교 교사로 시작한 교회에서의 봉사는 그 뒤로 장로 은퇴 70세까지 43년간 이어졌다. 이제 돌아보니 하나님께서는 내게 다짐을 받고 싶으셨던 것 같다. 삶의 중심이 교회를 향하도록, 사업도 봉사도 교회 중심에서 출발하도록 강권적으로 역사하셨던 게 아닐까? 지금 생각해보면 만일 교회학교 교사가 아니라 사업을 먼저 시작했다면 삶의 중심을 계속해서 교회에 두지 못했을지도 모른다. 하나님께서 내 삶에 이토록 세세하게 개입해 주셨기 때문에 방향을 잘 잡을 수 있었다.

또한 교회학교 교사를 하면서 믿음 좋고 훌륭한 선후배, 어른들을 많이 만났다. 지성적인 면이나 신앙적인 면에서 사회 경륜이 잘 갖춰진 분들과 교제를 할 수 있었던 것은 내게 큰 행운이었다. 갑자기 수준 높은 세계로 진입하여 지적으로나 경제적으로나 나보다 훨씬 수준 높은 사람들을 만나자 그때까지 경험하지 못했던 딴 세상을 경험하며 배울 수 있었다. 이후로 생계를 위해 힘들고 거친 밑바닥 일을 하는 와중에도 주일이면 그분들을 만나 교제하면서 '세상은 넓고 희망이 있는 곳'이라는 긍정적 마인드를 다시 얻곤 했다. 그리고 '복된 삶'에 대한 꿈을 꾸게 됐다. 그렇게 교회학교 교사 직분은 이후의 내 삶과 사업에 크나큰 영향을 줬다.

　또 한 가지 중요한 사실은, 서원기도를 하던 당시만 해도 철저하게 바닥에서 몸부림치던 인생이 그 이후로 서서히 사회의 중심 쪽으로 올라가기 시작했다는 것이다. 그때는 전혀 몰랐지만, 인생의 가장 깊은 골짜기는 이미 지나갔고 삶은 조금씩 조금씩 나아지고 있었다.

바닥을 치고 올라가다

순교자의 아들

주일학교 교사로 봉사하기 시작한 것은 여러 가지 면에서 인생의 중요한 전환점이 됐다. 사업도, 결혼도, 평생의 신앙생활도 바로 여기서 활기찬 첫 동력을 얻었기에 가능했다. 내가 이렇게까지 생각하는 이유는, 스스로를 초라하게 여기며 움츠리고 기죽어 있던 '박래창'이라는 사람의 정체성이 이때를 기점으로 완전히 바뀌었기 때문이다.

신촌장로교회는 이북에서 피난 나온 분들이 세운 곳으로, 그분들의 부모나 친척 중에는 피난 가지 않고 북한교회를 지키다가 순교한분들이 적지 않았다. 그때문에 교회 안에는 순교자에 대해 큰 존경을 표하는 분위기가 있었다.

주일학교 교사로 처음 들어갔을 때, 같이 봉사하는 분들이 나의 신상에 대해 이런저런 질문을 했다. 굳이 밝히고 싶지 않았지만 살아온 이야기를 하는 과정에서 아버지께서 어떻게 돌아가셨는지를 설명했다. 그러자 듣고 있던 분들이 깜짝 놀라며 이렇게 말했다.

"박 선생, 순교자의 아들이셨군요!"

이 말을 들은 내가 더 크게 놀랐다. 아버지께서 구세군 사관(목사)이셨고, 그때문에 인민군에 의해 학살당해서 돌아가신 것은 사실이지만 내가 '순교자의 아들'이라는 생각을 해본 적이 없었던 것이다. 순교자에 대한 개념을 모르기도 했고, 알았더라도 나와 연관된 개념이라고 생각하지 못했을 것이다. 그동안 나는 어려서는 유복하게 자란 것 따위 내세워봐야 웃음거리만 될 뿐인, 초라하고 직업도 없는 가난한 청년으로 스스로를 인식하고 있었다. 그럴 수밖에 없었다. 온전히 내 힘으로 이 현실을 뚫어내야 하고 그 밖에는 달리 아무 방법도 누구의 도움을 받을 수도 없다는 것을 잘 알고 있었음에도 자꾸만 의기소침해지고 위축되고 초라해지기만 했다.

그런 때에 들은 "순교자의 아들이셨군요!"라는 말은 정신이 번쩍 들게 했다. 아버지께서 내 종아리를 치시면서 "훌륭한 사람이 되어야지!" 하고 꾸짖으셨던 일이 퍼뜩 떠올랐다. 우리 할아버지, 아버지, 어머니께서는 선진 기독교 문화권에 남들보다 먼저 진입한 분들이셨다. 일제강점기 고통스러운 시절에 되도록 여러 사람들에게 이로운 일을 하려고 애쓰셨다. 분명한 위험이 눈앞에 닥쳐올 때도 굴하지 않고 신념대로 사신 분들이었다.

이런 기억들을 하나씩 곱씹어보자 나 자신을 바라보는 시각이 바뀌었다. 자격지심에서 벗어나서 나 자신을 당당한 존재로 생각할 수 있게 됐다. 무엇보다도 나는 '순교자의 아들'이기 때문이었다.

이 사실을 깨달은 일은 스스로의 자존감을 찾는 데 크게 도움이 됐다. 신촌장로교회에서 여러 분야 훌륭한 분들과 수평적으로 좋은 인연을 만들어 가는 데에도 좋은 영향을 미쳤다. 그날 이후로 모두 나를 챙겨주고 각별히 관심을 가져줬다. 크게 한 일이 없는데도 애썼다면서 밥을 사주시는 분들, 작은 일을 해내도 박수 쳐주는 분들, 내가 하는 말에 귀를 기울여주고 웃으며 반응해 주는 분들 덕분에 서서히 자신감이 생겨났다. 그런 분위기 속에서 교회학교 교사, 청년회, 성가대, 남선교회 등 여러 조직 활동에 참여하자 여러 사람들과 어울리는 기술이 나날이 발전돼 갔다. 그러다 보니 얼마 지나지 않아 나는 교회에서 많은 새로운 일들에 중심에 섰다. 교계의 지도자급인 분들, 사회에서 크게 성공한 분들과도 수평적으로 교류할 수 있었다. 인생의 새로운 무대가 열린 셈이었다.

본격적으로 사회생활을 시작하기 전에 이런 분들을 가까이에서 보고 이야기를 들으며 간접 체험을 해볼 수 있었던 것은 귀한 경험이었다. 덕분에 이후에 사업을 할 때, 새로운 일에 도전하는 과정에서 자신감을 가질 수 있었다. 나보다 높은 위치의 사람을 만나도 위축되지 않고 말을 건넬 수 있었다. 이런 당당함이 있어야 창의적인 생각도 해낼 수 있고, 이 생각을 실천에 옮기는 도전도 할 수 있다. 그러므로 내가 사업에서 성공할 수 있었던 단초는 이때에 만들어진 셈이다. 소망교회 장로로 시무하면서 교회 안의 대단한 인재들과 수평적으로 대화하고 협력하면서 어려운 사역들을 해낼 수 있었던 것도 이때의 경험 덕분이었다고 할 수 있다.

무일푼 청년을 믿어준 권사님

우리 형제가 신촌장로교회에 출석하게 된 시작도 묘하다. 형님은 군에서 제대할 때 폐병에 걸린 상태였다. 앞에서 그 시절에는 군대에 가면 영양실조에 폐병 걸려서 나오는 일이 흔하다고 했는데, 형님이 바로 그런 경우였다.

병원에 입원해 치료받을 형편이 되지 않았기 때문에 형님은 기도원을 수소문해 들어갔다. 지금의 관악산 서울대 자리에 기도원이 있었다. 기도원 건물과 숙소 바로 옆에 개인이 지은 작은 토담집 두 채가 있었다. 신촌장로교회 권사님이 지어서 도움이 필요한 사람들이 쓸 수 있도록 두 집 중 한 채를 내어놓으셨다고 했다. 형님이 이 집에서 생활하는 동안 옆집으로 권사님을 비롯한 교인들이 가끔 기도하러 오셨고, 자연히 이 분들 눈에 형님의 처지가 눈에 띄게 되었다. 젊은 청년이 폐병이 걸려서 혼자 지낸다 하니 곧 권사님, 집사님들이 쌀을 갖다 주고 반찬을 해다 주고 하면서 돌봐주셨다. 그 인연이 이어져서 나중에 우리 형제가 신촌장로교회에 출석하게 된 것이다. 당시 우리 형제는 영등포에 살면서 그 지역 교회를 다니기는 했으나 처지가 불안정해서인지 마음을 붙이지 못하고 있었다. 그랬기 때문에 건강을 회복한 형님을 따라 나도 신촌장로교회로 옮겨가게 됐다.

그리고 그 토담집의 주인인 김성환 권사님은 이후 내 인생에서 몇 번이나 중요한 역할을 하셨다. 그중 하나는 내가 동대문에서 일하기 시작한 뒤, 사업 시작을 위해 200만 원이라는 큰돈이 필요했던 때였다. 이 일은 다음 장에서 자세히 설명할 텐데, 동대문 원단 사업에 어떻게든 들어가 보려고 반년 넘게 아등바등 해 온 나에게 200만 원을 투자할 기회를 얻었다는 것은 엄청난 사건이었다.

어디서 이 돈을 빌릴 수 있을까 생각해 보았을 때 나에게 떠오른 사람은 오로지 그 권사님뿐이었다. 형님의 인연이 아니었으면 내가 그렇게 재력 있는 분과 알게 될 일도 없었을 것이다. 주일학교 교사를 시작하자 역시 교사로 봉사하고 계셨던 권사님을 뵐 일이 더 많아졌다. 알고 보니 권사님은 이북 선천에서 열아홉 살에 시작한 교회학교 교사를 일흔이 되기까지 50년간 이어오셨다고 했다. 젊은 교사들에게 늘 인자한 어머니처럼 대해 주셨다. 교사들과 함께 권사님 댁에 초청받아 가서 고기와 밥을 배불리 먹은 일이 몇 번 있었는데, 그때 받은 인상으로는 생활이 넉넉한 편이셨다. 나중에 알게 된 바로는 남편 되시는 집사님은 나중에 삼성에서 인수한 조미료 회사 '미풍'을 창립한 분이셨다. 부유한 집안 사람 중에 저렇게 겸손하고, 검소하고, 봉사에 열심인 분도 있구나 하고 권사님을 보면서 내심 감탄한 적이 많았다.

그렇다 해도 나와 개인적인 친분이 있는 것은 아니었다. 따로 이야기를 나누거나 식사를 한 적도 없었다. 그런데 갑자기 찾아가서 돈 이야기를 꺼낸다는 것은 몹시 무례한 일이 될 수 있었다. 게다가 200만 원이면 그때 서울 변두리에 기와집 한 채를 살 수 있을 만큼 큰돈이었다.

그럼에도 도무지 다른 방법을 찾을 수 없었던 나는 용기를 내서 권사님 댁을 찾아갔다. 권사님은 반갑게 맞아주셨지만 나는 차마 입이 떨어지지 않아 아무 말도 못하고 앉아 있기만 했다. 평소 쾌활하다고 칭찬을 받기도 했던 내가 그러고 있으니 뭔가 짐작이 되셨는지 권사님께서 먼저 "요즘 하는 일은 어떤가?" 하고 운을 떼셨다.

동대문시장에서 6개월간 무보수로 일한 과정과 원단 사업의 특징과 전망, 내 점포를 운영할 수 있는 기회를 제안받은 일까지 설명하는데 등과 이마에 땀이 돋았다. 거기까지 들은 권사님이 대뜸 "그 사업을 같이 하려면 자네 돈이 얼마가 필요한가?" 하고 물으셨다.

내가 "200만 원입니다." 라고 모깃소리만큼이나 작게 대답하자 그분은 잠시 아무 말씀도 없으셨다. 아무 연고도 없이 교회에서 만난 사이일 뿐인데 이렇게 큰돈을 빌려달라고 하는 게 아무래도 무리라는 생각이 들었다. 안 되는구나 하는 체념과, 저 분도 얼마나 곤란하겠는가 싶은 생각까지 겹쳐 차마 고개를 들 수가 없었다.

"알았네. 내가 빌려주겠네."

나는 깜짝 놀라 고개를 들었다.

"권사님, 정말 감사합니다!"

"박 선생은 성실하고 부지런하니 성공할 걸세."

언제까지 갚으라는 둥, 조건에 대한 말씀은 전혀 없이 권사님은 칭찬과 격려를 해주셨다. 세상을 다 얻은 기분이었다. 구하고자 한 자금을 얻은 것보다도 사회에서 만난 관계에서 처음으로 신뢰와 인정을 받았다는 것이 황홀할 만큼 기뻤다. '내 일'이라는 것을 처음 시작하는 시점에 이처럼 신뢰와 인정을 받은 경험은 훗날까지도 큰 자산이 됐다.

권사님께 빌린 200만 원은 3년쯤 후에 이자까지 보태서 갚아드렸다. 그 3년 사이에 사업이 꽤 자리를 잡았기에 어렵지 않게 갚아드릴 수 있었다. 권사님께서는 기분 좋게 돈을 받으시면서 "이렇게 잘 될 줄 알고 있었네."라고 말씀해주셨다. 어쩌면 나 자신보다도 더 나를 믿고 계셨던 것 같다.

지금 돌아보면, 만일 서원기도에 순종해 주일학교 교사를 시작하지 않았다면 어렵게 찾아온 사업의 기회도 잡을 수 없었을 것이다. 기도하며 일자리를 간구할 때는 눈앞의 '밥벌이'밖에 생각하지 못했는데, 하나님께서는 한 단계, 한 단계씩 밟아 나갈 길까지 예비해 두셨던 것이다.

가장 귀한 인연, 아내를 만나다

권사님과의 인연은 그게 다가 아니었다. 나는 사업을 시작하고 얼마 후에 권사님으로부터 그분의 외손녀 뻘인 친척을 소개받았다. 바로 내 아내 이미순 권사다.

사실 그때 나는 결혼할 형편이 안 되었다. 돈벌이를 제대로 못 한 시기가 3~4년이나 이어졌고, 이제 막 할 일을 찾았다 싶으니 어느덧 스물여덟이 돼 있었다. 스물여섯, 일곱을 넘기면 노총각이라는 말을 듣던 때였지만 나는 그런 데 신경 쓸 여유가 없었다.

막 시작한 사업이 바쁘다는 핑계를 대곤 했지만, 실은 자격지심도 있었다. 신촌장로교회에서 열심히 봉사하며 이런 저런 직책을 맡던 중에 초대 청년회장을 지내기도 했는데, 교회가 신촌에 있다 보니 유독 여대생들이 많았다. 청년회장의 역할 중에는 야유회 등 교회 행사가 있을 때마다 여성 청년들의 부모님께 허락을 구하는 일도 있었다. 그때만 해도 딸을 엄하게 단속하는 집안들이 많았기 때문에 행사가 있는 주간이면 전날 밤 11시까지도 심방을 다니면서 독려를 해야 했다. 그럴 때 부모님들 중에는 "박 집사가 책임지고 데리고 간다면 허락해 주겠네."라면서 은근히 호감을 표하는 분들이 있었다. 들려오는 말로는 여학생들 중에도 나를 좋아하는 이가 꽤 있다고도 했다.

그러나 내 입장에서는 학벌도 돈벌이도 변변치 않은 처지다 보니 여대생들이나 그 집안에서 결국은 나를 대등하게 보지 않을 것이라는 자격지심이 들었다. 청년회 활동을 하는 내내 이성과는 선을 그으려 했고, 간혹 선을 보겠냐는 제의가 와도 "장가 갈 형편이 안 됩니다." 하면서 고사하곤 했다.

그러던 중, 형님을 통해 들어온 선 자리를 거절하기 어려워 나가기로 한 일이 있었다. 주일에 교회에서 이런저런 이야기를 하다가 농담처럼 조만간 선을 본다고 했다. 그러자 그 권사님께서 나를 따로 부르셨다.

"박 선생, 그 선 자리 미루어두게."

의아해하는 나에게 권사님께서는 "내 친척 아이가 있는데 그 아이를 한번 만나보게"라고 하셨다.

그렇게 해서 지금도 생생하게 기억나는, 세종문화회관 앞 카프리 다방에서 이미순 양을 정식으로 만났다. 그 사람이 내 인연이라는 것을 첫눈에 알아보지는 못했다. 담소를 나누고 헤어졌을 때 좋은 인상이 남았고, 그만큼 내가 좋은 인상을 주었을까 싶었다. 이후 편지가 오고 답장을 하면서 지냈지만 아직 결혼할 준비가 돼 있지 않다는 생각에 관계를 진척시키지 못했다. 그러나 정식으로 소개받은 사람이 있다는 사실은 무게를 가지기 마련이다. 1년여 시간이 지나면서 결혼 상대로 생각하게 됐고, 으레 그렇듯 여성 쪽 집안에서 "더 나이 들기 전에 식을 올리라."고 독촉해 오자 바로 날을 잡았다. 1968년 3월 1일 약혼을 했고, 얼마 후 내 생일인 3월 28일에 결혼식을 올렸다. 군에서 제대한 지 5년 만이었고, 동대문에서 일을 시작한 바로 그 해였다.

신혼 살림은 수유리 버스 정류장에서 20분을 걸어 들어가야 하는 전셋방에서 시작했다. 전세가 12만 원인가 13만 원이었던 아홉 자 크기의 단칸방으로, 부엌을 주인집과 같이 써야 하는 형태였다. 그 시절 우리 세대가 대부분 그랬듯, 생활비를 절약해서 계를 들고 적금을 부어가며 돈을 모아 미아리로, 창신동으로, 조금 큰 전셋방을 찾아 이사를 다녔다.

네 번째 이사 끝에 신촌 동교동 50만 원 전세방에 살게 됐을 때, 신촌장로교회 교회학교 아동부 부장을 맡게 됐다. 교사 50여 명을 집으로 초대했으면 좋겠는데 방이 좁아서 고민이었다. 아내는 주인집과 상의를 하더니 주인집 안방과 냉장고의 사용 허락을 받았다. 주인은 5·16 이후 군 영관급 출신으로 당시 중앙청 건설부 국장으로 일하고 있었다.

안집에는 고급 자개장에 큰 냉장고, TV까지 있어서 1960년대로 치면 부잣집에 속했다. 주인집 온 가족이 외출해서 집을 비워준 사이에 놀러온 동료 교사들은 "아니, 이렇게 잘사는 부자셨어요?" 하고 깜짝 놀랐다. 자초지종을 이야기하니 한바탕 웃음이 터졌고, "그렇게까지 해서 저희를 초대해주셨느냐."고 감탄하기도 했다.

그렇게 열악한 환경이었는데도 교회 사람들을 불러서 잔치를 참 많이도 했다. 없는 살림에 사람들을 초대한다고 하면 타박할 만도 한데, 적은 돈으로 솜씨 좋게 잔치를 잘 치러내는 아내 덕에 내 인기가 좋았다.

이후 여의도 18평형, 23평형 시범아파트, 압구정동 현대아파트를 거쳐 지금 살고 있는 서초동 80평형 아파트까지 여러 번 이사를 했다. 그때마다 우리 부부는 "이 집에서는 교사들, 성가대원들 몇 명 잔치는 가능하겠다."고 가늠해보곤 했다. 좁으면 좁은 대로 며칠에 나눠서 손님을 치르기도 했고, 넓으면 넓은 대로 100명이 넘는 손님을 초대하기도 하면서 우리 부부는 평생 즐겁게 교회 손님 초대를 해 왔다.

처갓집이 워낙 손님접대를 많이 했다고 하는데, 그런 가풍 속에서 살아서인지 아내는 신기하게도 그 많은 사람들의 음식을 적은 예산으로 뚝딱 해내곤 했다. 특히 우리 집의 특별 메뉴는 만둣국이다. 장모님께서 이북 선천 출신이어서 만두 솜씨가 특별했다. 소망교회 곽선희 목사님도 우리 집 만두 맛을 극찬하셨다. 그런 장모님 솜씨를 이어받은 아내 이 권사의 만두 맛은 지금껏 칭찬이 자자하다.

그런 솜씨는 유전인가 보다. 딸아이가 미국 보스턴에서 유학생활을 하고 있을 때에 "보스턴 온누리교회 사람들 30명을 초대해 밥을 해 먹였다."고 해서 아내와 내가 마주 보고 웃은 적이 있다. 아내는 지금껏 살면서 값나가는 반지 하나, 목걸이 하나 마련하지 않았다. 결혼할 때는 형편이 안 돼 못해주었는데, 형편이 펴졌을 때는 하나 해주고 싶었지만 바보 같은 아내는 손사래만 쳤다. 그러면서도 하나님 일에 필요하다고 하면 몇 억씩 척척 내놓는, 마음이 예쁜 여자다.

돌아보면, 아내 이미순 권사를 만나 결혼한 일은 내 인생의 가장 큰 분기점이다. 내가 온전한 한 사람의 사회인이자 신앙인으로 서게 된 것은 아내와 가정을 꾸린 시점부터다. 일을 할 때도, 신앙생활을

1969년 신혼 초에 아내와 함께

할 때도 마음가짐이 전과는 달라져 있었다. 내가 경험한 바에 따르면, 사업을 하든 전문직으로 일하든 안정된 가정을 꾸린 사람과 아닌 사람의 발전 속도는 차이가 크다. 일에서 성공하고 잘 살기 위해 결혼을 포기했다고 하는 요즘 청년들에게 꼭 해주고 싶은 말이다.

특히 내가 이제껏 신앙생활을 잘 해올 수 있었던 것은 전적으로 아내 덕분이다. 4~5대째 신앙의 가정에서 자란 아내는 늦게 믿기 시작한 사람처럼 활활 타오르는 열정은 없지만 평생 꾸준하게 하나님을 믿으며 검소하게 살아왔고, 나의 가장 좋은 위로자이자 조력자, 동반자가 되어주었다.

그리고 이런 아내가 귀하게 여겨질 때마다 새록새록 신기한 사실은 아내의 외가 친척 어른인 김성환 권사님이 이 인연을 만들어주셨다는 것이다. 권사님은 처음에는 병에 걸린 우리 형님을 도와주셨고, 다음에는 우리 형제를 신촌장로교회로 이끌어주셨고, 내게 결정적인 도움이 필요했을 때는 전적으로 신뢰하면서 지원해주셨다. 거기서 그치지 않고 집안 사람과 중매를 서시기까지 하다니, 무일푼 청년인 나를 왜 그리 좋게 보시고 믿어주셨을까? 나에게서 무엇을 보셨던 것일까?

이런 생각을 할 때마다 떠오르는 것은 "기도는 땅에 떨어지지 않는다."는 말이다. 죽음으로써 내게 '순교자의 아들'이라는 유산을 물려주신 아버지를 비롯해서, 나를 위해 기도해준 외할머니, 외삼촌 등 수많은 분들을 생각하게 된다. 그분들의 기도에 의지하며 살아왔기에 나는 가장 힘들고 지쳤을 때도, 인생의 바닥까지 떨어졌다고 생각했을 때도 하나님을 떠나지 않을 수 있었다. 그 시기를 버텨내고 나니 나를 곁에서 강하게 붙들어주고 신앙 안에서 살아갈 수 있도록 해주는 많은 신앙 좋은 분들과 좋은 인연들이 나타났다. 이 섭리를 생각할 때마다 새삼 깨닫게 된다. 나는 한 번도 버려진 고아가 아니었다는 것을, 언제나 하나님의 각별한 보호를 받는 귀한 아들이었다는 것을 말이다.

> "이 아이를 위하여 내가 기도하였더니 내가 구하여 기도한 바를 여호와께서 내게 허락하신지라."(사무엘상 1:27)

행복한 선택
박래창 장로의 인생이야기

2부

사장 인생

다섯 달란트 받은
종의 모험

느낌의 순도를 높여라

이 산지를 내게 주소서

다섯 달란트 받은 종의 모험

많이 탕감함을 받은 자

…주인이여 내게 다섯 달란트를 주셨는데
보소서 내가 또 다섯 달란트를 남겼나이다
그 주인이 이르되 잘하였도다 착하고 충성된 종아
네가 적은 일에 충성하였으매
내가 많은 것을 네게 맡기리니
네 주인의 즐거움에 참여할지어다 하고

(마태복음 25:16-17)

느낌의 순도를 높여라

청년들은 갈급하다

"장로님, 이 길이 제게 맞는 길일까요?"

2013년 7월, 곤지암 소망교회 수양관에서 열린 청년부 수련회에서 강의를 마친 직후, 한 청년이 나를 따로 만나자고 했다. 조용한 방으로 가서 이유를 들어 보니 진로 고민 때문이었다. 다니던 직장을 그만두고 원하던 분야의 일을 막 시작하긴 했는데, 당장 전망이 밝지도 않고 서른에 곧 접어드는 나이도 부담스럽다 보니 '과연 잘한 선택인가?' 혼란스럽다는 것이다.

청년들은 나이가 많은 사람과 교류하고 싶어하지 않을 것이라고 흔히들 생각한다. '어른에게 지혜를 구하는 일은 예전에나 있었지 요즘 세대는 그런 필요를 전혀 못 느낀다.'는 생각이 지배적이다. 그러나 내가 겪어본 바로는 그렇지 않다. 예전에도 어른 말을 안 듣는 젊은이들은 있었고, 요즘도 어른들에게 고민을 털어놓고 싶어 하는 젊은이는 있다. 다만, 전과 달리 누구를 찾아가야 할지 잘 모를 뿐이다. 그런 점에서 교회는 옛 '마을'의 역할을 할 필요가 있다. 누구보다도 장로들은 청년들이 언제든지 찾아와 지혜를 구할 수 있는 어른의 역할을 할 수 있도록 노력해야 한다.

소망교회 청년부 수련회에 강사로 초청받아 곤지암 소망수양관에 갔다. 참석한 청년들도 사뭇 진지하고 집중력 있게 강의를 들어줬다. 나도 청년들과 함께하는 시간을 좋아한다. 그들과 이야기할 때면 아직도 내 가슴 속에 뜨거운 열정과 생생한 상상력이 넘친다.

어찌 보면 그들의 아버지, 할아버지 시대의 옛날이야기라 흥미가 덜할 것 같은데도 청년들이 집중해서 들어주는 것은 내 인생 역정에 독특한 경험이 있기 때문인 듯하다. 내가 한 일은 우리 사회가 일반적으로 선망하는, 공부를 통해서 성취한 직업이 아니다. 대기업 성공 스토리들과도 다른 분야에 위치한다. 바로 그 점이 독창적이고 새로운 미래를 꿈꾸는 청년들에게 자극과 영감을 주는 모양이다.

내가 한 사업은 '텍스타일', 즉 원단 소재를 개발해서 제직하고 날염하고 염색, 가공해서 의류·패션업체들에 공급하는 일이다. 변화의 물결 속에서 춤추는 패션 트렌드를 예측하며 새로운 패턴과 디자인의 원단을 개발해 생산하는 기획자로서 사업을 일궜다. 하나부터

열까지 직접 생산하기보다는 주로 기획을 도맡아 하고 협력공장 수십 곳과 네트워크를 이뤄 결과물을 내는 사업이었다.

요즘에야 텍스타일이 특이한 분야가 아니지만, 우리나라의 1960년대 후반, 내가 뛰어들 당시에는 아주 희귀한 분야였다. 이런 일이 있다는 것조차 아는 이가 드물었다. 이런 연유로 내가 사업을 시작하고 발전시킨 과정을 이야기하면 청년들의 눈이 반짝인다. 물론 그 눈 속에서는 두려움도 읽힌다. 익숙지 않은 분야에 뛰어들어 자기 가능성을 시험해보기에는 지금까지의 삶이 너무나 평탄했기 때문이리라.

안정된 중산층 가정에서 헌신적이고 교육에 열성적인 어머니의 영향 아래 자란 청년들이라면 부모가 정해준 길을 따라 '스펙'을 쌓고 그 범위 내에서 일을 찾아왔을 것이다. 다만, 그런 청년들이라 해서 인생을 건 도전을 꿈꾸지 않는 것은 아니다. 평범한 삶을 살아왔을수록 그 삶을 박차고 나오기 위한 용기와 에너지가 그만큼 더 많이 필요할 뿐이다.

나는 청년들이 볼 때 분명 '어른'이지만 "안정된 길을 가라."는 식의 보수적인 말을 하고 싶지는 않다. 오히려 "그만한 실력, 조건을 갖췄으면 이제는 한번 도전해보라."고 충동질하고 싶은 마음이 늘 가득하다. 수련회에서 만난 청년에게도 나는 이렇게 말했다.

"어떤 일이든, 파트타임 일자리건 아르바이트건 열심히 하면서 '내가 꿈꾸는 분야를 위하여 돈 받으며 연습한다.'고, '몇 년 후 내 사업을 하기 위해 지금은 배우는 중'이라고 생각하고 일해

라. 일이 진행되는 작은 과정 하나도 놓치지 말고 성실하게 배워야만 네 사업을 할 수 있다. 그렇게 일하다 보면 그냥저냥 월급 받는 사람들하고는 다른 평가를 받을 것이고, 너와 함께 일하고 싶다는 동료, 네게 투자하고 싶다는 후원자들을 만날 수 있을 것이다."

한번은 외국 청년에게 이런 조언을 한 적이 있다. 2012년 미국 LA에서 열린 한국기독실업인회(CBMC) 북미주대회에 참석한 후 보스턴에 사는 딸에게 가기 위해 미국 국내선 비행기를 탔을 때의 일이다. 옆자리의 준수하게 생긴 아시아계 청년이 공손하게 "창가 자리가 좋으시면 자리를 바꾸어 드릴까요?"라고 묻는데 호감이 생겨서 대화를 나누게 됐다. 중국인인 그는 베이징대학에서 석사 학위를 받은 뒤 매사추세츠 공과대학(MIT)에서 전자공학 박사 과정을 마친 수재였다. 취직을 위해 LA에서 면접을 보고 돌아가는 길이라 했다. 가벼운 대화 중에 내가 그에게 '자기 사업을 해보라'는 말을 던진 것이 계기가 돼서 우리는 장장 세 시간 반 동안 깊이 있는 이야기를 나누었다.

내 영어가 짧은 편이라 스마트폰 사전으로 단어를 찾아가며 말해야 했지만, 청년의 태도가 어찌나 진지한지 나도 덩달아 집중해서 대화를 이어갔다. 그때 내가 한 이야기도 수련회에서 만난 청년에게 해준 말과 같은 맥락이었다.

"지금 서른 살인 당신이 마흔이 되는 2022년이면 인생의 절정기가 된다. 세계는 지금과는 전혀 다른 모습으로 변할 것이다. 특히 중국은 상상도 할 수 없이 변할 것이다. 이제 취직을 하게 된다면 3~4년 성실히 일하되 그 일에만 파묻히지 말고 세상을 배워라. 너는 그동안 수도 없이 수재, 천재라는 말을 들으며 살았을 것이다. 엘리트일수록 우물 안 개구리 처지에서 반복적으로 계속 탈출하는 경험을 가져야 한다. 늘 '내가 이 회사 사장이라면?'이라는 질문을 해라. 하나도 놓치지 않겠다는 자세로 집중하고 몰입하라. 몰입의 '순도'가 높아지면 통찰력이 생기고, 그분야에서 내가 어떤 일을 해야 할지가 보인다. 그 능력은 배우는 것이 아니고 터득되는 것이다."

그 밖에도 비즈니스의 유형과 생태, 매력에 대해서, 그리고 세계 비즈니스와 중국 비즈니스의 역학관계에 대해서도 내가 아는 최대한 설명했다. 청년이 어찌나 몰입해서 듣던지 우리는 점심식사도 포기했다. 미국 국내선에서는 기내식을 카트에서 사 먹어야 하는데 그럴 겨를이 없었던 것이다. 내가 영어로 누군가와 이렇게 길게 이야기를 해본 것은 이때가 처음이다. 청년이 최대한 내 수준에 맞게 질문하고, 내 부족한 영어를 알아듣기 위해 적절한 단어들을 제시하는 등 적극적인 태도를 보였기 때문에 가능한 일이었다.

중국 청년은 비행기가 착륙할 때쯤, "보스턴에 체류하는 기간에 한 번 더 만나주실 수 있습니까?"라고 물었다. 그렇게 해서 나는 딸네 집에 머무는 동안 MIT 대학교 그의 연구실까지 찾아가서 한 번 더 만났다. 이때는 딸이 동행해서 통역을 해주었기 때문에 더 많은 대화를 나눌 수 있었다. 이처럼 배울 부분이 있다고 생각되자 적극적으로 기회를 만드는 그의 자세를 보니, 오늘의 중국이 G2의 자리에 그냥 올라선 것이 아니라는 생각도 들었다.

이렇게 진로를 놓고 고민하는 청년들을 만날 때마다 그 시절의 나를 돌아보게 된다. 나에게도 그들과 같은 갈급함이 있었다. 다만 그 갈급함의 정도가 조금 달랐을 뿐이다. 나는 그야말로 맨몸이었기에 사실상 선택의 여지가 거의 없었다.

내가 일을 찾고 일을 만들어갔던 것은 나에게 어떤 철학이나 남다른 경영학적 가치관이 있어서, 혹은 사회의 흐름과 미래 전망에 대한 식견이 있어서가 아니었다. 그저 목마른 사슴처럼 살아갈 방법을 갈구하던 중이었기 때문에 남들은 스쳐 지나갈 만한 평범한 기회도 필사적으로 붙잡았던 것이다. 그리고 그렇게 입문한 분야에서 살아남기 위해 스스로 질문을 던지고, 그 방정식을 찾아내는 습관이 생겼다. 시간이 지나면서 질문과 해답을 찾아내는 속도가 빨라졌고 본능적으로 반응할 수 있게 되었다. 그리고 질문의 크기보다 열 배나 더 큰 그림도 그려낼 수 있었다. 한번 뛰어든 다음에는 뒤돌아볼 겨를도 없이 앞으로만 나아갔다. 다른 선택의 여지, 다른 살아갈 방도가 없었기 때문에 더 몰입하고 집중할 수 있었던 것이다.

새로운 세계를 발견하다

앞에서 설명한 것처럼 군에서 제대하고 무엇을 해야 할지 알 수 없었던 시기에 나는 "무슨 일이든 주시면 열심히 하겠습니다."라는 서원기도를 했고, 그 응답으로 주일학교 교사 일을 먼저 하게 됐다. 그리고 그로부터 얼마 되지 않아 드디어 내 일도 시작됐다. 그 계기는 형님과 대화를 나누던 형수님의 말씀 한 토막에서 비롯됐다.

"이북에서 같은 교회에 다니며 형제처럼 지내던 동생 남편이 청주에서 중학교 교사로 계셨는데, 동대문에서 원단 장사를 한다고 교사직을 그만두고 서울로 올라오셨지 뭐예요."

지금도 그렇지만 그 당시 학교 선생님은 은행원과 더불어 누구나 부러워하는 좋은 직업이었다.

'어째서 그 좋은 중학교 교사를 그만두고 서울에 왔을까?'

이런 궁금증이 들자 그 장사에 대해 꼭 알고 싶어졌다. 형수님께 그분을 한번 만나게 해달라고 부탁했다. 만나보니 인상이 선한, 형님 뻘 되는 분이었다.

"형님이 동대문에서 하는 사업이 갑자기 커져서 재무관리를 도와주려고 올라온 것입니다. 이렇게 일을 배우다 보면 제 사업도 할 수 있을까 싶어서요."

형수님께 얼핏 들었을 때는 도매상이 있고 소매상 단계가 있는 '포목장사' 정도의 일이라고 생각했는데 자세히 들어볼수록 큰 사업이었다. 특히 단순히 원단 도·소매업만이 아니라 국내에 없는 새로운 패션 원단을 개발·생산한다는 점이 인상적이었다.

　'이런 세상이 있었나? 이런 사업이 있었나?'

　처음 들어보는 새로운 비즈니스 세계에 강한 충격을 받았다. 전율할 만큼 매력적이었다. 기존의 생산공장을 활용해 자유자재로 자기 상품을 개발하고 유통하는 '컨버터 비지니스'가 있다는 것도 처음 알았다. 우리 집안에는 크건 작건 사업을 하는 사람이 하나도 없었기에, 그쪽에는 완전히 문외한이었던 내게는 모든 것이 딴 세상의 이야기처럼 들리기도 했다.

　그날 처음 만난 분인데도 염치 불고하고 "형님, 저 그 일 좀 하게 해주십시오." 하며 매달렸다. 그전까지 나는 일가친척이 아닌 누구에게도 '형님'이라 부르며 능청 떠는 소리를 해본 적이 없었다. 군대를 다녀온 뒤 내내 의기소침하게 지냈던 나로서는 처음으로 적극적인 행동에 나섰던 셈이다. 중학교 때 한 달간 영등포역 미군 PX 앞에서 구두닦이를 하며 체득했던 배짱과 넉살이 나도 모르게 되살아났다.

　그러나 사정사정하며 매달리는 내게 그분은 손사래를 쳤다.

　"안 됩니다. 지금은 사람을 구하지 않아요. 일할 자리가 없어요."

　"월급을 받지 않아도 좋습니다. 허드렛일이라도 하겠습니다. 일만 할 수 있게 해주세요."

"저도 이제 일 시작한지 석 달밖에 안 됐는데 무슨 결정권이 있겠습니까? 지금은 아무리 말씀하셔도 해드릴 수 있는 게 없어요."

그렇게 분명하게 거절을 당하고도 나는 체면이고 자존심이고 없는 사람처럼 다음날 아침 일찍 동대문 점포로 나갔다. 젊은 날의 꿈과 열정이 오롯이 담긴, 내 삶의 무대가 된 동대문 광장시장에서의 인생은 그렇게 시작되었다.

처음 점포에 나간 날, 그분이 말씀하신 형님을 알아보고 꾸벅 인사를 했지만 아무 반응이 없었다. 나중에 알았지만 그분은 동대문 원단 섬유사업의 1인자 김교석 회장이었다.

가게의 여러 사람에게도 인사를 하면서 "열심히 일할 테니 아무 일이라도 시켜만 주십시오."라고 했지만 곱지 않은 시선만 돌아왔다. 아무도 채용한 적 없는데도 막무가내로 나와 일한다는 사람을 좋게 봐줄 리 만무했다. 그래도 나는 아랑곳 않고 아침 일찍 나가 밤 9시가 넘도록 일했다. 지각도 조퇴도 결석도 안 했다. 출근하자마자 가게를 청소하고 창고를 정리했다. 짐을 옮겨야 할 일이 있으면 재빨리 나섰고, 엄청난 물량의 창고 물건 정리도 도맡아 했다. 한나절 내내 한 롤에 2~5kg에 달하는 원단을 차에서 내리거나 창고에서 운반하는 일을 하다 보면 젓가락질도 할 수 없을 만큼 팔이 후들거리기도 했다.

일을 하면서 보니 가게 직원들은 대부분 김 회장과 동업하는 이들의 일가친척이거나 동향 친구의 자녀 또는 친척들이었다. 나를 내쫓지는 않았지만 허드렛일만 시킬 뿐, 제대로 된 일을 줄 생각이 전혀 없어 보였다. 점심도 다른 이들은 회사 비용으로 함께 먹었지만 나는 내 돈으로 따로 혼자 사먹어야 했다.

그렇게 월급 한 푼 받지 않고 일한 날이 6개월을 넘어서자 내가 할 일을 스스로 찾아 할 수 있었고 사람들은 나를 원래부터 있었던 직원인 양 여기게 됐다. 간혹 수년씩 종사한 직원들보다 일을 잘 해낼 때도 있었다. 그러나 여전히 중요하고 새로운 일은 나에게 돌아오지 않았으며 그저 어깨너머로 터득할 수 있을 뿐이었다.

김 회장은 광장시장 건물 3층에 사무실을 두고 1층의 여러 요지에 위치한 점포들을 수시로 둘러봤다. 내가 일하는 가게에도 자주 들렀지만 말 한마디 붙여볼 기회도 없었고, 나는 그저 묵묵히 짐을 져 나르며 일만 했다.

그러던 어느 날, 김 회장이 나를 불러세웠다.

"자네, 이름이 뭔가?"
"박래창이라고 합니다."

내 신상에 대해 몇 가지 물어봤지만 그뿐이었다. 그 뒤로 김 회장은 오가는 길에 나를 보면 눈길을 주었다. 간단히 말을 건네는 일이 많아졌고 표정도 호의적이었다. 뭔가 처지가 나아지려나 보다 했지만 큰 기대를 하지는 않았다. 그보다는 뭐라도 좋으니 책임을 맡게 되기를 바랄 뿐이었다. "오늘부터 그만 나오게."라는 말만 듣지 않았으면 할 때도 많았다.

일하면서 살펴보니, 김교석 회장 밑으로 중요한 일을 맡아 하는 사람이 분야별로 대여섯 명이나 있었다. 내가 처음 일을 부탁했던 중학교 교사 출신인 분까지 두 명은 김 회장의 친동생이고, 한 명은 매제, 한 명은 조카였다. 친구 아들 두 명에 직원들까지 도합 20명이 대체로 그런 친인척 및 지인 관계에 있었다.

지금도 그런 문화가 어느 정도는 남아 있는데, 그때만 해도 뭐든 일거리가 생기고 도움이 필요하면 시골에 있는 친척을 불러올릴지언정 절대 모르는 사람에게 맡기지 않았다. 그런 문화를 동대문시장 안에서 직접 피부로 느끼면서 하루하루를 보낼 즈음, 놀라운 일이 생겼다.

김 회장이 나를 따로 부르더니 내가 꿈에도 생각지 못한 제안을 했다. 내 상상을 초월하는 제안이었다.

"내가 자네한테 점포를 하나 맡겨보고 싶은데 운영해볼 수 있겠나?"

평생 잊을 수 없는 사업의 스승이자 선배이며, 또한 동지이기도 했던 김 회장과의 인연은 그렇게 시작됐다.

그분은 돈 한 푼 받지 않고 6개월간 성실하게 일한 나를 줄곧 눈여겨보고 있었다. 당시는 화학섬유, 합성섬유가 개발·생산되면서 한국의 섬유시장이 폭발적으로 커지던 시기로, 오늘날의 SK인 선경을 비롯해서 제일모직, 코오롱, 한일합섬, 방림방적 등이 직물과 합섬섬유 회사로서 막 성장 궤도에 오르고 있을 때다.

상품개발 영역이 늘어나고 사업이 커지자 김 회장은 신상품이 개발될 때마다 새로운 점포를 오픈했다. 이때의 점포는 일종의 계열사였다. 별도의 영업감찰을 낸 사업체이지만 사업적으로는 김 회장의 모기업과 유기적으로 연결돼 있었다. 이런 점포를 하나 새로 내기 위해 믿고 맡길 만한 사람을 찾고 있던 김 회장이 내게 기회를 준 것이다.

"얼마나 투자할 수 있나?" 하고 묻기에 "한 200만 원 정도 가능할 것 같습니다."라고 얼떨결에 대답했다. 김 회장은 흔쾌히 받아줬다. "주인의식을 가지고 책임경영을 하라는 뜻일세."라면서 곧바로 나를 동업자로 대해줬다.

방을 나서는데 어떻게 나에게 이런 행운이, 꿈같은 일이, 기적이 일어났는지 믿을 수가 없었다. 두렵기도 했다. 그러나 문제는 내게 200만 원이라는 돈이 없다는 사실이었다. 순간적으로 '김 회장의 동업자'라는 환상에 빠져있다가 깨고 보니 아찔했다. 호기롭게 "바로 200만 원을 준비하겠다."고 한 약속을 어떻게 지켜야 할지 막막했다.

기회와 가능성의 무대, 동대문시장

고민 끝에 김성환 권사님께 돈을 빌렸고, 그 인연이 아내를 만나는 데까지 이어졌다는 이야기는 앞 장에서 이미 했다. 그렇게 한 고비는 넘었는데, 그렇다고 바로 큰 변화가 생기지는 않았다. 말이 동업자지, 한동안은 이전과 별로 달라진 게 없었다. 김 회장의 주변에 겹겹이 포진해 있는 일가친척들을 뚫고서 중요한 업무 기회를 잡기가 어려웠다.

그러던 중에 내게 우연한 기회가 생겼다. 그 시점에 형님은 신세계 백화점 직원으로 일하고 있었다. 그때 백화점에서 '바겐세일'을 하는 문화가 처음 생겼다. 롯데와 신세계 백화점이 처음 시도한 것이다. 연말이 가까운 어느 겨울날, 신세계 백화점 전 점포가 바겐세일을 할 계획이라는 이야기를 형님께 들었다.

며칠 전 창고 정리를 하며 지난해 여름 옷감이 재고로 남아 있는 것을 본 기억이 났다. 여성용 여름 치마, 저고릿감 원단들이었다. 나는 곧바로 신세계 백화점 담당자를 찾아가서 매대 하나를 얻을 수 있느냐고 물었다. 담당자는 한겨울에 여름 옷감이 팔릴지 고개를 갸웃거렸지만, 소매가보다 훨씬 싼 값에 내놓겠다고 하니 바겐세일의 취지에 맞다고 판단해 매대를 내줬다. 봉고차도 없던 시절이라 동대문에서 소공동까지 손수레에 원단을 실어 나르며 준비를 했다.

백화점 앞마당에 만국기가 가득 걸린 채로 바겐세일이 시작된 날, 추운 날씨임에도 불구하고 행사장은 발디딜 틈이 없을 정도로 가득 찼다. 물건을 싸게 살 기회라는 소식을 듣고 사람들이 몰려온 것이다.

우리는 매대 하나에 여름 옷감을 가득 쌓아 놓고 팔기 시작했다. 결과는 대성공이었다. 쌀 때 사 놓았다가 날이 풀리면 옷을 지어 입으려는 사람들 덕분에 옷감은 순식간에 팔려 나갔다. 요즘 말로 '완판'이 된 것이다.

　사실 이 바겐세일 행사에 참여한 자체의 성과는 크지 않았다. 어차피 자주 열리는 행사도 아니었고, 그 기간 안에 소비자에 직접 팔 수 있는 양도 제한적이었기 때문이다. 중요한 것은 이 경험이 다음 시도로 이어졌다는 것이다.

　며칠 후, 동대문시장 안을 걸어가는데 점포 하나가 눈에 띄었다. 시장 한가운데, 가장 좋은 자리에 있는 점포인데 요 근래 문이 닫혀 있었다. 그 위치에서 시장 최고의 매출을 올리던 점포인데, 세무조사 때문에 잠시 문을 닫은 것이라 했다. 그때는 세무조사를 받으면 일단 문을 닫았다가 한두 달 후 상호를 바꿔 다시 장사하는 게 흔한 일이었다. 나는 그 주인에게 찾아가서 두 달간만 우리에게 월세를 달라고 했다. 겨울 동안만 재고 바겐세일을 하겠다고 설명해서 허락을 받았다. 그리고는 백화점 바겐세일 행사처럼 만국기를 걸고 매대를 꾸미면서 여름 치마저고리감 원단을 팔았다. 결과는 또다시 대성공이었다. 얼마 안 가서 작년 재고품은 다 팔았고, 최근에 개발한 잔품들까지도 꽤 팔 수 있었다.

　본래 김교석 회장의 업체들은 동대문시장 안에 직영판매장은 두고 있지 않았다. 지금의 광장시장인 건물 3층에 사무실을 두고, 2층에는 여러 계열사 사무실 겸 점포를 두고 있었다. 내가 새로 맡은 점포도 여기 있었다. 동대문을 비롯해서 서울 여러 곳에 대형 창고도 가지고 있었다.

그럼에도 직영판매장을 두지 않은 것은, 선경합섬, 방림방적을 비롯한 의류기업, 섬유공장들과 함께 신상품을 개발, 생산해서 전국 시장과 도매상으로 내보내는 비즈니스가 중심이었기 때문이다. 그럼에도 물건을 상시적으로 팔 수 있는 매장이 시장 내에 있으면 좋겠다는 필요성은 있었다. 개발한 신제품 원단 대부분이 도매상에 팔려나간다 하더라도 잔품은 생기고, 개발 상품 중에 인기 없는 것은 재고로 남게 마련이기 때문이다. 이를 소량씩 매장에 내놓으면 독특한 것을 찾는 사람들 눈에 띄어 팔릴 수 있는데, 그런 판로가 되어줄 매장을 마련해 놓지 못한 것이다. 그 시절 동대문시장에서는 목 좋은 자리 하나를 새로 잡는다는 것은 거의 불가능했다. 섬유산업이 워낙 호황이었고 나날이 성장하고 있었기 때문이다.

그런데 내가 빌린 그 매장은 오히려 눈독 들이는 사람이 없었다. 워낙 일등 자리이기 때문에 주인이 포기할 리 없었던 것이다. 나도 그 점을 익히 알고 있었지만 두 달 동안만 바겐세일을 하겠다며 접근했기 때문에 허락이 쉽게 된 것이다. 일단은 그렇게 문을 연 우리 매장은 기존에 있던 가게보다 더 큰 매출을 올렸다. 이미 다른 곳에도 사업체가 있었던 주인은 조금 더 운영해보라며 기간을 연장해줬다. 그렇게 두 달, 석 달씩 기간이 늘어나더니 결국은 1년 정도 되었을 때 우리의 고정 매장이 됐다.

이 매장을 확보한 것은 기적 같은 일이었다. 내 공로가 분명했으므로 나는 비로소 김교석 회사 사업체 내에서 한 명의 공동 운영자로 인정받을 수 있었다. 그 전까지는 지분 투자를 했다고는 하지만 생활비 정도나 받아갈 수 있는, 일반 직원보다 주인의식을 조금 더 가진 직원 정도 위상이었다. 얼마 후 김 회장이 계열사 하나를 정식으로 맡겼다. 드디어 내 사업이 시작된 것이다. 허드렛일만 하면서 기약 없이 견디던 당시에는 불안하고 막막했지만, 지나고 보니 충분히 견딜 만한 시련이었다.

돌아보면 신기한 사실이 또 하나 있다. 처음에는 김 회장 주위를 겹겹이 둘러싸고 있던 일가친척들이 철옹성처럼 보였고, 그들을 제치고 내가 한 자리를 차지한다는 게 도저히 불가능한 일처럼 보였다. 그런데 사업이 성장할수록 그들은 작은 점포 또는 사업체를 맡아서 독립해 나갔다. 결국은 나만 남아서 김 회장과 내가 전체 사업체를 50대 50으로 공동 운영하는 형식이 됐다. 영업 감찰도, 은행 당좌계좌도 내 이름으로 개설이 됐다. 그만큼 책임도 커졌다.

김 회장이 내게 특별히 큰 기회를 준 적은 없었다. 기회를 준다면 친형제, 친척들에게 더 많이 주었을 것이다. 그러나 그들은 김 회장이라는 큰 나무의 그늘 아래서 혜택을 누릴 수 있는 기회만 열심히 챙겼다. 반면에 나는 나그네가 허허벌판 광야에서 길을 찾듯이 집중하며 일했다. 그렇게 하지 않으면 살아남을 수가 없었기 때문이다. 바로 그 점이 나의 경쟁력이 됐고, 능력이 됐다. 그로 인해 인정을 받고 성장할 수 있었다.

그러고 보면, 어디에도 기댈 '빽'이 없는 것이 오히려 '빽'이 되기도 한다. 요즘 말로 흙수저, 금수저 같은 타령을 할 겨를이 없었기 때문이다. 일이 실패할 수밖에 없는 이유는 수많은 사람들이 자신이 겪어 봐서 안다면서 확실한 논리로 설파하곤 한다. 그러나 일이 어떻게 성 공하는지는 자세하게, 논리적으로만 설명하기가 어렵다. 직접 뛰어 들어 실패와 시행착오를 겪어낸 사람들이 어느 순간 성공하게 되어 있기 때문이다. 그렇기 때문에 성공의 논리가 매력인 것이다. 실패를 그 자체로 보지 않고 성공을 위한 바탕으로 본다면 남들과 다른 결과 를 얻을 수 있다. 나는 다행히도 사업 세계에 발을 들이고 얼마 지나 지 않아 이 원리를 체득할 수 있었다.

이 산지를 내게 주소서

사업이란 숲속의 나무와 같다네

내가 처음 들어갔을 당시 김교석 회장의 회사는 훗날 내가 운영한 회사의 이름이기도 한 ㈜보창이었다. 보창 밑에 분야별로 대림, 메트로, 협신 등 계열사가 여러 개 뻗어나갔는데, 내가 처음 맡은 회사가 '메트로 상사'였다.

김 회장을 만난 것은 내게는 큰 행운이었다. 일본에서 공부해 일본 섬유산업의 선진 기술과 정보에 밝았던 그분은 일본에 지인들이 많아서 우리나라 섬유산업 발전 초기에 가장 선구적인 경영을 할 수 있었다. 더욱이 나를 만나기 전 이미 많은 성공과 실패를 경험한 뒤

섬유업계에서 최고의 신뢰를 받고 있었으며, 직물, 염색, 가공 회사들이 신규 생산설비를 들여놓으면 꼭 김 회장을 찾아와 신제품 개발을 논의할 정도였다.

오래전 돌아가셨지만, 그분은 여전히 나의 멘토다. 지금도 나는 생전에 김 회장께서 해주신 말씀들을 꺼내서 곱씹어보곤 한다.

"사업이란 숲속의 나무와 같다네."

사업을 막 시작했을 때, 이 말을 듣고 그 뜻을 가늠조차 할 수 없었다. 다만 존경하는 분으로부터 들은 말이기에 기억해뒀을 뿐이었다. 이후 이 말을 곰곰이 생각하면서 사업을 하다 보니, 어느 순간 나는 울창한 숲으로 한 걸음 한 걸음 발을 내딛고 있었다.

일을 익혀가고 거래하는 협력회사가 많아지면서 숲의 나무들이 하나씩 윤곽을 드러내기 시작했다. 어떤 나무는 아름드리 둥치에 잎이 무성한가 하면, 어떤 나무는 줄기는 가늘지만 하늘을 찌를 듯이 솟아있었다. 그런가 하면 햇빛을 못 받고 뿌리를 뻗지 못해 아예 말라 죽어버린 나무도 있었다.

처음에는 같은 크기였던 작은 나무들은 세월이 가면서 차이가 나고, 작은 나무는 큰 나무 그늘에 가려 햇빛을 못 받고 뿌리 영역이 좁아지다가 결국 죽게 된다.

이 평범한 자연의 원리가 기업 세계에서는 실시간마다 벌어지고 있었다. "먹고 살만큼 됐으면 천천히 하라."는 말이 통하지 않는다.

비즈니스 세계는 돈을 많이 버는 것보다 죽지 않고 살아남는 것이 우선이다. 앞서갈 수 없으면 최소한 발을 맞춰갈 수 있어야 살아남는다. 잠깐 뒤쳐지는 순간 도태된다. 노키아, 모토롤라, 코닥, 소니 같은 기업만 봐도 알 수 있다.

그렇다고 당장 앞서가기 위해 꼼수와 속임수를 쓰면 순식간에 소멸한다. 살아남을 수가 없다. 하루 벌어 하루 먹는 노점상도 진실함과 정직함으로 신뢰를 쌓고 부단히 변화에 도전하며 뻗어나가야 살아남는 것이 비즈니스다. 기업은 기술과 능력, 신뢰와 신용의 네트워크가 큰 나무의 뿌리처럼 뻗어나가고, 이를 통해 기초가 든든히 다져져야 발전한다. 기업 하나하나가 숲 속의 나무인 것이다.

그런 깨달음에 이르러서야 '사업은 숲과 같다.'는 말의 뜻이 조금와 닿았다. 같은 조건에서 출발해도 어떤 이는 큰 사업을 하고, 어떤 이는 자기 앞가림도 못하는 이유를 알 것 같았다. 비즈니스 세계에서는 도태하는 기업군들 위에 성장하는 기업이 서 있다. 운이 좋고 나쁘고의 차원이 아니다. 죽기 살기로 매달려야 생존하고, 그렇게 살아남을 수 있어야 커나갈 수도 있다.

나무는 뿌리가 흙에서 흡수한 양분을 끌어올려 그것을 모든 가지들로 전달하는 순환계를 가지고 있다. 아름드리 나무는 그 체계가 잘되어 있어서 크게 자란 반면, 말라 죽은 나무는 어딘가 문제가 있어서 양분이 골고루 공급되지 못했을 것이다. 각 나무의 운명은 결국 나무를 구성한 뿌리와 지체들 간의 '소통'에 달린 것이다. 김 회장은 내게 사업도 나무처럼 소통이 중요하다는 사실을 가르쳐준 것이다.

"사업을 하는 사람은 나무가 아닌 숲을 볼 수 있어야 하고, 그 숲과 소통할 줄 알아야 한다."

김 회장의 이 가르침은 그 후 평생 동안 나의 사업관이 됐다.

창조는 사람 간의 관계에서 시작된다

처음 동대문시장에 가보고 받은 충격은 이루 말할 수가 없다. 그곳은 완전히 별세계였다. 1960년대 후반부터 1970년대까지 한국 경제의 중추는 경공업이었고, 그중에서도 섬유산업에 종사하는 근로자가 전체의 40% 이상이었다. 패션 회사들은 물론 서울의 평화시장과 남대문시장, 대구 서문시장, 부산 범일동시장(부산진시장), 광주 충장로시장 등 전국 의류 도소매 시장에 모든 원단을 공급하는 역할을 동대문이 했다.

당시 동대문은 그야말로 한국 경제의 축소판이었고, 모든 정보와 자본이 몰리는 유통의 중심지였다. 현장에서 직접 느낀 열기는 더 대단했다. 은행들도 자금 조달이 어렵던 그 시기에 제도권 금융 체계에 버금가는 사금융 시장이 형성돼 활발하게 돌아가는 곳이 동대문 광장시장이었다. 은행어음은 물론, 문방구점에서 파는 개인어음도 할인이 돼 원활하게 유통되는 자본시장이 거기에 형성돼 있었다. 당시 사금융은 지금처럼 악질적이지 않았고, 신용거래 체제를 확립해 상업금융의 상당 부분을 책임지고 있었다. 그렇게 운용된 자금 규모는 지금 은행들의 캐피털 자금에 버금갈 정도였다.

그 같은 활기 덕분에 월급 한 푼 받지 않고 6개월이나 일하면서도 힘든 줄 몰랐다. 아니 오히려 고단함보다는 새로운 세상으로 진입한 흥분이 더 컸다. 커피 행상도, 꼬치구이 행상도, 심지어 지게꾼, 노점상 자릿세도 변두리 집 한 채 값으로 거래되고 있었다. 여기서 돈을 벌어 강남에 땅을 사서 큰 부자가 됐다는 말이 심심치 않게 들렸다. 그만큼 모든 정보와 돈이 모여드는 곳이기도 했다. 동대문 원단 시장에 진출한 사람은 신세계로 진입할 기회를 잡은 것으로 여겨졌다. 지금의 첨단 IT 산업 스타들이 경험하는 것과 같은 일들이 거기서 벌어졌다.

그런 분위기 속에서 나도 '일만 잘 배우면 창업을 할 수도 있고 좋은 일자리를 찾을 수도 있겠다.'는 확신이 섰다. 돈을 벌고 싶은 것보다도 어서 이 새롭고 매력적인 세계의 구성원으로 들어가 한 몸이 되고 싶었다. 그런 열망을 담아 나는 동대문의 섬유시장을 '동대문 대학'이라고 불렀다.

1970년대 초반, 동대문시장은 하나의 전환기를 맞았다. 그전까지 동대문시장에서 유통되는 품목은 주로 포플린, 광목, 양단, 실크 등이 전부였고, 시장 규모도 그리 크지 않았다. 그런데 이때부터 나일론, 폴리에스테르, 아크릴 같은 화학섬유나 T/C 혼방섬유, 고급 모직 원단 등을 제직, 가공, 염색하는 신기술이 들어오면서 첨단 설비들을 갖춘 공장들이 세워졌다. 그 바람에 시장 규모가 갑자기 커지고 유통량이 열 배 백 배로 늘어나기 시작했다. 청과물, 생선, 잡화를 팔던 시장들이 전부 직물 시장으로 바뀌었다. 그러고도 공간이 부족해 지금의 동대문 종합시장 건물이 신축되기도 했다.

이때 동대문 광장시장을 주도한 것은 바로 산업 변화와 정보에 앞서간 엘리트들이었고, 그중심에 김교석 회장이 있었다. 일본 섬유업계와 교류하면서 미래지향적인 정보와 지식을 가장 먼저 받아들였고, 한국 시장에 맞게 사업에 적용시켰다. 요즘 말로 '창조 경영'을 한 셈이다. 정부가 해외차관을 통해 경공업을 지원해 준 흐름과도 맞물려 1년에 계열사가 몇 개씩 창업되고 확장돼 갔다. 김 회장은 새로운 직조기술이나 가공기술 설비가 들어올 때마다 전문 계열사를 하나씩 만들어서 믿을 만한 이들에게 맡겨 경영했는데, 내가 맡은 메트로 상사도 그중 하나였다.

메트로 상사는 고급 패션 회사가 의류를 만들 때 사용하는 고급 원단 소재의 직물 개발과 생산에 집중했다. 대한민국에서 유일한 패션 원단 신상품을 만들어내는 것이 사업의 핵심이었다. 그러기 위해서는 다음 해에 유행할 패션 트렌드를 먼저 파악하고 그에 맞는 생산 준비를 해야 했다. 한국에 처음 들어온 신기술을 활용해 신상품을 개발, 생산하는 일도 계속했다. 개발 자체도 쉽지 않았지만 마케팅도 어려웠다.

처음 점포 하나를 맡았을 때는 주로 지방에서 올라온 도매상들을 상대하는 것과 공장에 주문을 넣고 거래하는 일을 했다. 그 과정에서 나는 현장의 목소리를 직접 들을 수 있었다. 어느 정도 경험이 쌓이자 드디어 김 회장은 내게 제품 개발을 맡겼다.

섬유업은 공정이 여러 단계인 복잡한 작업이다. 수십여 가지 공정을 환히 꿰뚫고 있어야 제대로 된 옷감을 생산할 수 있다. 그 모든 과정을 나는 순전히 현장에서 배웠다. 업계의 최고 실력자인 김 회장이 일일이 데리고 다니며 원사를 뽑는 데서부터 직조, 제직, 염색, 날염, 후가공 등 완제품이 나오기까지 여러 공정 하나하나를 꼼꼼히 가르쳐준 덕분에 나는 그 누구보다도 빨리 그 모든 것을 자세하게 배울 수 있었다. 그 과정에서 나는 그분이 사람들과 어떻게 관계하는지도 볼 수 있었다.

"창조는 사람들과의 관계 속에서 생겨나고 발전되는 것이다."

김 회장이 가르쳐준 비즈니스의 세계란 살아 숨 쉬고 따뜻한 피가 흐르는 사람들과의 관계였다. 그 덕분에 나는 사업이 오직 이윤을 추구하며 손익계산만 하는 차가운 물질적 관계가 아니라 모든 사람들이 더불어서 함께 가는 따뜻한 인간적 관계라는 것을 일찍 배울 수 있었다.

존중하면서 자유로울 수 있는 훈련

회장과 계열사 직원의 관계였지만, 그분과 나 사이에는 거리낌이 없었다. 나이나 상하 위계가 문제되지 않는 진실한 수평관계가 이루어졌다. 나는 모르는 것이 있으면 서슴없이 질문하고 아이디어가 있으면 무엇이든 말씀드렸다.

그때는 흔치 않았던 일제 닛산 '닷도산' 승용차로 함께 출장을 다녔다. 외제 승용차가 흔치 않을 때여서 의정부 신성통상 공장에 갈 때나 한강 다리를 건너 방림방적으로 갈 때면 헌병 초소에서 경례를 붙이곤 했다. 이렇게 이동하는 시간은 내게는 '동대문 대학'의 강의 시간이었다.

처음에는 앞자리 조수석에 탔는데 나중에는 뒷자리에 김 회장님과 나란히 앉아서 중요한 이야기를 나누는 관계로 발전했다. 그런 영향으로 나는 공장이나 실험실, 조색 가공실 등 어디에 가서 누구를 만나도 스스럼없이 질문을 하곤 했다. 이런 질문은 그들에게도 도움이 됐다. 김 회장과 승용차 안에서 주고받는 대화 중 상당수는 업계에서는 최신 정보에 해당하는 내용들이었다. 때문에 내가 현장에서 질문을 하면 상대방에게도 정보가 제공되는 셈이었다. 신상품 개발에 관한 좋은 정보가 있으면 서로 적극적으로 교환하기도 했다. 양쪽에 다 유익이 되는 관계였다.

당시에는 유럽이나 일본의 기계, 염료, 화학 회사들이 한국 시장 개척을 위하여 개최하는 마케팅 설명회가 많았다. 주로 호텔에서 열리는 이런 행사마다 나는 빠지지 않고 참석해 제일 앞자리에 앉았다. 질의응답 시간에는 제일 질문을 많이 했다. 나 스스로 이해하기 위해서이기도 했고 참석한 다른 사람들을 위한 것이기도 했다.

그렇게 질문을 도맡아 할 수 있었던 것은 하나라도 더 배우고 알고 싶은 호기심이 항상 충만해 있었기 때문이다. 여러 공장과 실험실,

기계실에서 듣고 보고 배운 지식들이 있었기에 많은 이들이 알고 싶어할 만한 질문을 간파하고 있었다. 그래서 꼭 필요한 질문들을 하고 정보를 얻을 수 있었고, 이런 질문들이 참석한 분들이나 설명하는 쪽 모두에게 도움이 됐기 때문에 나는 인기가 많았다. 새로운 거래처에 가서 인사를 할 때면 "그때 질문하던 분이로군요!"라는 말을 듣는 일도 많았다. 좋은 첫인상 덕분에 거래가 수월해지기도 했다. 몇몇 회사에서는 출입금지 구역인 생산 현장, 실험실이나 연구실에까지 자연스럽게 들어가 볼 수 있었다.

이런 경험들은 김 회장과 나누는 대화의 주제가 됐다. 외국회사의 설명회 등에서 얻은 새로운 정보와 경험을 정리해서 보고하면 김 회장은 늘 재미있게 들어줬다. 질문할 것도 미리 준비해 갔다가 질문하면 그분의 경험과 식견을 담아 답변해주곤 하셨다.

그러다가 내 아이디어를 스스럼없이 말씀드리는 단계가 되자, 점차 일을 결정할 수 있는 권한도 주어졌다. 나는 점점 상품 개발의 중요한 부분까지 맡게 됐고, 내 선에서 거래계약도 전결로 처리할 수 있는 폭이 넓어졌다. 단순한 가르침을 넘어 '코칭'의 단계에 이른 것이다. 김 회장과 나는 어느새 눈빛만 봐도 통하는 이심전심(以心傳心)의 사이가 됐고, 수평적으로 아이디어를 주고받다가 서로의 생각을 상호보완해 신상품을 개발하는 단계에까지 이르렀다. 하나를 던져주면 열 개를 만들어갔던 나의 노력도 작용했지만, 내 의견을 자극제로 삼아 새로운 것을 만들어내고자 한 김 회장의 열린 사고의 영향이 컸다. 이렇게 우리 두 사람의 교감이 빚어낸 결과는 때로는 생각지도 못한 시너지 효과를 냈고, 시장을 깜짝 놀라게 하는 상품을 만들어내기도 했다. 개발한 신상품의 성공률이 높아지자 사업 확장에도 가속도가 붙었다.

당시 우리 원단을 사용해 생산한 브랜드의 옷들은 늘 시장을 선도했고 완제품 의류 판매율이 업계 최고를 달렸다. 남대문 대도시장, 평화시장에서는 우리 물건을 사려고 우리 영업직원들에게 접대를 하기도 했다. 물량이 커지자 현금 유통도 좋아졌다. 자연히 나는 영업보다는 상품개발에 점차 집중하게 됐다. 좋은 상품이 나오면 파는 것은 문제가 안 됐다.

마케팅 측면에서도 대담한 시도를 많이 했다. 앞에서 설명한, 동대문시장 직영매장에서 한겨울에 만국기를 걸고 여름 상품을 바겐세일한 것도 우리가 처음 시도한 일이었다. 신세계 백화점 세일 행사 때 원단 코너를 운영한 것도, 롯데백화점에 원단 코너를 만든 것도 우리 회사가 처음이었다. 이제는 관행이 됐지만, 패션모델에게 의상을 입혀 찍은 사진으로 샘플북을 제작해 거래처에 배포하는 것도 그 당시 우리 회사가 맨 처음 시도해서 자리매김한 일이었다.

생각해보면 여러 가지 면에서 어수룩한 점이 많은 새내기 경영자였지만 기발한 생각을 많이 해냈고 뚝심 있게 밀어붙였던 것 같다. 언제든 찾아가 의견을 구할 수 있는 든든한 언덕, 김 회장님이 있었기에 그런 용기를 낼 수 있었으리라.

그분은 나를 만나기만 하면 이야기를 들을 준비가 됐다는 듯, 내가 말을 시작하기를 기다려주셨다. 때문에 그분을 만나면 무슨 이야기든 시작해야 했고, 늘 이번에 뵈면 무슨 이야기를 할까 준비하는 습관이 생겼다.

오랜 세월이 흘렀지만, 지금도 나와 대화할 때 빛나던 김 회장님의 눈빛이 그립다. 그것은 어느새 자신만큼 키가 자란 아들을 보는 아버지의 눈빛이었다. 아버지를 일찍 여의고 성장한 나였기에, 그런 관계를 경험한 것은 내 인생에 큰 자양분이 됐다.

큰 나무와도 같았던 김 회장님의 그늘 아래서 보낸 13년 동안 나는 행복했다. 전쟁터 같은 비즈니스의 세계에 맨몸으로 뛰어들었지만 부대끼고 상처받기보다는 호기심으로 눈을 빛내고 따뜻한 관계를 맺으며 성장할 수 있었다. 모두 김 회장님 덕분이다. 그 영향으로 나도 사업상 만난 사람들과 남녀노소, 지위고하를 막론하고 수평적 교제를 하는 방법을 알게 되었고 능력이 생겼다. 또한 서로 존중하는 것이 비즈니스에서 얼마나 중요한지도 몸소 터득했다. 그때 익숙해진 습관으로 지금도 교계와 정계 등 사회 각계각층에서 만난 많은 이들과 좋은 관계로 살아가면서 그들과 수평적이고 신뢰를 바탕으로 한 교제를 해나가고 있다.

"내가 너희를 고아와 같이 버려두지 않겠다."(요 14:18)는 하나님의 약속은 이처럼 내 삶의 모든 영역에서 새 힘을 주는 격려가 되었다. 아무 기댈 데 없이 혈혈단신 맨주먹으로 살고 있는 줄 알았지만, 돌아보면 나는 고아가 아니라 든든한 아버지의 슬하에서 자란 소년처럼 천진난만했고 행복했다. 이것이 하나님께서 주신, 내가 누린 최고의 복이다.

다섯 달란트 받은 종의 모험

모험과 도전이 즐거운 이유

내가 일선에서 물러난 지금도 한창 일하던 때를 돌아보며 '참 좋은 사업이었다.'고 회상하는 것은, 그것이 안정적이고 편안하게 돈을 벌 수 있는 사업이 아니었기 때문이다.

원단 사업은 조금만 방심해도 바로 뒤쳐지고 존재도 없이 사라질 만큼 실시간으로 변화가 커서 위험 부담이 큰 업종이다. 성공 확률도 대단히 적다. 1970년대 한국의 경공업 비중과 현재의 비중을 비교해보거나, 당시 한국 경제를 주도하던 섬유·봉제 산업이 현재 어떻게 됐는지 생각해보면 누구라도 알 수 있는 사실이다. 한국에서 법인세를 많이 낸 순서로 10위 안에 들던 섬유회사들이 지금은 모두 사라졌다.

성경에 나오는 다섯 달란트를 받은 종(마 25:14~30)의 비유에서 예수님께서는 돈을 땅에 묻어놓지 않고 밖에 나가 다섯 달란트를 더 벌어온 종의 행동을 칭찬하셨다. 종이 어떤 일을 해서 돈을 벌었는지, 평소에 하던 일과 관련이 있는지, 그런 것들은 알 수 없지만 한 가지 짐작할 수 있는 것은 다섯 달란트를 받은 종에게 다섯 달란트를 더 버는 일은 '모험'이었다는 것이다.

모험을 하지 않고 받은 달란트를 땅에 그대로 묻어 놓았던 종은 주인에게 '악하고 게으른 종'이라는 질책을 받는다. 주인이 원한 것은 종이 나가서 모험을 하고 이를 통해 성취하는 것이었다.

내가 한 일은 매일매일 모험하고 도전해야 하는 일이었다. 40년 사업하는 동안 잠시도 긴장을 풀 수 없었다. 이것이 내게는 두려움이 아니고 즐거움이었다.

1970년대 초 어느 날, 국내 굴지의 방직회사인 방림방적에서 호출이 왔다. 당시 방림방적의 생산품은 90%가 수출용이었고 내수용은 10% 정도에 불과했다. 그것은 당시 상공부 방침에 따른 것이었으며, 그 10%의 내수 상품은 우리와 독점계약이 돼 있었다. 그러다 보니 우리에게 방림방적은 절대적으로 중요한 거래처였다.

내가 방림방적에 가보니 공장 빈터에 지저분하게 오염된 두꺼운 광목 원단이 산더미처럼 쌓여 있었다. 그 광목은 수출 셔츠용 얇은

T/C 원단을 피그먼트(페인트성 안료) 날염할 때 염료가 번지지 않도록 속지로 사용한 것들이다. 날염 기술이 발전한 뒤로는 이런 속지가 필요하지 않게 됐지만 당시에는 기술이 부족해서 이런 원단이 있어야 했다. 한 번 사용하고 버릴 수 없으므로 여섯 번쯤 사용한 후 빼놓은 것인데, 그러다 보니 여러 패턴의 프린트가 원단에 어지럽게 겹쳐서 찍혀 있었다.

"상품으로 쓸 수 없는 폐품이지만 버리기가 아까워서 오시라고 했습니다. 메트로에서 이 원단을 처리해주시겠습니까?"

거저나 다름없이 준다는 것이었지만 버리는 것도 비용이 드는 일인지라 사실상 떠맡기는 셈이었다. 계약에 따르면 수출 잔품, 클레임 상품, 불량품 등을 우리가 전부 처리해주기로 되어 있긴 했다. 그렇지만 이런 쓰레기 수준의 원단은 처음이었다. 특히 우리는 공업용 원단이 아니라 패션 원단을 취급하는 회사였기 때문에 그것을 어디에도 쓸 데가 없었다. 그러나 못한다고 할 입장도 아니었다.

"어떻게든 해보겠습니다."

이렇게 대답하고 돌아왔지만 묘안이 떠오르지 않았다. 이리저리 머리를 굴려보고 공장에서 염색, 가공, 실험실 직원들과 상의해보기도 했다. 그러나 불규칙한 패턴들이 여러 번 겹쳐 지저분해진 원단을 보고는 다들 고개를 저었다.

고민을 거듭하던 중 문득 '색이 진해서 지저분해 보이는 것'이라는 데 생각이 이르자 조금이라도 색깔을 탈색해보면 어떨까 싶었다. 완전 탈색은 불가능하니 50% 정도 탈색을 해봤다. 그러자 원단에 깔린 무늬들이 은은하게 어우러지면서 그라운드(바탕)에 묘한 입체감이 생겨났다. 그 위에 밝은 색의 피그먼트로 간격이 적당하고 모양이 간결한 무늬를 프린트해봤다. 이런 실험을 방림방적 실험실, 조색실과 함께 여러 차례 한 끝에 괜찮아 보이는 결과물을 낼 수 있었다.

결과는 놀라웠다. 어디서도 본 적이 없는 새로운 작품이 탄생한 것이다. 그라운드의 불규칙한 무늬와 그 위의 밝고 선명한 무늬가 보기 좋게 대비돼 묘한 세련미를 풍겼다. 일부러 만들려고 한다면 생산원가가 두 배 이상 들어갈 만한 제품이 된 것이다.

원단을 시장에 내놓자 좋은 반응이 나왔다. 덤핑가격이 아닌 신규 개발 제품에 준하는 가격을 매겼는데도 날개 돋친 듯 팔려 나갔다. 사람들은 이 원단이 고급스러운 느낌을 주기 위해 이중 프린트를 한 제품으로 알았다. 심지어 이 원단은 당시 디자인의 흐름에도 영향을 줬다. 항상 새로운 것을 원하는 의상 디자이너들이 이 소재를 가지고 트렌디한 옷을 만들었고, 그 패션이 인기를 끌자 다음 시즌에는 이 원단을 모방한 제품까지 나왔다.

방림방적에서는 산더미처럼 쌓인 골칫거리를 해결했고, 우리 회사는 싼 가격에 원단을 가져와서 '대박'을 쳤다. 제품업자들은 잘 나가는 원단을 싸게 살 수 있었고 디자이너들도 새 제품을 만들어 유행을 선도했으니 그야말로 모두가 신 나는 일, 모두에게 유익이 된 일이었다.

이 일은 내게는 '창조적 역발상'의 소중한 아이디어를 얻는 계기가 됐다. "어떤 문제라도 긍정적인 가능성의 발상으로 접근하면 해결책이 보인다."는 확신이 들었다. 꾸준히 집중하고 몰입하면 생소했던 것들이 터득된다는 것을 알게 됐다. 발상의 전환으로 성취를 하고 나면, 그 희열로 에너지가 충전돼 또 다른 새로운 일에 몰입하게 되는 리듬이 있다는 것도 경험했다. 창작 예술가들에게나 그런 리듬이 있을 것이라고 생각했는데 비즈니스 세계에도 존재했던 것이다. 비즈니스도 일종의 예술이다.

그런 자세 덕분에 이후로도 여러 번 대형 히트상품을 만들어냈다. 패션 사업의 묘미는 바로 그런 데 있기에 지치지 않고 신나게 일할 수 있었다.

위기를 극복하는 여유가 곧 성공의 시작이다

'긍정적인 시각'의 원칙은 사람을 대할 때도 마찬가지로 통했다. 누구를 만나든지 그 사람이나 나나 부족한 점이 있다는 것을 인정하고 받아들이면 어색한 관계가 극복된다. 관계가 부드러워지면 관대해진다. 그리고 쉽게 소통을 할 수 있게 된다. 의사소통이 되면 관계가 끈끈해지면서 서로간의 강한 끌림이 신뢰 관계를 만들어 갈 수 있다.

한번은 김 회장과 거래를 하던 재계 실력자가 김 회장에게 엄청나게 화를 낸 적이 있었다. 잘못은 약속을 못 지킨 우리에게 있었고, 그는 우리 회사의 월말 자금줄을 쥐고 있었다.

일이 꼬이려니까 의도치 않게 계속 오해가 쌓여갔고 불신이 극에 달했다. 급기야 그는 납품대금으로 우리에게 지불한 어음을 은행에 공탁금을 걸어 지불 정지시켰다. 그에게서 받은 어음이 우리가 지불할 당좌계좌와 연결되어 있기에, 지불거절 처리가 되면 부도 위기에 빠지는 상황이었다. 그대로 자금이 동결되면 바로 다음 날 필요한 월말 자금부터 펑크 날 것이었다.

우리는 오해를 풀어보기 위해 자리를 만들었다. 김 회장과 나, 그리고 조정자 역할을 맡은 최수환 사장(부산염직 사장, 이후 국회의원을 지냄)과 정릉동에 사는 그의 집으로 찾아갔다. 양측에서 나온 7~8명이 마주 앉기는 했지만 생각처럼 대화가 풀려가지는 않았다. 서로의 주장만 길게 이어질 뿐 해결의 실마리는 보이지 않는 채로 밤이 깊어졌다.

자정이 넘어가면서 양쪽 다 신경이 날카로워지고 언성이 높아졌다. 어느 쪽이든 판을 엎고 뛰쳐나가도 이상할 것이 없는 상태에까지 이르렀다. 손바닥에 저절로 땀이 고이고 마른 침이 꿀꺽 넘어갔다. '이 사태를 넘기지 못하면 회사가 부도날 수도 있다.'는 위기감이 점점 차올라왔다.

바로 그때, 김 회장이 일어나더니 갑자기 그 집 거실 한쪽 구석에 있는 피아노로 다가가 앉았다. 잠시 숨을 고르던 그는 피아노를 치기 시작했다.

"나의 살던 고향은 꽃피는 산골 복숭아꽃 살구꽃 아기 진달래~", "해는 져서 어두운데 찾아오는 사람 없어 밝은 달을 쳐다보니 외롭기 짝이 없네~" 등 누구나 아는 동요 가락을 단음으로 연주했다.

연주는 단순했지만 새벽으로 접어드는 한밤중 조용한 주택 안에 울려 퍼지는 피아노 선율은 조금 전까지 전쟁터 같았던 공간의 공기를 마법처럼 바꿔놓았다. 한 치도 물러섬 없던 상대방의 눈매가 따뜻하게 풀려가는 것이 보였다. 최 사장이 때마침 나서서 이런저런 조건을 제시하면서 동결한 어음을 해제해 주십사고 권유했다. 그때까지와는 다르게 이야기가 조금씩 풀려나갔고, 몇 가지 조건들을 합의한 뒤 새벽 동틀 무렵 김 회장과 우리는 모든 일을 잘 마무리하고 어슴푸레한 하늘을 보며 그 집에서 나올 수 있었다. 부도 위기를 넘긴 것이다.

그날 보여준 김 회장의 여유로움은 수십 년이 지난 지금 회상해도 전율이 온다. 그런 힘은 도대체 어디서 나온 것일까? 그분도 아마 속으로는 돌파구를 찾기 위해 고군분투하셨을 것이다. 그럼에도 위기의 순간에 그런 여유를 가질 수 있었다는 것이 놀라웠다. 극한 상황에서도 여유를 찾으면 길이 보인다는 것을, 그리고 그렇게 할 수 있는 것이 성숙함이라는 사실을 그때 알았다.

성공은 위기를 극복하는 것으로부터 시작된다. 급한 상황에 몰렸을 때 조급함과 자기학대, 과격하게 자기주장만 관철하려는 태도에 빠지면 오히려 아무것도 해낼 수 없다. 지레 포기하거나 극단적인 선택으로 몰려 스스로 침몰하게 된다. 지나친 두려움을 극복해야 새로운 시작의 기회를 잡을 수 있다.

우물 안 개구리가 옹벽을 뛰어넘다

이후로도 위기의 순간은 수도 없이 찾아왔다. 박정희 대통령 시절인 1972년 8월 3일, '8·3 긴급금융조치'가 내려졌다. 중소기업들이 겪고 있는 고금리의 사채 부담을 해소해주기 위해 대통령령으로 '긴급 조치 15호─사채 동결 긴급 재정 명령'을 발표했던 것이다.

기업들의 모든 사채를 3년간 동결하고 3년 거치 5년 분할로 상환하도록 한 조치였다. 이 조치 이전에 진 빚에 대해서는 이자를 줘서도 안 되고 원금을 갚아서도 안 된다는 명령이었다. 지금의 '회사 법정관리' 조치와 같은 것을 모든 기업과 개인 거래에 한시적으로 적용한 셈이다.

이 조치로 숨통이 트인 기업도 많았겠지만 우리는 오히려 자금난에 처했다. 여러 공장들에 지급해 놓은 선급금까지 사채로 간주되어 동결됐기 때문이었다. 당시에는 선급금에 일정한 이자를 붙여 계산해서 앞으로 발생할 물품대금을 미리 지급하는 관행이 있었다.

한 거래처에서는 돈 대신 물건을 주겠다고 했다. 선급금만큼 외상매출 처리를 해준다는 것이다.

"일본 미쓰비시에서 유럽에 수출하기 위해서 발주해놓은 물건이 생산 완료되었는데 이런저런 이유로 클레임을 건 뒤 가져가지 않은 재고품이 있습니다. 괜찮으시다면 그거라도 가져가세요."

거절할 수도 없었다. 대통령령으로 발표된 긴급조치를 절대로 위반해서는 안 되는 사회 분위기 탓이었다.

창고에 가보니 원단이 산더미처럼 쌓여 있었다. 유럽 수출용이라 서유럽과 미국인 기호에 맞춘 호화로운 프린트 패턴의 여성 양장용 직물이었다. 디자인이 크고 색상이 너무 화려해서 국내 취향과는 거리가 멀어 보였지만 선택의 여지도 없이 가격을 절충해서 원단을 모두 인수했다. 회사에 돌아와 설명하니 직원들은 모두 부정적인 반응이었다. "지금 우리나라 패션 트렌드와는 너무 거리가 있어요. 지금 내놓기에는 시기상조입니다."

그러나 다른 방법이 없었다. 자금난을 해결하려면 어떻게든 물건을 팔아야 했다. 나는 일단 샘플을 들고 우리가 거래하는 도매 점포들을 찾아갔다. 전국 양장점을 대상으로 도매업을 하는 점포들이었다. 예상했던 대로 업주들은 이런 도깨비 같은 패턴은 안 된다고 손사래를 쳤다. 사정사정하며 억지로 떠넘기다시피 하자 겨우 몇 군데가 그동안의 거래관계를 생각해 마지못해 허락했다.

"알았어요. 그럼 딱 일주일 만입니다."

일주일 동안만 좋은 자리에 진열해주되 인수하는 것은 아니고 위탁판매만 해주는 것으로 합의를 했다.

그런데 이변이 일어났다. 국내시장에서 절대 안 통할 거라던 그 원단은 알고 보니 국내 디자이너들이 고대해온 것이었다. 당시는 미국, 유럽에서 패션 경험을 쌓고 돌아온 디자이너들이 속속 자기 브랜드의 매장을 오픈하던 시기였다. 몇 년 후인 1978년쯤부터는 '세계 패션그룹 한국지부'가 설립되는 등 한국에도 세계의 패션 트렌드가 적극적으로 반영됐지만, 그 당시엔 동대문시장에서도 그런 수요가 있는지조차 아직 모르고 있었다.

모두들 고개를 갸웃하던 원단이 '꿈의 원단'이라며 불티나게 팔려나가자 천덕꾸러기였던 원단은 곧바로 '효자 상품'으로 둔갑했다. 재생산에 재생산까지 들어갔고 도매상들은 서로 경쟁하듯이 주문을 해왔다.

몇 년 후 비슷한 사건이 하나 더 있었다. 신앙촌에서 부산 기장군에 설립한 섬유회사 '시온합섬'에서 연락이 왔다. 당시 시온합섬은 폴리에스테르 원사를 뽑을 수 있는 몇 안 되는 회사 중의 하나였다. 오늘날 SK그룹의 근간인 선경합섬, 그리고 코오롱상사와 동양나일론까지 세 회사 이외에는 할 수 없었던 폴리에스테르 원사 생산을, 어떤 경로를 통했는지 신앙촌이 정부의 허가를 얻어내고 일본 기계를 수입해 막 시작한 참이었다.

그때 신앙촌 전도관장의 지인을 통해 우리가 전해들은 얘기는 "시온합섬에 가면 폴리에스테르 원사가 산더미처럼 쌓여 있다."는 것이었다. 당시에는 수입 원료로 생산한 물품은 5~7%만 남기고 다시 수출해야 한다는 규제가 있었기 때문에, 당시 전량 수입 원료로 생산했던 폴리에스테르 원사는 돈을 주고도 사기 어려웠다. 그런 고급 원사가 그렇게 많다는 얘기가 선뜻 믿기지는 않았지만 '밑져야 본전'이라는 생각으로 경남 기장군에 있는 공장으로 찾아갔다.

가보니 정말 엄청난 분량의 폴리에스테르 원사가 쌓여있었다. 일본에서 수입한 기계로 뽑아낸 원사였는데 기술 부족과 낡은 기계 탓에 전부 불량품이 돼 있었다. 필라멘트 굵기가 처음부터 끝까지 고르지 않아 직조를 한 뒤 염색을 해보면 색이 얼룩지게 나왔다. 그러다 보니 밝은 색은 안 되고 검은 색으로만 염색해야 했다. 그런 제품은 상품 가치가 없었기 때문에 판로를 찾을 수가 없어 더 이상 작업을 진행하지 못하고 공장이 멈춰 있었던 것이다.

공장을 둘러보니 원사 기계뿐 아니라 니트 천을 짜는 직기도 아주 좋은 것이 영국에서 수입돼 있었고, 네덜란드에서 수입된 한국에 한 대밖에 없는 '붓자' 날염 기계, 로타리 날염 기계도 있었다. 이 기계들은 60인치 규격으로, 당시 44인치가 대부분이었던 기계들보다 다양한 프린트를 할 수 있는 최신 기계였다. 동행했던 기술자는 "원사 상태가 안 좋아서 구매해봐야 쓸 수가 없다."고 했다. 본래 여성 양장 원단용 원사를 구하러 온 것이라 그 말이 맞았다. 하지만 기계들을 둘러보던 내게는 다른 생각이 떠올랐다.

"염색이 안 되면 날염을 하면 어떨까?"

이곳의 니트 기계로 신축성 있는 저지 원단을 짠 뒤, 거기에 이곳의 최첨단 프린트 기계로 60인치 니트 날염을 찍으면 지금까지 없었던 한국 최초의 신상품이 나올 것 같았다.

바로 서울에서 날염 기술자들을 불렀다. 과장급으로 기술이 좋은 사람들로만 팀을 조직해 공장을 풀가동했다. 원사가 불규칙하니 무늬는 주로 화려한 꽃무늬를 찍었다. 폴리에스테르 저지 소재의 60인치 날염 양장지를 최초로 생산한 것이다.

그렇게 만든 원단을 서울로 가져가 동대문 종합시장에 내놨다. 반응은 폭발적이었다. 신축성 있는 저지에 화려한 꽃무늬가 프린트된 원단은 마침 새롭게 유행을 맞은 헐렁한 여성복 생산에 쓰였다. 바로 '월남치마'와 '몸빼바지'였다.

해방 이후 1970년대 후반까지만 해도 한국 여성들에게는 옷을 헐렁하게 입는 문화가 없었으며, 서양 복식은 모두 딱 맞게 입는 것으로만 인식됐다. 여성의 사회적 활동과 자유로운 문화는 커지고 있었는데 복식이 이를 따라가지 못하는 형국이었다. 그런 가운데 나타난 '월남치마'와 '몸빼바지'는 하나의 혁명이라고도 할 수 있었다.

이후 1년간 시온합섬 공장은 풀가동됐다. 밤새 만든 원단을 4t 트럭 한두 대에 싣고 새벽에 올라가 동대문에 내려놓으면 거래업자들이 기다리고 있다가 앞다퉈 싣고 갔다. 미리 선금을 맡겨둔 이도 있었고, 더러는 너무 경쟁적으로 가져가는 바람에 미처 계산서를 못 떼기도 하였다. 그래도 신나게 일할 수 있었다.

우리는 원사를 싸게 사서 좋은 값에 팔았기 때문에 큰 이익을 남겼고, 시온합섬으로서도 골칫거리 원사를 처리하는 동시에 공장이 돌아가게 되어서 신앙촌 구성원들이 일을 할 수 있었으므로 서로에게 '윈-윈'이 되는 일이었다.

이 일은 우리 회사가 크게 도약하는 계기가 됐다. 대부분의 사업하는 사람들에게는 이런 기회들이 몇 번씩 찾아온다. 지금 대기업으로 성장한 기업들은 그런 기회들을 꽤 많이 만났고, 그에 제대로 대처한 곳들이다. 그냥 하루하루 똑같이 벌어서 똑같은 이익을 남기는 일만 계속해서는 성장할 수가 없다. 그래서 경영자는 기회에 민감해야 하고 그 영향과 가능성을 잘 판단해야 한다.

물론 일이 안 풀리는 때도 있다. 그러나 그럴수록 더 몰입하고 집중하다 보면 '반짝' 하고 기회가 생각에 들어온다. 그것을 찾아내기 위해 늘 감각을 날카롭게 다듬고 몰두하는 것이 비즈니스를 하는 사람과 직장인이 다른 점이다. 그렇게 방법을 찾다 보면 하나도 없어 보이던 탈출구가 불현듯 여러 개씩 동시에 생기곤 한다.

이 두 가지 사건은 내게 큰 의미를 가진다. 이를 통해 '디자인' 감성에 눈을 뜨게 되었고 신소재의 중요성을 절감했다. 자연히 관심은 시대를 한 발짝 앞서 가면서 과감한 도전을 하는 서구 패션으로 향했다. 물론 그동안에도 신상품 개발을 위해 전문가들과 함께 새 패턴을 구상하기는 했지만 그 수준을 넘어서서 최첨단의 패션 트렌드를 알고 싶어졌다. 국내 트렌드를 분석하는 것만으로는 시장을 선도할 수 없다는 판단이 들었던 것이다. 우리 나름대로 괜찮다고 생각하는 정도로는 사람들을 설득하기도, 시장의 반응을 예측하기도 어려워지고 있었다. 그렇기에 유럽으로 시장조사를 나가 앞선 패션 트렌드를 직접 보면서 안목을 길러야겠다고 결심했다.

돌아보면 이런 발상을 할 수 있는 결단 하나하나가 절묘한 하나님의 인도하심이었다. 내가 준비하고 기획한 일보다는 돈 대신 어쩔 수 없이 가져온 수출 재고품이나 우연히 만들어 낸 제품이 내게 새로운 방향을 제시해준 것이기 때문이다. 다만 그렇게 잘 팔릴 줄 몰랐다고, 횡재했다고 좋아만 해서는 발전할 수가 없다. 잘 팔리는 이유를 분석하고 체계적으로 대응해야 그 다음에는 운이 아닌 진짜 실력을 통해 적중시킬 수 있다.

이런 경험을 거치면서 우물 안 개구리였던 나는 벽을 뛰어넘고자 점프를 시작하게 됐다. 그 일이 아니었다면 세계 트렌드 분석에 나서겠다는 결심을 하지 못했을 것이고 사업은 그 후로 오래가지 못했을 수도 있다.

순도 높은 집중과 몰입이 차이를 만든다

모든 사람은 저마다 다른 잠재력을 가지고 태어나는데, 성장하면서 사람들과의 관계를 통해서 '발효'되는 과정을 거치고 나면 자신만의 특별한 능력으로 만들어진다고 한다. 판단력, 응용력, 창의력을 통해 주저함 없이 결정하고 실행할 수 있는 능력 말이다.

그것은 사업에 있어서도 마찬가지다. 패션을 공부한 적도 없고 재능이 있다고 자각해본 적도 없는 나였지만 사업을 하면서 그런 경지를 종종 느꼈다. 후천적인 습관과 몰입과 집중의 정도에 따라 결과는 천지 차이로 달라졌던 것이다. 스티브 잡스의 책을 보니 이런 말이 있었다.

> "창의성은 경험을 연결시켜 새로운 것들을 합성하는 능력이다. 창의적인 사람들은 다른 사람보다 더 많이 경험했거나 자신이 겪은 일에 대해 더 많이 집중하고 생각한 사람들이다."

여기에 나도 전적으로 동의한다. 더 많이 생각하는 자와 그렇지 않은 자의 차이는 크다는 것을 현장에서 수없이 절감했다.

패션 도시들을 다니다 보면 새로운 것, 감각적인 것, 소비자가 원하는 것을 알아보는 눈이 생긴다. 비록 돈 계산은 빠르지 않았지만 이런 재능 덕분에 사업을 이끌어갈 수 있었다. 지금도 나는 숫자에 많이 둔감하다. 장부나 재정보고서가 한눈에 들어오지 않는다. 그럼에도 이 사업에서는 일등을 계속했다.

내가 처음 해외 시장조사를 나간 것은 한국 패션 시장이 크게 확대되고 유행에 민감해지기 시작한 1978년 무렵이었다. 그 뒤로도 20여 년 후인 1997년까지는 원단 직물이 국내 산업의 보호를 위한 수입금지 물품 목록에 올라 있었다. 수출용 생산(보세가공)을 하기 위한 원단만 수입이 가능했기 때문에 내수용 패션 의류를 제조하는 회사들은 수입 원단을 사용할 수 없었다. 그래서 그들은 국내에서 세련된 패션 원단이 나오기만을 목이 빠져라 기다렸다.

이런 수요에 부응하기 위해서는 해외 시장조사가 필수라고 판단했다. 그러나 당시는 외국에 나간다는 게 말처럼 쉬운 일이 아니었다. 1974년에 다른 회사 사람들과 단체로 유럽을 돌아본 일이 있긴 했지만 혼자 외국에 나가는 것은 그때가 처음이었다. 당시에는 여권을 발급받는 것부터가 어려웠다. 교회 분들의 도움으로 여권을 만들기는 했지만 단수여권이었다. 그래서 한번 나가면 한꺼번에 주요 도시들을 돌고 와야 했다. 알래스카를 거쳐 22시간을 비행해 파리 드골 공항에 도착한 뒤, 파리, 런던, 밀라노, 취리히, 프랑크푸르트, 뒤셀도르프를 돌아보고 오는 일정은 출장이라기보다는 오히려 대장정에 가까웠다. 사정이 허락할 경우에는 뉴욕과 도쿄까지 들르기도 했다.

처음 해외에 나갔을 때는 길을 잃지 않고 원하는 곳에 도착하는 것부터가 도전이었다. 내 전략은 이랬다. 일단 목적지인 도시 공항에 도착하면 택시를 탄다. 그리고 택시기사가 가지고 있는 두께가 10㎝는 족히 넘어 보이는 관광안내 책자를 뒤진다. 거기서 태극기 표시를 찾으면 그곳은 거의 한국 대사관이나 한국 식당이었다. 택시기사에게 그곳으로 데려가 달라고 한 뒤 거기서 도움을 받아 도시의 정보를 파악했다.

또는 도시 중심에 있는 시티투어 관광안내소로 찾아간 뒤, 이층 투어버스를 타고 주요 시내 관광지를 돌다 보면 '아, 저기가 패션 중심 지구나.' 하는 감이 왔다. 거기서부터는 택시를 타고 발품을 팔며 패션 시장조사를 하면서 사진 찍고, 메모하고, 샘플 의류들을 구입했다.

예산이 한정되어 있기에 신중을 기해야 했지만 예닐곱 도시를 돌고 한국으로 돌아올 때쯤이면 커다란 여행가방 3개가 꽉 차고도 넘칠 정도의 분량이 됐다.

처음에는 한 도시를 둘러보는 데 사흘이 소요됐지만 자주 가다 보니 하루로 줄었고, 그 다음에는 하루에 두 개 도시에 대한 조사도 끝낼 수 있었다. 나와 관계없는 분야도 집중하면 보이게 마련인데, 뭐 하나라도 건져야 돌아갈 수 있다는 결심으로 새벽부터 밤 늦게까지 발이 부르트도록 다니는 사람에게 집중력과 통찰력이 생기는 것은

이태리 밀라노 출장길에서. 내가 처음 해외시장조사를 나간 것은 한국 패션 시장이
크게 확대되고 유행에 민감해지기 시작한 1978년 무렵이었다.

당연했다. 그렇게 유럽 주요 도시의 패션 중심지 구석구석을 하도 돌아다녀서 나중에는 지도를 그릴 수 있는 정도가 됐다. 때로는 나름의 패션 스토리를 만들기 위해 주요 런던, 파리, 미술관도 들러봤다.

패션 산업의 정보는 말이나 글로 설명하거나 이해시키기 어렵다. 감성적으로 체득해야 하는 것이다. 고도의 집중력이 발휘된 상태에서 패션가에 들어서면 한눈에 트렌드가 보인다. 이렇게 트렌드를 읽은 후에는 디테일 분석에 들어갔다. 사진을 찍고 메모를 하면서 패션 골목을 누비다 보면 사업을 잘하는 브랜드와 못하는 브랜드 간의 차이가 구별되고, 장사를 잘하는 점포와 못하는 점포가 구분됐다. 더 나아가 색상부터 디자인, 스타일, 원단, 부자재, 장식 단추 소재까지 유행의 모든 요소가 전부 한눈에 들어온다. 그러다 보면 '이 옷은 디자인 소재는 좋은데 액세서리, 단추 색이 어울리지 않는구나' 하고 혼자서 분석할 수 있게 된다. 그 순간에는 다리가 아프고 배고픈 것도 생각나지 않고 흥분과 설렘으로 힘이 솟았다. 황홀한 몰입에 빠져들 때는 살아 움직이는 하나의 스토리가 나에게 말을 걸어오는 느낌을 받기도 했다.

옷 장사의 가장 중요한 과제는 옷을 만들기 위한 원자재, 부자재를 찾는 것이다. 뛰어난 의상 디자이너가 되려면 소재를 볼 줄 알고, 소재를 찾는 능력을 갖춰야 한다. 그러면 스타일 디자인 결정에 자신감이 생긴다. 자신감 없는 스타일은 상품화되지 못한다. 그런 디자이너들의 눈에 드는 상품을 만들기 위해서는 원단이 혼방인지, 화학섬유, 니트, 우븐, 와플니트인지, 그리고 실이 캐시미어인지 혼방 울인지, 또 실크, 코튼, 레이온 등 섬유의 질감과 특성이 어떻게 다른 지 등등을 한눈에 알아보고 분별할 실력을 가지고 있어야 한다. 손끝 감각도 중요하다. 원단을 만져보고는 섬유질이 가공 공정에 따라 어떤 차이를 가지게 되는지를 바로 파악할 수 있어야 전문가라고 할 수 있다. 특히 지나가는 바람과도 같은 유행을 파악하는 데 있어 무엇보다 중요한 것은 그 흐름의 포인트를 제대로 잡아야 한다는 것이다. 정답은 어디에도 없다. 내 스스로 확실하다는 감이 잡히면 이미 반은 성공한 셈이다.

출장에서 돌아오면 샘플로 구해 온 의류들을 가지고 바로 생산 공장 거래처인 직물 회사, 방적 회사와 함께 분석에 들어갔다.

국제복장학원 최경자 원장님을 찾아가 같이 분석을 하기도 했다. 최 원장님은 국내 1세대 패션 디자이너로 노라 노, 앙드레 김과 함께 3대 디자이너로 불린 분이다. 이 분이 1961년 세운 국제복장학원은 수많은 디자이너들을 양성한 대표적인 교육 기관이었다. 내가 이런 대단한 분과 어떻게 알고 지내게 되었을까? 그냥 무작정 찾아갔다. 그저 국내에서 패션 트렌드를 제일 잘 아는 분을 수소문한 뒤에 무작정 전화를 드렸다. 이러저러하게 정보를 수집해 왔는데 설명드리고 조언을 구해도 되겠느냐고 묻자 최 원장님은 "웰컴!"이라며 얼마든지 찾아오라고 하셨다. 최경자 원장님은 그때 이미 환갑을 훨씬 넘긴 연세였지만 40대인 나와 마치 동료처럼 스스럼없이 대화를 하셨다. 내가 출장 기간에 보고 온 것을 설명드리고, 수집해 온 샘플들을 보여 드리면 진지하고 열정적으로 분석하고 의견을 제시해 주시곤 하셨다. 나중에 따님 되시는 신혜순 원장이 계실 때도 찾아가 같이 이야기 나누곤 했는데 역시나 소탈하고 권위의식 없는 분이었다.

그런 과정을 거쳐 정리한 최신 패션 트렌드 정보를 바탕으로 한국의 생산기술 수준과 소비자들의 취향에 맞춰 원단을 디자인하고 생산에 들어갔다. 그러면 우리 회사밖에 없는 신상품이 탄생한다. 당시 우리가 주로 만드는 원단은 봄·여름 시즌의 여성·남성·아동 패션, 홈패션, 캐주얼 의류용이었다. 제때 유행을 타는 옷을 만들려면 원단은 적어도 1년 반에서 2년은 앞서 기획하고 생산해야 했다. 이 분석과 예측이 잘되면 상품이 잘 팔리고, 안 그러면 재고로 남기 때문에 감각과 노력을 총동원해야 하는 작업이었다.

우리 원단으로 제품을 만든 의류 회사들의 판매율은 거의 70~80%에 달했다. 각 패션 브랜드의 치프(수석) 디자이너들이 우리 원단을 기다렸다 구매했다. 덕분에 삼성물산, 반도(엘지)패션, 코오롱, 제일모직 등 까다로운 대기업들에 성공적으로 납품해 매출이 크게 늘었다. 일반 대중용 상품으로 개발한 원단도 평화시장, 남대문시장, 지방 도매업자들에게 인기리에 대량으로 판매됐다.

이렇게 1990년대 중반까지 열심히 해외 출장을 다녔다. 일하다가 방향이 안 보인다 싶으면 훌쩍 비행기를 타고 떠나기도 했다. 그러던 어느 날, 유럽의 패션 거리를 헤매던 중 깨달음이 왔다. 내가 이 직업을 선택한 것은 모두 하나님의 인도하심이었다는 생각이 들었다.

사실 내가 처음 섬유 사업에 뛰어들었을 때는 이 일이 적성에 맞는지, 이 분야에 대한 재능이 있는지는 생각하지 못했다. 그저 신세

이태리 밀라노 출장길에서

계를 만난 심정으로 몰두했을 뿐이다. 게다가 나는 청소년 시절 막연하게 법관, 선생님, 신문기자, 작가가 되고 싶다는 꿈을 품어봤을 뿐, 단 한 번도 패션 사업을 할 만한 창의적, 예술적, 감성적 감각이 있다는 생각을 해본 적이 없다. 이런 산업이 있다는 것 자체를 몰랐으니 그럴 수밖에 없었을 것이다. 그런데 막상 해보니 너무도 내 적성에 맞는 일이다. 하나님께서는 묻혀 있는 내 능력을 미리 보시고 적절히 쓰일 곳으로 나를 인도해주신 것이다.

여기서 내 능력이란 타고난 예술적 감각을 말하는 것은 아니다. 흔히 패션 감각과 같은 예술적 능력은 타고 나는 것, 혹은 어려서부터 남다른 경험을 많이 하면서 장기간에 걸쳐 키워야 하는 것이라고들 한다. 아마 대부분의 경우에는 그 말이 맞을 것이다. 다만 모든 경우에 그런 것은 아니다. 나처럼 필요에 의해서 뛰어들었어도, 열정을 가지고 일정 기간 동안 능동적으로, 집중적으로 파고들면 어느 순간 한계를 뛰어넘을 수 있다. 몰입의 순도가 높고 깊을수록 그 가능성은 더 커진다. 나에게는 새로운 일을 만났을 때 즐겁게 몰입하고, 몰두하는 능력이 있었던 것이다. 이 능력은 사업에서 은퇴한 지금까지도 새로운 일을 맡을 때마다 유용하게 사용하고 있다.

당시는 산업 환경과 여건도 좋았다. 한국 역사상 섬유·원단·패션 산업이 가장 왕성하게 성장하던 시기에 그 한가운데서 일할 수 있었다는 것은 큰 행운이었다. 한국의 성장성을 보고 전 세계 섬유 생산의 신 기술과 장비, 정보가 몰려들어 올 때였다. 특히 우리 회사는 김교석 회장이 쌓아놓은 기업의 명성 덕분에 한국에서 가장 실력 있는 대기업, 연구원, 공장들 어디하고나 손잡고 신제품 개발을 할 수 있었다. 그러다 보니 불과 10년 정도 만에 이 분야에서 국내 탑클라스 기업이 되어 있었다. SK, 삼성, 대우의 초기 기업들도 그때는 모두 이 산업 분야에 주력하고 있었다. 이런 기업들이 해외 패션 브랜드와 기술 제휴를 할 때 나에게 출장을 같이 가자고 요청해 오기도 했다. 대기업 직원들이나 소속 디자이너들은 실제 생산 기술과 공정에 대해서는 자세히 알지 못했기 때문에 내가 같이 가서 초기 세팅을 도와주곤 했던 것이다. 삼성물산이 의류 개발 사업을 하던 초기에 프랑스 남성복 브랜드인 '맥그리거'와 제휴를 맺을 때도 그랬다. 담당 임원들과 같이 프랑스 맥그리거 본사와 생산 공장을 방문했을 때 현지 임직원들에게 여러 가지 질문도 하고 토론도 할 기회를 가졌다. 이런 경험은 그들에게도 도움이 됐지만 우리 회사가 이후 신제품을 개발하고 납품할 기회를 만들어내는 데에도 큰 기여를 했다. 이렇게 경험으로 지식을 체득하는 것이 학교에 10여 년 다니면서 공부하고 학위 받는 것 못지않다는 것을 나는 사업 결과로 증명했다.

이렇게 몰두하고 즐기면서 40년간 섬유 사업을 하다 보니 어느새 주변에서는 나를 그분야에서 가장 '성공한 사람'으로 불러주고 있었다.

많이 탕감함을 받은 자

전 재산을 팔아 감춰진 보화를 사다

1981년 11월 17일, 소망교회 성전 건축 입당 예배 때 1기 장로로 장립을 받았다. 이 일은 내 신앙생활에서 가장 중요한 사건이기도 하고, 내가 '기독 경영인'으로 살아가는 데에도 가장 큰 영향을 미친 사건이다.

소망교회를 섬기게 된 데는 특별한 사연이 있다. 신촌장로교회에서 남선교회 총무를 맡고 있던 나는 가을 수련회를 준비하다가 얼마 전 유학을 마치고 귀국한 곽선희 목사님을 강사로 초빙하기로 정하고 찾아갔다. 당시 곽 목사님은 숭의여자대학 학장이었고, 압구정동 현대아파트 자택에서 수요 성경 공부 모임을 지도하다가 참석자가 100명에 육박하자 인근 상가 건물 3층에 100여 평 공간을 빌려 소망교회를 시작하셨다. 소망교회는 개척교회로 시작한 것이 아니고 수요 성경 공부가 발전해서 개척으로 이어진 교회다.

목사님을 뵙고 강사 초빙 건을 말씀드리자 "지금은 외부 강사로 나설 입장이 아니다."라며 정중하게 거절하셨다. 아쉬운 마음에 그냥 돌아가지 못하고 수요 저녁 예배에 참석했다. 설교를 듣던 나는 점점 말씀에 빠져들어 갔다. 사도 바울과 자주 옷감 장사 루디아의 만남(행 16:11~15)에 관한 사도행전 강해였다.

> "당시 루디아가 파는 자주색 옷감은 상당히 비쌌습니다. 조개 하나에서 얻을 수 있는 자줏빛 물감의 양은 겨우 한 방울 정도입니다. 그것들을 모아서 자줏빛 옷감을 만들었으니 얼마나 귀한 옷감이었겠습니까. 그래서 그 옷감은 당시 로마의 귀족이나 왕족들만 입었습니다. 고급 옷감이기도 했지만 이 자주색이 로마 황실의 상징이었기 때문이지요. 그래서 그 당시 루디아는 우리가 상상하는 것처럼 단순한 보따리장수가 아니라 상류사회에 영향력이 있는 기업인이었습니다. 하나님께서는 그런 루디아를 부르셨고 사도 바울을 만나게 하셔서 이방 선교의 첫 열매가 되게 하셨습니다."

여태까지 한 번도 들어보지 못한 메시지였다. 성경을 읽는 것만으로는 알 수 없었던 상세한 설명도 나를 끌어당겼지만, '기업인' 루디아를 부르시는 하나님의 음성이 나에 대한 부르심으로 여겨졌다.

예수 그리스도에 관한 새로운 소식은 루디아의 삶을 바꿔 놓았고, 그녀가 사도 바울을 만난 사건은 성경 전체에도 일대 전환을 가져왔다. 그와 마찬가지로 내가 곽 목사님을 만난 바로 그날 하나님께서는 나를 다른 차원의 신앙으로 초청하셨고, 실제로 그날 이후 하나님께서 나를 사용하시는 지경이 달라졌다. 그날의 말씀은 나를 향한 하나님의 메시지이자 부르심이었다.

> "천국은 마치 밭에 감추인 보화와 같으니 사람이 이를 발견한 후 숨겨두고 기뻐하며 돌아가서 자기의 소유를 다 팔아 그 밭을 사느니라."(마 13:44)

섬광처럼 이 말씀이 머릿속을 스쳤다. '소유를 다 판다'는 의미가 '지금까지의 모든 것보다 더 큰 가치를 선택하는 결단'을 뜻한다는 의미로 다가왔다. 사소한 미련으로부터 자유로워져야 하고, 이런저런 사정에서 벗어나 과감한 결단을 해야 한다는 뜻으로 여겨져 가슴이 뜨거워졌다.

신촌장로교회를 떠나는 일은 그렇게 간단한 일이 아니었다. 20대 후반에 시작한 교회학교 아동부에서 13년여 동안 교사로 봉사했고, 교회학교 총무와 부감을 거쳐 부장을 맡고 있던 시기였다. 초등학생 때 우리 반이었던 제자들이 대학생이 되어 교회학교 아동부 교사로 함께 봉사하고 있기도 했다.

연말 부서 인사를 얼마 안 남긴 11월, 나는 교사회에 사의를 표하고 작별 인사를 했다. 그러자 제자였던 젊은 교사 둘이서 "안돼요, 못 가세요." 하면서 길을 막았다. 눈물이 그렁그렁하던 그들의 얼굴이 지금도 선명하게 떠오른다.

교회 직분으로 보면 서리집사일 뿐이었지만 담임목사님도, 장로님들도 수없이 만류를 하셔서 마음이 그렇게 부담스러울 수가 없었다. 그러나 '보물을 발견하고 소유를 다 팔아 밭을 사는' 선택이었기 때문에 되돌릴 수 없었다.

도망갈 수 없어 바로 서다

내가 소망교회로 옮긴 뒤 교회는 급속히 성장했고, 곧 더 넓은 공간이 필요하게 됐다. 한창 사업이 순조롭던 때였으므로 교회 건축부지 매입을 위해 1년 정도 후에 헌금을 내기로 작정했다. 서리집사였는데도 건축위원으로 뽑혔다.

공교롭게도 사업의 첫 고비가 바로 이때 찾아왔다. 계기는 1979년, 박정희 대통령이 시해된 10·26 사태였다. 이 사건은 한국 사회 전체를 뒤흔들었고 산업계에도 큰 영향을 줬다.

그때는 수출 기업이 아니면 은행권 금융을 전혀 사용할 수 없었기에 대부분 기업체들은 은행에서 발행하는 약속어음, 혹은 문방구점에서 파는 약속어음으로도 거래를 했다. 급할 때는 금리가 연 30%가

넘는 사채 시장에서 어음 할인으로 자금을 조달해 회사를 운영하곤 했다. 그런 가운데 국가 전체를 흔드는 충격적 사건이 터지자 사금융의 회전이 일시에 동결됐고 사채 금융회사들은 한꺼번에 돈을 회수하고 나섰다. 이 영향으로 인해 수많은 회사들이 쓰러졌다. 나의 멘토 겸 동업자이자 당시 섬유업계의 1인자였던 김교석 회장의 회사도 이 고비를 넘지 못하고 흑자부도를 맞았다.

내가 운영하던 회사는 김 회장 회사 계열사의 패션 직물 원단 개발과 생산을 담당했다. 그 시점에는 독립된 회사로 운영되고 있었지만 김 회장 회사의 부도 여파가 직격탄으로 날아왔다. 김 회장이 어음을 할인해 자금 조달을 할 때 내가 이서해서 보증한 것이 많았기 때문이다. 당시에 사금융을 조달할 때는 이처럼 유통어음에 제 2, 제 3의 지불 보증을 받는 것이 관행이었다. 어쨌든 내가 이서를 한 어음이기 때문에 책임을 져야 했다.

김 회장은 잠적했고 주변에서는 내게도 "빨리 있는 것 챙겨서 도망가라."고 충고했다. 책임져야 할 부채가 도저히 감당할 수 없는 규모라 어찌해야 할지 판단이 안 섰다. 닷새 정도는 밖에 나가지 않고 은거했다. 그런 와중에도 새벽이면 교회에 나가 기도를 했다. 절박했기 때문에 그만큼 더 간절한 기도로 무릎을 꿇었다. 당시 내가 선택할 수 있는 길은 남은 재산을 챙겨서 도망가는 것과 정면 돌파를 하는 것 두 가지뿐이었다. 새카맣게 타들어가는 마음으로 매일 새벽 교회에 나가 하나님께 매달렸다. 걸어가면서도 기도하고 밥을 먹으면서도 기도했다.

이때는 하필이면 내가 고등부 부장으로 임명된 직후였다. 소망교회 고등부가 창설되고 첫 부장을 맡았다. 전두환 정권이 들어서서 바로 고교평준화 정책을 발표하자 교회는 중고등부였던 조직을 중등부와 고등부로 분리하기로 했다. 중고등학교 입학시험이 없어지면 공부 부담이 적어진 학생들이 교회로 많이 모일 것으로 예상하고 준비하는 차원에서였다. 소망교회는 당시에도 '8학군'의 상징이었던 강남구 압구정동에 위치하고 있었기에 적절한 판단이었다. 상가 건물 2층 피아노 학원이었던 곳을 임대해서 고등부 예배실로 새로 꾸몄고, 곧 이곳에서 소망교회 고등부가 창립될 예정이었다.

이런 상황에서 부장을 맡은 내가 회사가 망해서 도망갔다고 하면 교회와 교회학교에 얼마나 누가 될 것인가를 생각하니 견딜 수가 없었다. 그런 와중에 또 하나의 사건이 벌어졌다. 소망교회 당회 창립 1기 장로로 내가 피택된 것이다.

괴로운 마음으로 기도하던 중에 마음에 확신이 떠올랐다.

"하필 이때 나를 고등부 부장으로, 장로로 부르신 것은 하나님께서 나를 구해주시겠다는 사인이다!"

이 생각이 들기 전이나 후나 상황은 똑같았지만 마음가짐은 전혀 달라졌다. 채권자들이 두렵지 않았다.

위기를 극복하기 위해서 가장 먼저 필요한 것은 두려움으로부터 거리를 유지하는 것이라고 한다. 두려움을 극복하고 평정을 찾을 수만 있으면 길이 보인다. 도망가면 확률이 제로(0)이고 정면 돌파를 하면 성공 확률이 아무리 못해도 1% 이상이다. 그렇게 생각하면 못할 일이 없다. 성공은 실패를 넘어서는 것이다. 실패를 건널 다리를 찾으면 성공이 보인다.

나는 채권자들에게 통보하고 바로 다음날 사무실로 나갔다. 예상한 대로 채권자들이 진을 치고 있었다. 내가 제 발로 나타나자 모두 깜짝 놀란 표정이었다. 나는 담담하게 현재의 재정 현황을 구두로 보고했다.

"보시다시피 재정 상황에는 문제가 없습니다. 저희 제품의 성장성이 좋은 것은 여기 계신 분들도 잘 아실 것입니다. 조금만 여유를 주시면 지불 보증한 것을 다 갚을 수 있습니다."

그렇게 말하고 나니 마음이 잔잔한 바다처럼 가라앉았다. 긴 이야기도 필요 없고 구체적인 설득도 안 통하는 상황이기에 서류를 제시할 필요도 없었다. 그저 있는 그대로만 말했다. 최악의 경우, 우리 회사 은행 당좌계좌가 부도나면 감옥에 갈 수도 있었다. 어음부도는 민사사건이지만 당좌수표 부도는 형사사건으로 그 당시는 대부분 구속이 됐다. 그럼에도 두렵지 않았다. '감옥에 가게 되면 가는 거지.'라고 각오했다.

다행히 대부분의 채권자들은 김 회장과 좋은 관계를 유지해왔던 분들로 패션 섬유 사업의 성장성을 잘 알고 있었다. 채권자들은 한참 상의를 하더니 한 사람이 대표로 이렇게 말했다.

"박 사장이 운영하는 회사는 아직 가능성이 있으니 기회를 드리겠습니다."

어음 기한을 연장해서 순차적으로 갚으라는 것이었다. 그렇게 해서 적은 금액 어음은 6개월, 큰 금액 어음은 1년 기한의 우리 회사 어음으로 재발급해주는 방법으로 연장을 받았다.

이렇게 해서 도망가지 않고 일단 사업을 이어 나갈 수 있게 되었다. '매일같이 돌아올 어음을 막아나갈 수 있을까?'라는 불안감은 여전히 남았지만 어려운 고비를 정면으로 돌파해보자는 용기도 생겼다.

하나님의 유격훈련을 성공적으로 감당하다

얼마 후, 예상치 못한 일이 생겼다. 최악의 혼란에 빠진 사회의 관심을 다른 쪽으로 돌리기 위한 전두환 정권의 파격적 조치들 중 하나로 컬러 TV 방송이 1981년 1월부터 시작된 것이다. 25년 동안 흑백이었던 TV 화면이 색깔을 입은 것은 당시로서는 대단한 사건이었다. 또 다른 사건은 정부가 중·고교 학군제 및 고교 평준화와 함께 교복 자율화를 선포한 일이다. 수십 년 동안 교복만 입었던 중·고교 학생들이 사복을 입게 되었다.

이 두 가지 사건은 군사정권의 정치적 시도였지만, 우리 회사에는 기회가 되기도 했다. 한국 경제 및 사회에 '패션 비지니스'라는 키워드가 떠오른 것이다. 엄청난 규모의 새로운 패션 시장이 하루아침에 갑자기 생겨났다. 그동안에는 양장점 또는 양복점에서 옷을 맞춰 입던 시장이 브랜드 상품이 주도하는 완성복 시장으로 바뀐 것이다. 삼성, 엘지, 코오롱, 제일모직 등의 대기업은 물론 평화시장, 남대문시장에서 소규모로 양장점을 하던 사람들까지 경쟁적으로 브랜드를 만들기도 하고 해외 브랜드를 도입해서 패션 회사를 차렸다. 톱 클래스 디자이너들도 경쟁적으로 자기 브랜드를 걸고 회사를 창립했다. 그때 소규모 사업을 하던 패션업자들이 지금은 대부분 대기업으로 성장했다.

이에 발맞춰 패션 의류용 원단 소재에 대한 수요가 폭발적으로 커졌다. 앞에서도 설명했듯이, 그때까지만 해도 수출용이 아닌 국내 수요 의류용 원단은 일체 수입이 금지돼 있었다. 국내 섬유산업 보호정책의 일환이었다. 이때문에 패션 의류에 걸맞는 원단을 국내에서 찾아내기 위해 패션 회사들이 치열한 경쟁에 나섰다.

원단 업계에서는 어느 장단에 맞춰야 할지 몰라 주저하거나 관망하는 업체들도 있었다. 나는 그럴 겨를이 없었다. 매일같이 어음이 돌아오고 있으니, 어차피 가만히 서 있으면 죽는 길로 가게 되는 상황이었다. 위험한 시도라 해도 죽기 살기로 뛰어들어야 했다. 마침 우리 회사는 패션 의류용 원단 중에서도 여름 의류 원단에서 최고의 경쟁력을 가지고 있었으며, 원단 디자인과 품질에 있어서는 거의 독보적이었다. 패션 회사들에 적극적으로 제품을 권했고, 밀려드는 주문을 대부분 거절하지 않고 받아들였다. 수십 곳의 거래 공장들을 3교대 24시간으로 풀가동 시켜 주문 받은 제품을 생산해냈다. 우리와 협력 관계에 있던 직물, 제직, 염색, 가공 공장들까지도 정신없이 돌아갔다. 한때 부담이 됐던 부도난 김 회장님 사업체의 여러 네트워크들이 이때는 다시 큰 자산으로 작용했다. 아마 지금과 같은 경제구조였다면 코스닥에 상장해서 '대박'을 맞을 수도 있을 만한 기회였다.

이렇게 일이 돌아가자 어음 돌아오는 것이 두렵지 않았다. 한 번도 재연장하지 않고 모든 어음을 돌아오는 족족 막았다. 딱 1년 만에 부도 위기 이전의 재정 상태를 회복했고 매출은 이전의 10배 이상으로 늘어나 있었다.

그러던 중 소망교회 건축헌금을 작정했던 날이 돌아왔다. 1년 전 작정했던 그 금액대로, 하루도 날짜를 어기지 않고 헌금을 낼 수 있었다. 헌금을 내고 돌아오는데 눈물이 쏟아졌다. 만일 내가 부도 위기에서 야반도주를 했다면 어떻게 됐을까? 그때 몸을 피했던 김 회장은 결국 재기하지 못하고 미국에서 지내다가 질병을 얻어 쓸쓸히 생을 마감했다. 아마 나도 그렇게 교회도 사업도 등지고 살아가야 했으리라. 예수님 때문에 도망갈 수 없었던 덕에 바로 설 수 있었고, 그 이후로 셀 수 없이 많은 축복을 받았다.

이 사건이 중요한 것은 하나님께서 내게 중요한 질문을 던지셨기 때문이다. 막막하고 판단이 서지 않아 헤매던 내게 하나님 방법과 세상 방법 중 어느 쪽을 선택할 것인지를 물어보신 것이다. 그리고 당신의 뜻에 합당한 선택을 하는 것이 내게도 유익하다는 것을 알려주셨다.

그것은 이후의 내 삶에서 하나의 기준이 됐다. 늘 궁금했지만 분명하게 구분해내지 못했던 '기독 경영'의 기준을 분명하게 세워주신 것이다. 절체절명의 다급한 순간일수록 변칙을 취하기보다는 정직한

쪽으로 택해야 한다는 선한 분별력을 주셨다. '위기일수록 정도를 찾아야 산다.'는 평범한 진리를 알게 하신 것이다. 이 원칙은 결과적으로 신뢰를 낳았고 치열한 시장에서 살아남을 수 있는 경쟁력이 됐다.

'기독 경영'을 위해 몸부림치는 노력을 한 것도 아닌데 하나님께서 내게 그 길을 분명히 보여주셨고, 그 길로 가게 하셨다는 것이 감사하다. 무엇보다 경험으로 깨달았기에 나는 그 뒤로도 늘 주저하지 않고 같은 선택을 할 수 있었다. 기업경영은 실시간으로 벌어지는 모든 사건에서 선택의 문제인데 장로 직분은 늘 하나님의 기준을 한 번 더 생각하도록 했다. 그 잠깐의 여유를 가짐으로써 실족하지 않을 수 있었다.

장로로서 산다는 것은 교회 안에서만 그렇게 한다는 의미가 아니다. 세상 속에서 일하고 살아가면서도 내내 "나는 장로다."라고 자각한다는 의미다. 물론 종교가 있는 사람과 없는 사람, 다양한 종교의 사람들이 함께 어우러져 살아가는 사회 속에서 기독교인의 방식대로만 살기는 어렵다. 특히 직장생활이나 사업 관계에서 유흥문화 소비를 당연시하는 한국 사회에서 혼자서 절제한다는 것도 쉬운 일은 아니다.

그럴수록 '나는 장로'라고 정체성을 분명히 하고 세상 속에서 행동하는 범위를 명확하게 정해놓아야 한다. 광대가 광대탈을 쓰면 탈속에서 마음껏 신명 나게 광대놀이를 놀 수 있는 것처럼, 장로의 탈을 쓰면 장로로서의 자유를 마음껏 누릴 수 있으며 주저함 없이 장로의 선한 역할을 감당할 수 있다.

나도 장로가 되기 전까지는 사업상 사람들을 만날 때 술자리에 동석을 했다. 그래서 뜻밖에 장로로 피택되자 당황스럽고 부담이 된 게 사실이다. 그러나 6개월 동안 공부하고 노회 장로고시에 합격하는 과정을 거치며 마음 속에 어떤 결심이 떠올랐다.

1981년 11월 15일, 소망교회가 예배당을 신축해서 이전의 상가교회를 떠나 입당 예배를 드리는 날이었다. 이날 나를 비롯한 9명의 1기(초대) 장로 장립식도 열렸다. 나는 사업상 거래하는 협력업체 사람들을 모두 이 자리에 초대했다. 축하를 받기 위해서가 아니라 "나는 교회 장로입니다."라고 선포하는 의미였다. 교회 다니지 않는 사람들도 일부러 더 적극적으로 초청했다. 그 결과, 업계에는 내가 장로라는 사실이 다 소문났다. 그 덕분에 회식 자리에서도 술을 권하는 이가 없었다. 고맙게도 처음부터 "맥주 몇 병, 소주 몇 병, 콜라 한 병" 이렇게 주문을 하고 내 앞에는 콜라를 놓아주었다. 장로 대접을 해주는 것이다.

이와 같은 절제는 굴레가 아니다. 내 삶의 가치를 소중하게 여기고 만족하도록 채워주는 것이다. 이것은 아무에게나 주어지는 복이 아니다. 하나님의 특별한 은혜였다. 그 속에서, 나는 '기독 경영인'으로서의 자유를 마음껏 누릴 수 있었다.

두려움이 너무 크게 보이면 실패한다

사업을 하면서 필요한 것은 두려움을 이기는 훈련이다. 일본의 '내셔널(National) 전기'를 창업한 마쓰시다 고노스케는 94세까지 경영 일선에서 일하면서 570개의 기업, 13만 명의 사원을 거느렸다. 그의 책에 이런 내용이 있다.

> "사업을 하면서 어떤 위기의 사건이 생겼을 때, '첫째, 이 일로 내가 죽느냐? 둘째, 내가 감옥에 가느냐? 셋째, 내가 망하느냐? 넷째, 명예가 손상되느냐? 다섯째, 손해를 보느냐?'는 질문에 대해 '이 일로 내가 죽지는 않는다. 감옥에는 안 간다, 망하지는 않는다.'고 생각하면서 3분의 여유를 가지면 마음에 평정을 찾을 수 있다. 평정심을 갖게 되면 현재 내가 처한 상황을 바르게 평가할 수 있다. 그러면 이미 그 위기는 작게 보인다. 위기 극복 프로젝트의 엔진이 가동됐다고 볼 수 있다."

이 글은 나중에 읽은 것이지만 나도 한창 사업을 하면서 위기가 닥칠 때마다 이와 비슷한 생각을 하면서 여유를 찾곤 했다. 앞에서 말한, 부도 직전까지 가고 자칫하면 감옥에도 갈 뻔했던 위기를 겪은 후였기 때문에 이 책의 내용이 생생하게 다가왔다. 이후에 겪은 고비들은 그때에 비하면 큰일도 아니었기 때문이다. 따라서 '이만한 일로 죽지는 않는다. 감옥 갈 일은 아니다"라면서 툴툴 털어버릴 수 있었다.

내가 억울하게 손해를 보는 상황에서도 마찬가지였다. 불가항력적인 상황에서는 저항하고 분노해봐야 별 소득이 없다는 것을 일찍 깨달았다. 그럴 기운으로 상황을 극복하고 인내해 여유를 버는 쪽을 택하는 게 나았다. 위기를 당할 때면 주님께 의지함이 더욱 간절해지고 무릎 꿇는 기도가 열렸기 때문에 오히려 살아날 방도가 찾아지곤 했다.

물론 사업을 하면서 당하는 위기가 늘 '전화위복'으로 이어진 것은 아니었다. 실패로 끝난 일이 얼마나 많았는지 셀 수도 없다. 여기에는 실패를 극적으로 극복한 이야기를 주로 적긴 하지만 가슴 아픈 실패 스토리도 적지 않다.

지금이야 신용사회가 됐지만 1960~1980년대에는 그렇지가 못했다. 바로 어제까지도 탄탄해 보이던 거래처가 오늘 부도가 나 종적을 감추는 일이 비일비재했다. 사정이 그렇다 보니 매출의 5~10%는 거래처 부도로 결손이 나곤 했다. 이를 방지하고자 거래할 때 근저당 설정을 하는 경우가 종종 있었다. 거래처가 부도가 날 경우에는 근저당이 설정된 사장의 집을 경매에 넘기든가 소유권을 이전하는 것이 일반적이다. 나는 그렇게 하기 전에 잠시 생각을 해보는 편이었다. '이만큼 손해를 봐도 회사가 망하거나 삶이 파탄 나는 것은 아니다. 손해가 날 뿐이다.'라는 데 생각이 미치면 일단 속상한 마음을 내려놓고 안정감을 되찾으려고 노력했다.

부도가 난 회사에 채권단이 모일 때 직원들을 보내기는 하지만 받기 힘들다고 판단되면 "놔둬라, 우리 일에나 신경쓰자."고 했다. 그 돈을 받아내자고 소송을 걸고, 압류 넣고, 경매를 하고 싶지가 않았다. 그때문에 나는 사업을 하면서 한 번도 민사소송을 낸 적이 없다. 건물 하나를 3억 원에 근저당해두고도 1,000만 원만 받고 풀어준 적도 있다. 법적으로 진행하면 다만 얼마라도 더 건지겠지만, 복잡한 송사 절차에 시간을 빼앗기면 더 손해라는 생각이 들었다. 그보다는 깨끗이 탕감해주고 상대에게도 재기할 기회를 주는 편이 좋겠다고 생각하면서 스스로 더 위로를 받았다.

이렇게 한 것은 상대가 불쌍해 보이거나 동정심 때문에 그런 것은 아니다. 나누며 사회에 환원하자는 등의 고상한 생각에 그런 것도 아니다. 그들의 고통을 모질게 외면할 수 없는 성격이기도 했지만 그보다는 단지 그 일에 에너지를 소모하느니 생산적인 일을 하는 편이 효율적이라고 여긴 이유가 더 컸다. 앞으로 나아가는 것만으로도 시간이 없었고, 온 마음이 더 넓은 세상, 새로운 분야를 향하고 있었기 때문이었다. 그래서 우선 쉬운 선택을 한 것이 빚을 탕감해주고 다음 기회를 찾는 것이었다. 내 나름의 경영방식이었다. 결과적으로 볼 때 그런 선택은 경영전략으로도 유효했다.

> "이르시되 빚 주는 사람에게 빚진 자가 둘이 있어 하나는 오백 데나리온을 졌고 하나는 오십 데나리온을 졌는데 갚을 것이 없으므로 둘 다 탕감하여 주었으니 둘 중에 누가 그를 더 사랑하겠느냐 시몬이 대답하여 이르되 내 생각에는 많이 탕감함을 받은 자니이다 이르시되 네 판단이 옳다 하시고"(누가복음 7:41-43).

탕감에도 원칙은 있었다. 그냥 통째로 없던 걸로 하는 것은 아니었다. 상대방에게 "가져올 수 있는 대로 다만 얼마라도 가져오라." 고한 뒤, 1,000만 원을 가져오면 9,000만 원은 탕감해주는 식이었다. 그러면 그 사람에게 나는 은인이 된다. 그 사람이 재기해서 다시 거래를하게 되면 좋은 거래 상대를 넘어 좋은 친구가 됐다.

이런 원칙으로 여러 차례 탕감해준 일이 있다 보니 전혀 얼굴을모르는 사람에게도 "제 은인이십니다."라는 인사를 받은 적이 있다.그 말 한마디를 들은 것으로 내 삶이 더욱 빛나는 것 같아서 탕감해줄 만한 가치가 있었다고 여겨졌다. 물론 우리 회사가 어려워질 만큼타격을 준다면 그렇게는 못했을 것이다. 다행히도 큰 부담이 안 되는범위들이라 가능했다.

새로운 것을 추구하는 사람이라면 실패에도 익숙해져야만 한다.도전과 실패는 바늘과 실처럼 늘 같이 다니기 때문이다. 실패를 극복하는 것이 성공이다. 성공의 길목에는 항상 실패의 그림자가 도사리고 있다. 실패를 극복하는 것은 그 일에서 빨리 벗어나서 새 일을 시작할 수 있느냐에 달려 있다. 실패한 일을 만지작거리며 아쉬워하는것은 실패 속에 빠져버리는 것이다. 빨리 탈출해서 새로운 일을 하면어느새 실패는 지나간 사건이 된다. 실패의 두려움이 너무 크게 느껴지면 큰 바위에 깔리게 된다. 실패의 두려움의 크기를 확 줄여서 작게 보는 긍정의 습관을 가질 필요가 있다. 작게 보면 정말 작아진다.혹은 원래부터 작은 것을 너무 크게 생각하여 두려움의 함정에서 헤어나지 못하고 있지 않은지도 돌아봐야 한다.

나는 체념하고 새로 시작하는 속도가 빠른 편이었다. 스승인 김 회장님에게서 배운 것이기도 하고, 실패한 자리에 앉아 뭉그적거릴 겨를이 없을 만큼 사업이 바빴던 때문이기도 했다.

일의 90%를 실패하더라도 10%의 성공으로 탄력을 받아 실패의 결손을 충분히 메울 수 있다는 것이 나의 멘토 김 회장님의 지론이었다. 나는 실제로 사업을 하면서 경험으로 이를 체득했다.

나에게는 행복의 방정식도 있다. 가만히 앉아 성공도 실패도 없이 사는 것보다 90개의 실패 위에 10개의 성공의 싹을 틔우는 것이 이득이라는 것이다. 10개의 싹은 1,000개의 결실로 맺어질 수 있다. 90의 실패를 후회하고 원망하고 아까워하면서 시간을 낭비하지 말아야 하고 90의 실패의 경험도 소중하다는 것을 알아야 한다. 귀한 경험을 얻었다고 생각했기 때문에 실패한 직후라도 나는 여전히 행복한 사람일 수 있었다.

사업을 하면서 좋은 사람도 많이 만났지만 나쁜 사람들도 많이 만났다. 회사의 정보와 재고를 빼돌리거나, 장부를 속여 개인적으로 유용하다가 자기 회사를 차려 나가는 경우도 있었다. 그럴 때 역시 시시비비를 가리지 않았다. 관리 소홀의 과오를 빨리 인정하고 다음 대책을 찾는 것이 더 급하다고 여겼다. 다툼 자체가 기회와 시간을 낭비하는 것이라는 계산법이었다. 이것 역시 천사 같은 마음 때문이 아니라 나의 무거운 짐을 내려놓는 방법으로 그렇게 한 것이었다. 생산성 없는 짐은 빨리 내려놓아야 다음 행동이 자유롭다. 원가가 많이 들어

간 실패작일수록 재고를 빨리 결손 처분하는 것이 짐을 더는 길이다.

밤낮없이 바쁜 사업 일정 속에서 지쳐 있다가도 주일에는 반드시 교회에서 예배를 드리고 교회학교에서 동료 교사들과 함께 제자들을 가르치고, 찬양과 기도를 했다. 거기서 참다운 휴식을 얻었다. 갈등과 분노와 원망이 흐르던 사망의 골짜기를 탈출하는 시간이기도 했다.

흔히 교회에서는 경건히 예배 드린 뒤에 세상에 나가서도 경건하게 살라고 한다. 그런 순서이기만 하면 얼마나 좋겠는가? 그러나 살다 보면 그 반대의 순서일 경우가 더 많다. 세상에서 상처받고 지친 몸을 이끌고 교회에 와서 위로받고자 하는 사람들이 많다는 뜻이다. 그렇게만 할 수 있어도 예수 잘 믿는 것이다. 사는 것이 팍팍할수록 신앙생활을 소홀히 하지 말아야 할 이유도 여기에 있다.

싸움으로 못 이길 때 이기는 방법

하나님께서 내 인생을 어떻게 인도하셨는지를 곰곰이 생각하다 보면 참으로 신기한 점이 있다. 험한 세상에서 85여 년 세월을 사는 동안 나는 단 한 번도 누구와 싸움을 해 본 적도 없고, 때리거나 맞아본 적도 없다. 특히 주먹질하면서 치고받으며 싸워본 적이 없다. 굳이 꼽아보자면 학교 다닐 때 깡패들에게 맞아본 일, 군대에서 단체 기합을 받으며 선임들에게 맞아본 것이 전부였다.

싸움에 휘말린 적이 없는 것은 싸워서 이길 자신이 없기 때문이기도 했고, 이 싸움에서 잠깐 밀리더라도 내 인생이 지는 것은 아니라는 확신이 있어 피했기 때문이다. 굳이 싸움으로 해결할 일 없이 팔십 평생을 살아온 자체가 하나님의 축복이다.

> "또 다른 우물을 팠더니 그들이 또 다투므로 그 이름을 싯나라 하였으며 이삭이 거기서 옮겨 다른 우물을 팠더니 그들이 다투지 아니하였으므로 그 이름을 르호봇이라 하여 이르되 이제는 여호와께서 우리를 위하여 넓게 하셨으니 이 땅에서 우리가 번성하리로다 하였더라"(창세기 26:21-22).

이삭은 생명처럼 귀한 샘을 파놓고도 블레셋이 쳐들어왔을 때 순순히 옮겨간다. 싸움을 피한 뒤 또 다른 우물을 팠다. 김위찬 교수가 쓴 《블루오션 전략》이라는 책을 읽으면서 이삭이 '블루오션'을 택했다는 것을 깨달았다.

모회사나 다름없었던 김 회장 회사의 부도는 내게 절체절명의 위기였다. 앞에 쓴 것처럼 교회에서 장로가 되고 부장교사가 됐던 시점이라 온몸을 던져 그 위기를 정면으로 마주했고, 결과적으로 그때문에 오히려 위기를 극복할 수 있었던 일은 아무리 생각해도 꿈만 같다. 절박한 위기의 언덕을 넘으면 기회의 꽃이 피어나기도 한다는 것을 이때 체득했다. 사건의 한가운데 있을 때는 겁도 나고 고생스러웠지만 지나고 보니 내가 독립적인 사업가로 우뚝 설 수 있도록 해준 특별한 사건이었다. 사실 그전에는 경영 사장이긴 했어도 김 회장의 오른팔 역할을 하는 편안한 위치였다. 이후 김 회장이 일선을 떠나면서야 완전히 책임을 지는, 자타가 인정하는 기업가가 된 것이다.

마치 군인이 처음 실전에 투입되면 처음에는 뭐가 뭔지 모르지만 곧 훈련받은 상황들이 기억나 몸이 자동으로 반응하는 것처럼, 나도 곧 기업가의 역할에 적응했다. 잘 모르는 일에 부딪치면 '이럴 때 김 회장님은 어떻게 하셨을까?' 생각하며 그분이 옆에 계신 것처럼 혼잣말로 그분과 대화를 하면서 해결책을 찾곤 했다. 그러면 자신감이 생겨 그동안 훈련을 통해 쌓아온 능력과 기(氣)가 되살아났다.

1990년대 중반에는 또 다른 변화를 맞았다. 국내 섬유업계 전체에 닥친 변화였다. 외국 원단 수입이 자유화되면서 의류 직물 생산회사들의 판로가 서서히 줄어든 것이다. 또한 국민소득 3,000달러 미만일 때는 대체로 유행을 따라서, 남들이 입는 옷을 그대로 입는 사람들이 많았지만 소득 수준이 높아지면서 남이 입는 옷은 안 입는 패션 경향이 생겨난다. 다품종 소량생산 체계가 필요해진 것이다. 때문에 개발비가 몇 배로 들고 재고가 많이 생겨 수익성이 점차 떨어졌다. 이 영향으로 동종업계의 많은 섬유 회사들이 쇠락의 길을 걸었고 종내 사업을 접기도 했다. 그런 가운데서도 우리 회사가 살아남을 수 있었던 것은 미리 하나의 사건을 겪은 덕분이었다.

1992년쯤이었다. 여성 원피스 소재로 면 100% 목공단을 생산했는데 문제가 생겼다. 원단 표면에 실크 같은 광택을 내고 부드러운 감촉을 살리려면 일종의 다리미 원리로 가열하는 '카랜더 릴 롤러'(줄이간 대형 롤러) 공정이 필요했다. 생산 공장에게 이 설비를 일본에서 수입해 설치하도록 해서 시험가공을 한 결과 성공적이었기에 '영국 로열풍'이라고 불리던 큼직한 장미꽃 무늬가 들어간 최고급 원단 생산을 시작했다. 그런데 새로 설치한 기계를 처음 사용하다 보니 상당한 양의 불량품이 나왔다. 열 조절이 잘못돼 뻣뻣해져 버린 것이다. 원래 목적했던 여성용 원피스, 투피스의 옷감으로는 도저히 쓸 수 없는 상태였다. 큰 타격이 될 만큼은 아니었지만 이 불량품 원단을 어떻게 처리할지 난감했다. 1년쯤 창고에 넣어뒀다가 동대문종합시장에 새로 낸 판매장에 내놓아보았다. 신축한 동대문종합시장은 기존의 광장시장과 달리 원단 시장이 채 형성되지 않았을 때여서 재고와 덤핑 물건이 주로 취급됐다. 그렇기 때문에 혹시 하는 마음으로 그 원단을 내놓아보았던 것이다.

그런데 생각지도 않게 원단이 솔솔 팔려나갔다. 고급 양모 솜이불 방문판매업자가 주로 사간다고 했다. 그때까지만 해도 이불용 솜으로는 목화나 캐시미론을 주로 사용했는데 양모 솜으로 고급 이불을 생산해서 고가로 판매하는 업자들이 있었다. 일본 수출 잔품 원단으로 조금씩 특화해서 고급 혼수품으로 팔던 업자들이었다.

이 시기에 마침 이런 고급 이불에 대한 수요가 서서히 늘어나고 있었다. 1980년대 초 이후 경제가 성장하고 도시를 중심으로 아파트 단지가 조성되면서 주택에 살다 아파트로 이사 가는 사람들이 많아진 것이다. 한반도에서 수천 년 이어져 오던 온돌방과 이부자리 문화가 서양식 침대 문화로 급격히 바뀌었고, 새집에 이사 가는 사람들은 으레 서양식 침장, 즉 침대보와 이불, 커텐을 새로 구입했다. 그러다 보니 지금까지는 양단이나 나일론에 수를 놓은 천을 쓰던 이불 수요가 서구식 100%의 고급 목공단, 면 날염 원단으로 옮겨갔다. 바야흐로 '홈패션'의 시대가 열린 것이다.

그 홈패션 시대를 연 주역 중 하나가 바로 우리 회사의 침장 원단이었다. 그것도 불량품으로 취급됐던 그 원단이었다. 양장용으로는 부적합했던 다소 뻣뻣한 질감이 이불감으로는 딱 맞았던 것이다. 고급 이불 생산·판매업자의 눈에 띈 덕분에 우리는 불량품 물량을 모두 소진하고 재생산 요청까지 받을 수 있었다.

이 일이 중요한 이유는 돈을 얼마 벌었느냐에 있지 않다. 이 일을 계기로 엄청난 홈패션, 베딩(침장) 시장의 존재를 깨달았다는 것이 중요하다. 비록 계획하고 준비해서 진입한 것은 아니었지만 이 깨달음 덕분이 우리 사업은 대전환을 맞았다.

해외 시장조사를 해보니 베딩 시장의 원단 수요가 의상 시장보다 수십 배 큰 규모였다. 베딩 시장은 4계절 내내 계속 성수기였다. 한국의 직물 날염 공장의 기계들은 대부분 10도(10가지 색깔) 미만밖에 생산하지 못했는데, 이불감에 트렌디한 무늬를 입체감 있게 넣으려면 18도 이상은 날염할 수 있어야 했다. 당시로서는 그런 생산이 가능한 기계는 방림방적에만 있었기에 그곳과 총판 협력 관계에 있는 우리의 침장 제품이 그 이후로 수년 동안 시장을 독점 지배할 수 있었다.

네덜란드 출장길에서

　나는 패션 감각을 익힐 때처럼 전 세계를 다니며 베딩 트렌드에 관한 자료를 모으고 개발했다. 매년 1월에 열리는 독일 프랑크푸르트 하임텍스 홈패션 전시회를 찾아가서 전 세계 침장 원부자재 업체들의 수천 개 부스를 일일이 돌아다녔다. 신제품도 살펴보고 세계 메이저 회사들이 수십 년간 생산해 온 제품의 역사를 연구하기도 하면서 경영과 유통도 다시 공부했다. 회사 자료실이 가득 차도록 전 세계 메이저들의 상품 샘플을 수집해서 분석하고 한국 시장에 맞는 홈패션을 개발했다.

　한때 대한민국을 떠받쳤던 섬유산업이 대부분 개발도상국으로 넘어가면서 섬유산업이 마치 후진적 산업인 듯 인식되고 있지만 지금도 미국, 유럽 등 선진국 침장 시장은 독일, 영국, 미국, 이태리, 스위스 등 서구권 회사 브랜드들이 장악하고 있다. 그럼에도 한국 고급 침장 시장에는 이와 같은 서구권 회사들이 발을 붙이지 못했다. 우리가 적기에 더 좋은 제품을 더 싸게 개발한 덕에 국산 제품이 시장을 장악한 것이다. 누가 알아주지는 않지만 그 일에 나름대로 보람을 느끼곤 한다. 지금도 방림방적, 대한방적에서는 미국에 이불용 패치워크 원단을 수백만 미터씩 수출한다.

지금 돌아봐도 재미있는 것은 실수로 만들어진 불량품 원단이 효자 상품이 됐다는 사실이다. 사업 방향을 시대의 흐름에 맞게 바꾼다는 것은 계획하고 준비해도 성공하기 어려운 일이다. 잘 나가던 회사도 신상품으로 전환하는 타이밍을 못 찾거나 예측에 실패하면 정체하거나 도태하게 된다. 최근 스마트폰 경쟁에서 한발 늦은 엘지가 결국 시장에서 물러난 것도 같은 맥락이다.

우리는 적기에 새로운 사업 분야를 찾아나갔고, 나중에 원단 수입 자유화로 인해 다른 패션 원단 회사들이 타격을 받았을 때에도 거의 영향을 받지 않았다. 그렇게나 위기가 자주 찾아오는 비즈니스 분야에서 40년간 롱런한 것 자체가 기적이었다.

그때쯤 나는 이미 교회와 노회, 총회, 재단, 교계 연합 사업들에 시간과 정신을 온통 쏟고 있었다. '패션 산업은 오너 사업'이라는 말이 있다. 사장이 잠깐이라도 딴 데 신경을 쓰면 유지될 수 없는 사업이다. 그럼에도 나는 교회와 교계의 온갖 책임을 다하면서도 40여 년 동안 사업을 감당했다. 생각할수록 하나님의 축복, 하나님의 은혜다.

돌아보면 그 40여 년간의 매일이 새로운 상품과 수요를 개발하는 일의 연속이었다. 강남에서 매일 아침 차를 운전하고 동호대교를 건너 출근할 때는 마치 탱크를 몰고 전쟁터로 나가는 긴장감이 들었다. 출근해서 보면 불량품이 나오고 거래처가 문을 닫는 등 새로운 일이 터져 있었다. 싸구려 '짝퉁' 복제품에 타격을 받기도 하고 납기 지연으로 클레임을 당하기도 했다. 그렇지만 침착하게 살펴보면 늘 한쪽에 비상구가 열려 있었다. 어려운 일도 많이 당했고, 사업상 관계를 맺기 위해 여러모로 노력도 했지만 한 번도 비굴하게 굽실거릴 필요는 없었던 좋은 사업이었다. 그렇게 40여 년 일구어 온 사업체는 지금도 계속 운영되고 있다. 다만 몇 년 전 직원들에게 파트를 나눠서 물려주고 나는 일선에서 물러났다.

아버지 하나님의 인도하심 속에서 신나고 당당하게 인생길을 걸어갔던, 철모르는 어린아이처럼 편안하고 행복했던 40년이었다.

행복한 선택
박래창 장로의 인생이야기

3부

봉사 인생

복 주려고
붙잡으시는 하나님

예수님의 이름으로 하는 일들
부족한 것이 능력
오묘한 역할을 주시는 하나님
잡힌 바 된 것을 잡으려 달리다

내가 이미 얻었다 함도 아니요
온전히 이루었다 함도 아니라
오직 내가 그리스도 예수께 잡힌 바 된
그것을 잡으려고 달려 가노라

(빌립보서 3:12)

예수님의 이름으로 하는 일들

기도의 끈으로 이어진 하나님 약속

"세례를 받으려고 결심한 이유가 무엇입니까?"

2001년, 매년 크리스마스를 앞두고 대한예수교장로회 총회 복지재단 이사장을 맡고 있을 때 산하 미혼모 시설인 '애란원'을 방문했었다. 미혼모 임신부들에게 세례를 집례하는 예능교회, 조건회 목사님을 돕기 위해서였다.

세례 문답을 하면서 18세의 어린 나이였던 미혼모 임신부에게 세례를 받고자 한 동기를 물었다.

"뱃속의 아이를 제가 키우지 못하겠지만, 이 아이가 복을 받았으면 해서 세례를 받으려고 합니다."

그 말에 세례식장이 온통 눈물바다가 됐다. 목사님 곁에서 성수 그릇을 들고 있던 나도 마음이 울컥했다. 비록 이 험한 세상에서 어리고 약한 엄마는 아기를 온전히 감싸줄 수 없지만 엄마의 모성애는 그렇게 아기를 향해 있었다. 이 어린 엄마의 기도는 결코 땅에 떨어지지 않았을 것이다.

사업차 유럽을 자주 다니던 시절, 1980년대 유럽이나 미국으로 가는 비행기의 일반석 금연 좌석에 앉으면 옆자리에 입양 가는 아이들이 앉아 있는 경우가 많았다. 어린이용 기내식이 따로 없을 때라 어른들이 먹는 딱딱하고 거친 하드롤빵을 아이들도 똑같이 먹어야 했다. 그게 안타까워서 나는 빵을 갈라 안쪽의 촉촉한 부분을 떼어 아이들 입에 넣어주곤 했다.

한번은 여섯 살, 네 살쯤 된 남매가 곁에 앉았다. 둘 다 목에 십자가를 걸고 있기에 "누가 걸어 주었니?"라고 물으니 큰아이가 "할머니요."라고 대답했다. 그 아이와 한참 동안 이야기를 나눠보니 자기가 입양 간다는 사실을 인지하고 있었다. 담담한 표정의 아이가 어쩐지 더 안쓰러웠다.

"거기에 가면 엄마가 있는데, 코가 크고 너랑 많이 다르게 생겼을 거야. 그래도 동생하고 잘 이겨내야 한다. 내가 너를 위해 기도할게."

이렇게 말하고 손을 잡고 같이 기도한 뒤 껴안아주었다. 아이는 고개를 끄덕끄덕하면서 눈물을 뚝뚝 흘렸다. 나는 그 남매의 이름을 적어 두었다가 출장을 다녀와서 내가 부장으로 있는 소망교회 아동부 선생들에게 사연을 전해주었다. 수첩에 그 아이들 이름을 기록하고 같이 기도해 줄 것을 부탁했다. 그 후로도 출장을 다녀올 때마다 두세 명씩 아이들 이름을 적어 와서 선생들과 함께 기도했다. 요즘 TV에서 해외 입양아들이 성인이 되어 한국의 부모를 찾아오는 모습을 보면 비행기에서 만났던 그 아이들 얼굴이 떠오른다. 나는 그 아이들이 잘 컸으리라고 믿는다. 우리 선생님들의 기도 후원이 땅에 떨어지지 않을 것을 믿기 때문이다.

2007~2008년 대한예수교장로회 통합 총회 복지재단 이사장을 지낸 일은 유독 기억에 남는다. 보람 있는 사업들에 많이 참여할 수 있었기 때문이다. 그중에서도 애란원이 미혼모 한 명이라도 더 사회에 적응해 아이를 키울 수 있도록 지원 프로그램을 정비하는 과정을 지켜볼 수 있어서 마음이 놓였었다.

한국에서 크리스천들이 예수님의 이름으로 하는 일들은 세상 사람들이 아는 것보다 훨씬 많고 다양하다. 그 일들은 수치로 계산되기 위한 것이 아니라, 다만 짧은 그 한순간이라도 따뜻함을 나누기 위한 것이다. 그 순간에 함께했던 사람 모두에게 그 기억이 살아가는 동안의 위로가 되기를 소망한다.

하나님께 징표로 받은 일, 교회학교 교사

사업으로 눈코 뜰 새 없이 바쁜 시절에도 교회 사역으로 다양한 일들을 경험했다. 그중에서도 가장 먼저 시작해 가장 오랜 시간 매진했던 것이 교회학교 교사였다. 세상에서 내가 할 수 있는 일이 무엇인지 몰라 무작정 "아무 일이라도 주십시오."라고 기도하던 젊은 시절 하나님께서 징표처럼 허락하신 일이었기에 교회학교 일은 내게 늘 특별했다.

처음 아동부 교사를 하던 1960년대 후반은 교회마다 예배당 건물 하나만 덜렁 있었을 뿐 교육관은커녕 변변한 사무공간도 없을 때였다. 나무 의자 두 줄이 아동부 한 반 교실이었다. 판자촌 동네의 허름한 예배당 안 긴 의자에 선생님 한 명, 아이들 두 줄, 또 선생님 한 명, 아이들 두 줄, 그렇게 콩나물처럼 촘촘히 앉아 공과공부를 했다. 아이들은 앞뒤 반 선생님들의 목소리 사이에서 내 목소리를 알아듣기 위해 초롱초롱 눈을 반짝였다.

주일학교 예산도 없고 지도해줄 교육전도사도 없던 때다. 우리 교사들 주머니를 털어 운영비를 마련하고, 달리 장소가 없어 교사 회의도 중국집에서 자장면을 먹으면서 했다. 여름 성경학교 교사 강습회가 열리던 영락교회에는 전국에서 모인 교사들이 냉방장치도 없는 석조건물 예배당에서 비지땀을 흘리면서 아이들을 가르칠 교재를 익혔다.

그때 우리가 따랐던 선배 교사들은 지금 세상을 떠난 분이 많고, 명랑하게 우리를 따라다니던 후배들도 칠순을 넘어섰다. 세계에서도 유례없이 빠르게 성장한 한국 교회의 역사 속에는 이렇게 이름도 빛도 없이 수고한 수많은 교회학교 교사들의 땀방울이 아롱져 있다.

　　사업이 번창하면서 날로 바빠졌지만 교사 직분을 감당하기 위해서는 한 주도 빠질 수가 없었다. 해외 출장을 가더라도 주일날 오후에 출발해서 다음 토요일 오후에 돌아오는 일정으로 잡았다. 내가 없으면 다른 반 수업에 끼어 계면쩍어 할 우리 반 아이들을 떠올려 보면 아무리 급한 사정이 있어도 토요일 저녁 전에는 돌아와야 했다.

　　이렇게 할 수 있었던 것은 좋은 롤 모델이 있었기 때문이었다. 소망교회 곽선희 목사님이 소망교회에 26년을 시무하면서 출장을 최대한 길게 가더라도 주일 오후 출발, 토요일 귀국의 원칙을 지키면서 주일 강단을 비우지 않으셨기에 나도 따라 할 수 있었다.

　　그렇게 오랫동안 섬기다 보니 내가 가르쳤던 초등학생이 대학생이 되어 같이 교사를 하는 일도 있었다. 소망교회 고등부 부장으로 있을 때 부임해 온 교육목사가 예전 신촌장로교회에서 초등부 3학년을 맡았을 때 가르쳤던 제자여서 얼마나 반가웠는지 모른다. 이렇게 내가 가르친 아이들이 하나님 안에서 잘 성장했다는 소식을 듣는 것은 최고의 상급이었다.

바디매오의 기적은 이 시대에도

그중에서도 특히 기억에 새겨진 아이들이 있다. 신촌장로교회 아동부 교사였던 1967년쯤으로 기억한다. 6학년 반을 처음 맡은 날 아이들에게 돌아가며 성경을 읽도록 했다. 그런데 자기 순서에도 우물쭈물 성경을 읽지 못하는 아이가 있었다. 혹시 6학년이 한글을 못 읽나 유심히 보니 책을 눈에 바짝 대고 읽었다.

"너 안경을 써야겠구나." 하는 내 말에 아이는 고개를 푹 숙였다. 그날로부터 한참이 지났는데도 아이는 안경을 쓰고 오지 않았다. 가정형편이 짐작됐지만 더 두고 볼 수가 없었다. 교회학교 수업이 끝난 후 아이 손을 잡고 "너희 집에 같이 가 보자"고 했다.

반쯤은 곤란해하고 반쯤은 기대를 품은 채 앞서 가는 아이를 따라 간 곳은 아니나 다를까 연세대학교 입구 철로 굴다리 위편의 판자촌이었다. 손수레를 끌며 채소장사를 한다는 부모는 갑작스런 나의 방문에 당황스러워했다. 어려운 형편인 것이 뻔히 보이는데 이런 이야기를 하는 것이 옳은지 잘 판단이 안 섰지만 의논은 드려야겠다는 생각에 어렵게 입을 뗐다.

"아드님이 눈이 안 좋은 것을 아셨습니까?"

표정을 보니 전혀 모르는 듯했다. 내 말을 듣고도 집안 사정이 이러니 별 방법이 없다는 반응이었다. 그도 그럴 것이 그때는 변두리 판자촌 아이가 안경을 쓰는 일이 극히 드물었다. 안 보이면 안 보이는 대로 사는 것이었다.

별 소득 없이 집을 나서는데 배웅하는 아이의 어깨가 축 처져 있었다. 돌아오는 길에 고민해 보니 우리 교회에 계신 교육전도사님이 연세대 신학대학원에 다니고 있다는 사실이 떠올랐다. 나중에 새문안 교회 담임목사로 시무한 김동익 목사다. 그분에게 부탁하니 아이가 세브란스 안과에서 검사를 받을 수 있도록 주선해줬다.

아이의 시력검사를 한 뒤 안경을 맞춰주던 날, 안경을 쓰고 주위를 둘러본 아이는 그 자리에서 펄쩍펄쩍 뛰며 좋아했다. 그 모습을 보니 예수님이 고쳐주셨던 여리고의 장님 바디매오가 생각났다. 예수님께서 바디매오의 눈을 뜨게 하는 기적을 베푸신 것처럼 오늘날에도 주님께서는 우리를 통해 눈을 뜨이는 기적들을 일으키고 계시다는 생각이 들었다.

"예수님이 기적이 멀리만 있는 것이 아니구나. 지금도 이룰 수 있는 작은 기적들이 많이 있구나!"

참으로 보람되고 행복했다. 교회에서뿐 아니라 학교에서도 늘 주눅들어 있었다는 아이는 그 뒤로 몰라보게 명랑해졌다. 시간이 한참 흐른 후 어느 날 그 아이에게서 편지를 받았다.

"선생님, 그때 제 눈을 뜨게 한 안경은 하나님의 선물이었습니다. 그리고 그 선물을 받은 이후로 저는 하나님의 눈으로 세상을 보는 신앙의 시력을 가지게 되었습니다. 그 날 이후 저는 하나님을 한 번도 떠나지 않았습니다. 아니, 떠날 수가 없었습니다. 덕분에 지금은 서울 강남의 한 교회에서 아동부 성가대의 지휘자로 섬기며 잘 살아가고 있습니다."

제자들의 성공을 보는 스승의 보람

한번은 한양대학병원에서 진료를 받으려고 기다리고 있을 때였다. 한 여의사가 나에게 다가오더니 "선생님!" 하고 불렀다. 누군가 하고 자세히 보니 20여 년 전 교회학교 아동부에서 가르쳤던 제자였다. 가정형편이 어려운 중에도 동생 한 명은 등에 업고, 두 명은 양손에 잡고 예배를 드리러 오던 기특한 아이였다. 그 아이가 이렇게 멋진 의사선생님이 된 것을 보니 무척 반갑고 감격스러웠다. 이 제자는 이후로 내게 박사학위 논문을 보내주기도 했다.

또 한 번은 소망교회 현관에서 예배 안내를 하고 있었는데 탤런트 이경진이 "선생님!" 하고 알아보며 반긴 일도 있다. 홍익초등학교 4학년 때 교회학교 내 반에서 같이 공부했는데 이제는 드라마에서 어머니, 할머니 역을 주로 맡으니 세월을 실감할 수밖에 없다. 그래도 둘 다 마음만은 그때 그대로여서 같은 반이었던 아이들 이야기를 하며 한참 즐거운 시간을 가졌다.

교회학교 고3 반을 맡을 때는 비상사태도 가끔 벌어졌다. 한번은 밤 12시쯤에 우리 반의 한 남학생에게서 전화가 왔다.

"선생님, 저 집 나왔어요."

평소 부모와 갈등이 잦았던 아이는 그 늦은 시간에 집을 뛰쳐나와 갈 데가 없어 나에게 연락을 한 것이었다. 엉뚱한 곳으로 가지 않고 내게 전화를 해준 것이 고마웠다. 얼른 우리 집으로 오라고 하니 순순히 말을 들었다.

아이와 마주앉아 두 시간여 동안 하고 싶은 이야기를 다 하도록 내버려두고 나는 가만히 듣기만 했다. 다 들은 후에는 "그래, 네 마음이 정말 힘들었겠구나." 하며 머리를 쓰다듬어 주었다. 어느새 그 아이는 순한 양이 되어 있었다. 그의 손을 잡고 함께 기도하는데 아이의 눈에서 눈물이 뚝뚝 떨어졌다. 얼마동안 어르고 달래자 새벽 2시쯤 마음이 풀어져 아이를 집에 데려다주었다.

그 일이 있고 나서 부모와의 면담을 통해 조금씩 대화할 것을 권해 드렸고 아이는 그 뒤로 눈에 띄게 달라졌다. 대학도 진학하고 청년회 활동도 열심히 하더니 나중에는 교회학교 교사도 맡아 했다. 마주칠 때마다 반갑게 인사하거나, "선생님, 저 이번에 농촌으로 봉사활동하러 가요. 기도해 주세요." 하면서 환하게 웃는 아이의 모습은 그 자체로 세상에서 가장 귀한 선물이다.

화초를 가꾸는 일이 즐거운 이유는 생명이 자라나는 모습이 아름답기 때문이다. 제자들의 성장한 모습을 대면하는 것은 스승들의 가장 큰 행복이고 보람이다. 지금 교회에서 만나는 청소년, 청년들도 믿음 생활을 잘 하면서 성장해 미래 사회에서 하나님이 기뻐하실 귀한 일꾼이 될 것이라고 생각하면 행복해진다.

사업상 한창 해외 출장을 다니던 1991년이었다. 스위스 취리히의 몬타나 호텔 로비에서 아는 얼굴을 만났다. 소망교회 고등부에 출석했던 양고운이라는 여학생으로 지금은 경희대학교 교수이자 유명 바이올리니스트가 됐다. 그때는 서울대 음대 1학년이었다.

세계적 명성의 파가니니 콩쿠르에 나가려고 어머니와 둘이 이탈리아 제노바로 향하는 중이라고 했다. 호텔 아침 식탁에서 함께 기도하고 밥을 먹고 헤어졌는데 콩쿠르 예선이 열리던 날 나도 마침 이탈리아 밀라노에 있었다. 토요일이라 특별한 일이 없어서 지도를 보니 밀라노에서 제노바까지는 먼 거리가 아니었다. 새벽 기차를 타고 제노바로 향했다.

파가니니가 출생한 아름다운 항구도시 제노바 역에 도착해 택시를 타고 극장으로 가는데 택시운전사와 말이 안 통했다. 어디론가 데려가기에 보니 경찰서였다. 어리둥절해 하고 있는데 경찰관이 무전기로 파가니니 바이올린 콩쿠르가 어디서 열리는지 알아봐줬다. 그렇게 우여곡절 끝에 공연장에 도착해 보니 시간이 남아서 주변을 산책하다가 고운이 어머니를 만났다.

"왜 혼자 나오셨어요?"

"네, 콩쿠르 전에는 아주 예민하니까요. 장로님! 부탁 하나 드려도 될까요?"

어머니는 호텔로 같이 가서 고운이를 위해 기도해달라고 부탁했다. 순수 국내파로 국내에서만 공부한 고운이가 해외에 나와 첫 국제 콩쿠르 무대에서 얼마나 긴장이 될지 짐작이 갔다. 호텔에 가 기도를 해주니 고운이와 엄마는 함께 눈물을 펑펑 쏟았다. 나도 기도를 하다가 같이 눈물을 흘렸다.

"뭐가 그리 걱정되니?"

"선생님! 낯선 무대에 올라가서 실수하면 어쩌죠? 제 실력대로 연주도 못해보고 떨어질까봐 자꾸 걱정이 돼요."

"그러면 네 순서 전에 가서 좀 보지 그러니?"

"그럴 수가 없어요. 징크스가 있거든요. 다른 사람이 연주하다 틀리는 것을 보면 저도 똑같은 부분에서 틀리게 돼요."

고운이뿐 아니라 연주자들은 지정곡을 연주할 때 다른 경쟁자가 연주하는 것을 안 보는 경우가 많다고 한다. 앞선 연주자가 틀리면 그 부분에서 자기도 틀릴까봐 신경을 쓰다보면 긴장이 더 되기 때문이라고 했다. 듣고 보니 그럴 만도 했다. 그렇다고 연주 전 준비를 도와야 할 고운이 어머니가 왔다갔다 할 수도 없었다.

"그러면 내가 봐주면 되겠구나!"

"정말요? 선생님께서요?"

그렇게 해서 오후 내내 다른 연주자들의 연주를 관찰했다. 곧 공통점이 보였다. 다들 낯선 무대이기는 마찬가지지만 자연스럽게 대처하는 사람이 있고 그렇지 못한 사람이 있었다. 무대에 올라 심사위원 쪽으로 서고, 두 연주곡 사이의 비는 시간을 잘 넘긴 사람이 안정된 연주를 했다. 특히 한 곡을 연주한 뒤 박수가 나오지 않게 제스처를 취하거나, 혹은 일부러 박수가 나오도록 유도하는 등 적절하고 여유 있게 대처하는 게 중요했다. 그러면 지정곡과 자유곡 연주가 물

흐르듯 진행되고 심사위원들의 반응도 좋아 보였다.

그러지 않고 무대에 올라서 엉뚱한 방향으로 서거나 두 곡 사이에 어쩔 줄 몰라 머뭇거린 연주자는 눈에 띄게 흔들렸고 때로는 흐트러진 분위기를 못 이기고 중도에 틀려서 포기하고 무대를 내려오기도 했다.

나는 종이에 무대와 객석 그림을 그리고 피아노 위치, 심사위원들의 자리와 연령대, 옷차림, 조명이 떨어지는 위치까지 그려서 고운이에게 설명해주었다. 객석에는 어떤 사람들이 어느 정도 앉아 있는지도 설명했다. 조명이 내리비치는 중앙에 서서 심사위원과 객석 방향이 3대 7이 되도록 서는 것이 좋겠다는 의견도 덧붙였다.

비전문가의 의견일 뿐이었지만 고운이는 "선생님께서는 이런 무대를 처음 보신다면서 어떻게 그리 잘 아세요?"라고 눈을 동그랗게 뜨며 경청해주었다. 아마도 패션 사업을 하면서 새로운 상황을 파악하고 즉시 분석하는 습관이 몸에 배어 있었기 때문인 듯했다. 고운이 덕분에 세계적인 음악 콩쿠르 현장을 직접 볼 수 있어 즐겁게 몰입한 덕도 있었을 것이다.

아쉽게도 기차 시간 때문에 고운이의 연주를 못 보고 밀라노로 돌아와야 했다. 한국에 와 있는데 고운이 어머니로부터 전화가 왔다.

"본선에 진출했어요. 선생님 덕분입니다!"

물론 고운이의 실력에 따른 결과였지만 내 덕분에 긴장이 풀려 실력을 제대로 발휘할 수 있었다는 덕담이었다.

본선 시간이 며칠 후 한국 시간으로 밤 12시였다. 고등부 교사들에게 전화해서 그 시간에 자지 말고 모두 고운이를 위해 기도하자고 했다. 결과적으로 고운이는 이 콩쿠르에서 입상했고, 한국 신문과 TV 방송에 크게 보도됐다. 한국 국적의 바이올리니스트가 세계적인 바이올린 콩쿠르에서 입상한 것은 처음이라고 했다. 그런 역사적인 순간에 나에게 작은 역할을 맡겨주신 하나님의 섭리하심에 가슴 뜨겁게 감사드린다.

2015년 3월 1일에 의미 있는 모임이 있었다. 옛날 내가 신촌장로교회에서 초등학생을 가르쳤던 시절의 교회학교 아이들이 저희들끼리 1기, 2기 식으로 기수를 만들어서 인연을 이어오다가 오랜만에 함께 모이면서 나와 다른 교사 한 명을 초대한 것이다.

서울 용산구청 옆의 한 식당에 모여서 보니 다들 50대 중반이 돼 있었다. 사장도 되고 아버지도 됐지만 아홉 살, 열두 살 때 이야기를 하면서 환하게 웃는 얼굴들은 모두 '아이들'이었다.

솔직히 말하자면 한 명 한 명이 다 기억나지는 않았다. "저 누구누구인데 기억나세요?", "그때 이런 일이 있었는데 기억하세요?" 이렇게 묻는 아이들에게 미안한 마음도 들었다.

심지어 미국에 살고 있는 아이까지 전화로 연결해서 바꿔주기도 했다. 아이들은 내게 "보고 싶었다"는 말을 연발하면서 "앞으로도 이렇게 종종 모여요."라고 당부하고 또 당부했다. 이후로도 몇 번 모임을 가졌고 2022년에도 서울 광화문에서 다 같이 모였다. 이날 부장판사, 감사원장을 지낸 뒤 종로구 국회의원이 된 최재형을 오랜만에 만났다. 재형이는 중학생 때 내 제자였는데 이 모임 소식을 듣고 깜짝 방문을 한 것이다.

비록 내가 일일이 다 기억하지는 못했지만 그렇게 잘 살아온 아이들이 대견하고 나를, 그리고 교회학교를 기억해주어서 고맙고 신기했다. 생각해보면 나도 그때 20대 후반에 지나지 않았으니 이번에 만난 아이들 나이의 절반에 불과했다. 그런 내가 그 시절 뭐 그리 좋은 선생님이었을까.

아마 아이들이 나를 좋게 기억해주는 것은, 내가 박래창이라는 개인으로 있었던 게 아니라 선배 교사들로부터 이어지는 신앙의 유산 아래 있었기 때문이었을 것이다.

그때 우리에게는 훌륭한 선배님이 세 분 계셨다. 아내의 친척 어른이신 김성환 권사님, 연세대 교목을 오래 하신 김득렬 목사님의 사모님이신 김복신 권사님, 그리고 이대부속초등학교 교장이신 차재언 집사님이다.

나보다 20년은 연배가 높으셨지만 그런 분들이 내 또래 청년들과 함께 교사를 하셨다. 그분들은 아이들뿐만 아니라 우리 젊은 교사들도 따뜻하게 보살펴주셨다. 늘 밥도 사주고 어려움이 있으면 들어주고 도와주신 덕분에 우리도 열심히 살고 열심히 교사 직분을 감당할 수 있었다. 그렇기 때문에 아이들도 우리를 좋은 선생님으로 봐줄 수 있었을 것이다.

요즘 교회에는 이렇게 젊은 교사들을 품어주는 신앙의 선배들이 있는지 다시 생각해보게 된다. 모시고 대접해줘야 할 높은 사람이 아니라 삶으로, 신앙으로 모범을 보이고 그들을 늘 감싸 안아주는 선배나 멘토로서의 역할을 하는 부장교사나 장로들이 얼마나 있는지 돌아보아야 할 것이다.

부족한 것이 능력

베이징 인민대회당에서 부흥회를?

교회에서 봉사하면서 나는 여러 가지 큰일들에 함께할 수 있었고, 분
에 넘치게 중요한 역할을 맡기도 했다.

소망교회는 성도 중에 각계각층의 전문가와 지도자들이 많기로
손꼽히는 교회다. 이런 '인적 네트워크'가 있으면 무슨 일을 하더라도
술술 풀릴 것 같지만, 꼭 그렇지만도 않다. 이 네트워크가 제대로 작
동하기 위해서 꼭 필요한 것이 바로 하나님이 맘 놓고 들어 쓰실 수
있는 평범한 리더다. 많은 인재들이 힘을 모을 수 있도록 하는 리더
십은 부담 없는 소통을 통해 연결되는 상호 신뢰에서 나오기 때문이

다. 나같이 여러모로 부족한 사람이 사람들의 마음을 모으기가 오히려 쉬운 것이다.

1996년에 겪은 기막힌 사건이 있다. 중국 역사에서 전무후무할 만한 일이 베이징 인민대회당에서 벌어진 것이다. 바로 그 인민대회당 단상에서 중국 정부 서열 50위 이상의 고위 관료, 각 성 대표, 당원 4,000여 명을 모아 놓고 곽선희 목사님이 설교를 하셨다.

일의 발단은 1995년 2월쯤, 정근모 과학기술처 장관으로부터 받은 제안이었다. 정근모 장관은 당시 과학기술처 장관직을 두 번째로 맡고 있었다.

"중국 장성급 고위층과 연결된 재미교포 선교사님이 있습니다. 그분이 중국 정부의 부처 중 한 곳과 접촉을 해서 베이징에서 3박 4일 동안 부흥회를 열기로 계약을 했다는군요. 부산 자갈치시장에서 장사하는 여 성도님 몇 분이 중국 선교를 위해 몇 년 동안 기도하면서 모은 5만 달러로 계약금을 치렀다고 합니다. 중국 쪽에서 1만여 명의 인원을 모아주기로 했으니 우리는 400여 명을 인솔해가면 됩니다. 베이징에서 숙식하고 행사를 개최하는 비용으로 총 40만 달러를 지불하는 조건이라고 합니다."

귀를 의심할 만한 이야기였다. 중국과 수교한 지 얼마 되지 않아서 양국 기관 간의 통신도 쉽지 않을 때였다. 그런데 부흥회라니? 의

심이 갈 만했다. 다행히 이 자리에 갈 때 고려여행사 사장 유민철 소
망교회 장로와 함께 갔다. 유 장로는 국제회의 주제로 박사학위를 받
은 전문가였다. 정 장관의 이야기를 들으면서 유 장로의 반응을 살폈
다. 유 장로는 내게만 보이도록 살짝 고개를 흔들었다. 어렵다는 사
인이었다.

정 장관은 "여러 대형 교회들과 기독단체들에게 제안했지만 모두
거절당했다."면서 "모자라는 35만 달러를 마련하고 400명의 방중단
을 꾸리는 일을 누군가 꼭 해줘야 하는데, 소망교회라면 가능할 것
같다."고 했다. 그러면서 "장로님들께서 곽 목사님께 말씀드려서 성
사되도록 해주십시오."라고 부탁하는 것이었다.

회의가 끝나고 자리에서 일어선 유 장로와 나는 "목사님께서 이
런 불확실한 일을 허락할 리가 없다."는 생각을 서로 확인한 뒤, 목
사님께 일단 보고는 하되 거절하시면 이를 정중히 정 장관께 전달
만 하면 되겠다고 가볍게 여겼다. 그런데 다음날 새벽기도가 끝난
뒤 곽 목사님께 보고를 하니 선뜻 "한번 해보지요."라고 하시는 것
이 아닌가. 그리고는 우리를 붙잡고 30분 동안 중국 선교 전략에 대
해 설파하셨다.

"중국 선교는 중국 최고위층 지도자와 접촉해서 돌파구를 찾는 게
중요합니다. 중국 고위층에서 '니고데모'를 찾는 것입니다. 이 일이
좋은 계기가 될 것 같네요."

이렇게 말씀하시고는 훌쩍 해외 집회를 떠나버리셨다. 유 장로와 나는 마주보고 "큰일났다."는 말만 되풀이했다.

필요한 곳마다 유능한 인재가

맡겨진 이상 어떻게든 움직여야 했다. 내가 할 수 있는 일은 일단 우리 교회의 국제관계 전문가들을 찾아가 자문을 구하는 것이었다. 그렇지만 그들 역시 부정적이기는 마찬가지였다. 우리가 얻은 정보라고는 그나마 "요즘 중국 정부 내 각 부처와 단체, 공산당 군부까지도 여행사를 운영한 수익금으로 부서의 운영 비용을 충당한다."는 정도였다.

정확히 알아보니 우리에게 의뢰가 넘어온 곳은 해외 대사를 역임 한 은퇴 외교관들의 모임인 중국외교관연합회(CIFRA) 산하의 여행사였다. 우리가 40만 달러를 지불하면 그들이 중국에서 부흥회를 열 수 있도록 만 명을 동원하고, 그 비용 안에서 수익을 남긴다는 것이었다.

내막을 알게 되니 조금 안심은 됐다. 최소한 유령단체의 사기성 제안은 아닌 것으로 보였기 때문이다. '그렇다면 목사님 말씀대로 이 일로 중국에 하나님의 역사하심이 이뤄지도록 참여해보자.'는 생각도 들었다.

이후 본격적으로 일이 추진됐다. 반대하는 소망교회 당회를 설득하느라 진땀을 뺐고, 400명의 방중단을 모으기도 쉽지 않았다. 무엇보다 돈 문제가 컸다. 먼저 중도금으로 중국에 10만 달러(9,000만 원)를 송금해야 했는데 당시로서는 중국에 돈을 송금하는 자체가 여간 까다롭지 않았다. 정상적인 경로로는 송금하는 데 한 달도 더 걸린다고 했는데, 그러면 기한을 맞출 수가 없었다.

만나는 장로와 집사마다 붙잡고 어려움을 호소한 끝에 베이징에 제일은행 지점 개설을 위하여 나가 있던 소망교회 박응복 집사와 전화 통화를 할 수 있었다. "저희 은행 본점으로 돈을 보내시면 제가 여기서 직접 전달하는 방법을 찾아보겠습니다."라고 했다. 마침 소망교회 집사님들 중에는 제일은행 본점 임원도 두 분이나 있었다.

'이렇게 하면 해결이 되겠구나.'라고 가슴을 쓸어내리며 전화를 끊었는데, 문득 생각하니 1억 원이라는 돈이 준비돼 있지 않았다. 약속한 송금일까지 남은 시간은 불과 닷새였다.

교회에서 중국 행사에 대한 재정을 의논하고 있는데 정 장관에게 나를 소개한 사람으로 밝혀진 한양대 의과대학 교수 김태승 집사(현 소망교회 은퇴장로)가 보이기에 지나가는 말로 재정 걱정을 했다.

"아무래도 김 집사가 일을 벌였으니 김 집사 집을 팔아야겠네." 농담조로 가볍게 건넨 말인데 김 집사는 자못 진지한 표정을 지었다. 그러더니 며칠 후에 부부가 나를 찾아왔다.

"지금 살고 있는 아파트를 팔고 구리 쪽으로 전세를 얻어 가면 1억을 헌금할 수 있을 것 같습니다."

중학교 다니는 아들이 전학 갈 학교까지 알아봤다고 했다. 나는 깜짝 놀라서 "그 말을 진심으로 들었단 말이야?"라고 물었다. 그들 부부의 순전한 믿음이 놀라웠다.

　이 일은 내게 큰 도전이 됐다. 집에 들어가 아내에게 김 집사 이야기를 전했다. 나만큼 놀라워하고 감동을 받은 기색이었던 아내는 한참 생각하더니 이렇게 말했다.

"4년 동안 불입한 적금이 모레 만기가 돌아오는데 딱 1억 원이에요."
할렐루야! 이런 일이 있을 수가 있나.

"하나님께서 예비하신 거요. 그 돈을 우선 씁시다."

　그동안 살뜰히 모아온 아내에게는 미안하지만 워낙 사정이 다급했던지라 그렇게 부탁할 수밖에 없었고 아내는 고맙게도 흔쾌히 좋다고 해 줬다.

　그렇게 해서 중도금을 해결했다. 그런데 또 일이 터졌다. 원래 우리와 계약하고 일을 진행했던 기관이, 떠나기 며칠 전 중국외교관 연합회(CIFRA)에서 다른 곳으로 바뀌었다는 것이었다. 장쩌민 주석의 의전 담당 법률 비서 등이 직접 관장하는 정부 산하 팀으로 바뀐 것이다.

　왜 그랬는지 설명도 없고 영문도 알 수 없었다. 이들은 자기들 요구사항을 일방적으로 전달하기만 했다. 그 내용도 그냥 받아들이기는 어려운 것들이었다. "행사 진행 사회를 중국 측이 한다.", "성가대는 설 수 없다. 찬양도 할 수 없다.", "정근모 장관과 곽선희 목사의 강의만 허락한다." 등이었다.

이 사실이 알려지자 교회 내의 반대 의견은 더욱 거세졌고 곽 목사님까지도 망설이는 눈치였다. 가서 사기를 당할 수도 있고, 베이징 공항까지 갔다가 그냥 돌아올 가능성도 있다는 의견까지 나왔다. 이미 항공편 예약이 완료됐고 취소할 형편도 아니었기에 참으로 난감했다. 이런 진퇴양난의 사태에 대해 행사를 반대했던 이들은 고소해했고, 열심히 준비한 이들은 초조해졌다. 새벽기도 때마다 중국 대회를 위하여 기도했고 장로님들 역시 주일예배 대표기도 때마다 대회를 위한 기도를 빠지지 않고 넣었다.

그런데 출발을 한 주 남긴 시점에서 곽 목사님이 "주일 2부 예배부터 기도문에서 중국 행사 내용을 빼라."고 말씀하셨다. 안 가는 쪽으로 결심이 서신 것 같아 더욱 불안해졌다.

주일 저녁 예배가 끝난 뒤 열심히 준비에 참여했던 집사들에게 등 떠밀려 목사님 방에 들어갔다. 상황을 있는 그대로 보고하고 "어떻게 할까요?" 물었다. 출발 딱 3일 전이었다.

경험상 복잡 미묘한 상황일수록 특유의 절묘한 판단을 하는 곽 목사님이기에 그 대답에 따르기로 마음을 비운 채 기다렸다. 잠시 생각하던 목사님은 "그래, 갑시다!"라고 말씀하셨다. 모든 고민에 종지부를 찍어주신 것이다.

기쁜 마음으로 목사님 방을 나와 보니 함께 준비한 사람들이 텅 빈 교회 마당의 주차장 불빛 아래서 초조하게 기다리고 있었다. 내가 두 손을 치켜들고 흔들자 "와!" 하는 탄성과 함께 박수가 터져 나왔다. 이제 출발만 남아 있었다.

인민대회당에 울려 퍼진 복음

1996년 7월 10일, 곽선희 목사님과 정근모 당시 과학기술처 장관을 비롯해 홍재형 전 부총리, 정인용 전 부총리, 김선홍 당시 기아차 회장, 최성규 인천순복음교회 목사, 김석산 대전순복음교회 목사, 김수웅 CBMC 회장, 장광영 감리교 총감독, 유태영 건국대 부총장, 홍인기 증권거래소 이사장 등 쟁쟁한 인사들이 포함된 방중단 412명은 대한항공과 아시아나, 중국항공에 나눠 타고 베이징으로 향했다. 드디어 출발하게 된 중국행 비행기 안에 앉아있는 동안 내 머릿속에는 두 가지 생각만 들어 있었다. "만일 아무도 마중 나와 있지 않으면 이 인원을 끌고 어디로 가야 할지 전혀 모른다."는 것과 "나머지 20만 달러를 현지에서 전달해야 하는데 현재까지 아무 대책이 없다."는 것이었다.

중국 공항에 도착하자 놀라운 광경이 펼쳐져 있었다. 벤츠 5대와 고급 관광버스 10여 대가 줄지어 서 있었던 것이다. 차가 출발하자 중국 경찰대 오토바이가 에스코트를 했다. 더구나 도로를 통제했는지 다른 차들은 보이지 않고 길이 뻥 뚫려 있었다.

최고급 쉐라톤 호텔로 안내된 것까지는 좋았는데 집회 장소를 아직까지 통보받지 못했다는 생각이 퍼뜩 들었다. 진행자에게 물어보니 "내일 가보시면 압니다."라고만 했다. 뭔가 불안했지만 너무 예민한 건가 싶어서 그냥 넘어갔다. 장쩌민 주석 의전 담당관들과 여러 가지 회의를 하면서 유심히 살펴보니 하나같이 선한 인상들이었다. 애써 안심하려고 노력하면서 다음 일이 진행되기를 기다렸다.

아니나 다를까, 숙소 도착 직후부터 문제가 불거졌다. 주최 측이 목사님의 원고를 미리 보자는 것이었다. 얼마 뒤 그들이 되돌려준 곽 목사님의 설교 원고에는 곳곳에 빨간 줄이 그어져 있었다. 교회 설교 용어를 모두 종교색이 없는 언어로 바꾸라는 것이다.

목사님께 어떻게 말씀드려야 난감했지만 도리가 없었다. 새벽 1시가 넘은 시간에 목사님 방을 찾아가 노크했다. 주무시다 일어난 목사님께서는 의외로 아무렇지도 않게 받아들이셨다.

"지금에 와서 어쩔 수 없지 않습니까. 그렇게 하세요."

다음날인 1996년 7월 11일. 중국 베이징에서 역사적인 부흥회가 열린다는 기대를 품고 행사장으로 이동했다. 도착해 보니 놀랍게도 그곳은 인민대회당이었다. TV에서 봤던 중국인민대표대회 회의장이 눈앞에 펼쳐졌다. 순간 나는 소스라치게 놀랐다. '중국 중서부지역 개발 투자 합담 연토회', '중한 경제 기술 교류회' 등 낯선 행사명을 보는 순간 내 안에 커져가고 있었던 찜찜함의 실체를 깨달았다. 이 행사는 부흥회가 아니고 중국 중서부 내륙지역 경제개발계획을 전 중국에 발표하는 국가 행사였다. 이 행사에 우리를 참여시킨 것이다.

중국의 '경제특구'로 내륙 농민들이 대거 이동하는 것을 막기 위해 중국 정부 제3회 전인대에서 추진토록 결정한 '중서부 지역 내륙경제 개발계획' 연구 결과를 발표하고 선포하는 자리였다. 부흥회인 줄 알고 방중한 우리를 외국 전문인, 기업인, 정부 관계인 등으로 둔갑시켜 투입한 것이었다. 참가자들 명찰이 전부 사장, 회장, 교수, 부장, 국장 등으로 명기된 채 준비되어 있는 것도 이때문이었다.

　뒤늦게 상황 파악을 했지만 어찌할 도리가 없었다. 우리 일행은 주석 대기실에서 중국 지도자들이 다는 것과 같은 빨간색 명찰을 패용한 채 중국 고위층과 상견례를 했다. 자리를 안내받고 보니 TV 뉴스에서 봤던 인민대표대회에서 등소평, 장쩌민 주석이 앉던 바로 그 단상이었다. 지금도 뉴스에서 빨간 명찰을 달고 인민대회당 단상에 앉은 시진핑 주석을 보면서, 바로 저 자리에 곽선희 목사님이 앉으시고 나와 11명의 한국 대표들, 그리고 중국 서열 상위 50명이 뒷줄에 앉았던 기억이 새록새록하다.

　단상 위에서 보니 각 성 대표, 당 서기, 개발 책임자 등 전 중국에서 모인 인사 4,000여 명이 좌석을 가득 메우고 있었다. 우리 일행 400명은 가장 중심 좌석에 앉아 있었다.

　곧 곽 목사님의 연설(설교) 순서가 됐다. 나는 또다시 마음이 불안해졌다. 지난밤 중국 측의 요청에 의해 곽 목사님의 원고를 수정했던 일이 생각나서였다. 그런데 놀라운 일이 벌어졌다. 목사님은 분명 수정된 원고로 설교하셨는데 통역사는 수정 이전의 원고로 통역을 했다. 행사 책임자들은 얼어붙은 표정이 됐지만 4,000여 명의 청중은 열렬한 박수로 호응했다. 40여 년 동안 공산주의 사상 교육에만 익숙해 있던 그들에게는 처음 들어본 하나님의 복음이 신선하고 충격적이었던 듯했다. 다시 말해 4,000여 명의 전 중국 최고위층 서기장들에게 하나님의 복음이 직접적으로 전해진 것이다. 그뿐 아니라 이 실황은 TV로 전 중국에 중계됐다.

　이런 놀라운 일이 어떻게 가능했을까? 그 누구도 예상하지 못한 기적 같은 일이었다. 행사 후에 통역을 맡은 교수가 주최 측 책임자로부터 지적을 받기는 했지만 큰 문제는 없었다고 했다. 행사가 끝나고 참석자들과 만나보니 반응이 매우 좋았다. 그때부터 두려움과 걱정은 사라지고 어떤 기적이 또 벌어질까 기대하며 즐길 수 있었다.

　인민대회당 행사가 끝나고 2,000명이 들어갈 수 있는 인민대회당 내 식당에서 우리 일행 400명과 중국 각 성의 지도자들이 함께 점심식사를 했다. 이때 또 한 번의 이변이 벌어졌다. 식사하는 동안 우리 일행 중에 음악단이 함께 왔는데 노래를 해도 되느냐고 행사 책임자에게 간청했다. 그러자 그 책임자는 저쪽을 가리키면서 헤드테이블에 앉아있는 부주석이 허락해야 된다고 했다. 그래서 나는 통역과 함께 그분에게 가서 "저쪽 책임자는 허락했는데 부주석님께서도 합창단이 노래할 수 있도록 허락해 달라."고 청했다. 확실한 '예스'는 아니었지만 약간 고개를 끄덕거렸다. 내가 지체하지 않고 오케이 사인을 보내자마자 백여 명의 어머니합창단이 무대로 올라가 합창으로 춤추며 찬송과 복음송을 불렀다. 중국인민대회당에서 목사님이 복음 선포를 한지 얼마 안 돼 합창단 찬송이 울려 퍼지는 기적을 조마조마해하며 즐겼다. 참석한 모든 중국인들은 싱글벙글 좋아하고 중국 측 주관자들은 사색이 되었다.

1996년 7월 중국 인민대회당 행사를 끝내고 조어대 국빈관 만찬 전에 잔디밭에서

대회가 끝나고 오후에는 컨벤션센터에서 분야별로 강의가 있었다. 강사로 나선 감리교 장광영 총감독(약수교회)은 합의된 원고를 집어 던지고 "하나님께서 세상을 창조하셨다."는 메시지를 전했다. 중국 책임자는 통역 내용을 듣고는 "지금 당장 중지시키지 않으면 마이크를 끄겠다."고 했다. 장 목사님은 마이크 전원이 꺼진 뒤에도 계속 큰 소리로 설교를 했다. 책임자는 다시 "당장 중지하지 않으면 체포하겠다."고 위협했다. 곧바로 중국 공안이 들이닥쳤다. 공동 사회를 맡았던 내가 나서서 "만약 장 목사를 체포하면 우리 팀 모두 철수하겠다."고 엄포를 놓았다. 겨우 장 목사님 먼저 공항으로 보내서 한국으로 돌아가시도록 하는 것으로 무마할 수 있었다.

저녁 만찬은 '조어대(釣魚臺, 댜오위타이)' 국빈관에서 우리 측 400여 명과 중국 측 100여 명이 함께했다. 조어대는 중국을 찾는 세계 국빈들이 머무는 곳이다. 본래 그곳 식당은 500여 명이 들어갈 장소가 아닌데 특별히 여러 홀을 터서 만찬장으로 꾸몄다고 했다.

만찬 시간이 반쯤 지나고 있을 때 인천순복음교회 최성규 목사가 갑자기 앞으로 나가더니 가스펠 송을 신나게 부르기 시작했다. 좌중을 모두 일어서도록 하고 서로 손잡고 춤추게 하면서 돌아다녔다. 100여 명의 중국 고위 관계자들은 어안이 벙벙한 표정이었다. 그러면서도 워낙 친화력이 좋은 최 목사의 모습이 재미있었는지 다 같이 일어서서 손잡고 춤을 추며 호응해주었다.

분위기가 무르익자 우리 일행 중 미국에서 온 한 여성 성악가가 '주기도문'을 영어로 부르기 시작했다. 나는 조마조마했다. 다른 중국인들은 모르지만 진행 주최 측 책임자들은 성가곡인 것을 알고 있기 때문이다. 그렇지만 모두 노래에 심취해 문제가 되지 않았다.

중국인민대회당에서 곽선희 목사님이 하나님 말씀으로 설교를 하고, 그 장면이 중국 전역에 TV로 중계되고, 중국을 찾는 국빈을 영접하는 조어대에서 찬양과 주기도송이 울려 퍼진 것까지 모두 중국 5,000년 역사에 전무후무한 일들이 벌어졌다.

다음날부터 컨벤션 부스에서 진행된 투자유치 설명회에서도 우리 방문단 중 여럿이 준비도 없이 강사로 나서야 했다. 다행히 우리 일행에는 건설, 전자, 섬유, 무역, 기계, 화학, 농업 등 각 분야 종사자들이 포함돼 있었다. 통역사로 조선족 중국인 청년들이 100여 명 동원돼 있었다. 이 통역사들은 정보 파악 및 감시 목적으로도 배치된 듯했다. 갑자기 뽑힌 강사들은 자기 전문 분야의 일상적인 이야기를 했다. 그런데도 호응이 굉장히 좋았고 강의 후 참석자들과 이야기를 나눌 때 우리가 어떻게 왔는지를 설명하면서 자연스럽게 하나님의 말씀도 전달됐다. 이때 인연을 맺은 중국 최고위 인사 몇 명은 최근까지 해마다 우리 집으로 크리스마스 카드를 보내온다. 이때부터 예수를 믿게 됐다고 한다.

반전에 반전을 거듭했던 이 '부흥회 아닌 부흥회'는 그렇게 이후 중국 선교의 소중한 발판이 됐다. 당시에는 긴장감 때문에 다 감지하지 못했지만 돌아보면 사건 하나하나가 다 의미 있었고 하나님의 역사하심이 있었다.

내가 온전히 끌어안고 있었던 재정적인 문제도 기가 막히게 해결됐다. 4박 5일의 일정 동안 412명의 방중단 일행은 새벽마다 호텔의 별도 공간에 모여 곽선희 목사님 인도로 새벽예배를 드렸다.

하루는 예배가 끝난 후 류태영 장로가 예정에도 없던 광고를 한다고 일어나더니 "여러분, 이번 행사의 계약 중도금으로 박래창 장로가 부인 이미순 권사가 적금 탄 돈 1억 원을 내서 우리가 여기 올 수 있었던 것을 아십니까?"라고 했다. 그 순간 아차 싶었다. 행사가 끝나고 난 뒤 중국 측에 지불해야 할 20만 달러(1억 9,000만 원)가 준비되지 않았다는 사실을 깜빡하고 있었던 것이다.

그 순간, 사람들이 누가 먼저랄 것도 없이 헌금을 내거나 혹은 한국에 돌아가서 헌금을 하겠노라고 작정하기 시작했다. 다들 얼마나 후하게 냈는지 필요한 금액을 채우고도 1억 원이 남을 정도였다.

이렇게 해서 마지막 남은 고민까지 깨끗하게 해결됐다. 남은 1억 원은 훗날 소망교회 집사님이셨던 고 허영섭 녹십자 회장님이 주신 3억과 다른 집사님들이 주신 2억까지 합쳐져서 소망교회가 수년간 진행했던 중국 가정교회 전도자들을 위한 신학서적을 출판·배포하는 사역에 귀중하게 쓰였다. 중국학자들이 쓴 신·구약개론, 로마서, 요한복음, 강해서 등의 신학서적과 교육지침서를 마카오에서 출판해 하남성, 귀주성 등 오지에 있는 가정교회 지도자(전도자) 5,000여 명(5,000개 교회)에게 공급한 사역이었다. 그 당시는 중국 서점에서 신학서적을 구할 수 없을 때이다.

이 경험은 그 후 소망교회 북방선교부가 외교통상부 산하에 동북아 교육문화협력재단을 설립하는 데 밑바탕이 되기도 했다. 나는 이

소망교회 북방선교 부장 시절 옥수수 박사 경북대학교 김순권 교수와 함께

후부터 소망교회 북방선교부장으로서 본격적으로 북방선교에 매진했다. 류태영 장로, 옥수수 품종을 개량한 경북대학교 김순권 박사, 씨감자 품종을 개량한 카이스트 정혁 박사, 새마을연수원장을 지낸 정교관 박사와 함께 1996년부터 8년간 중국 오지 30여 곳을 구석구석 다니며 빈농 지도자들에게 한국 새마을운동 지도자 교육을 하고, 농과대학 농업연구소 등과 합력해서 중국에 새마을교육(신 농촌운동)의 기초를 쌓기도 했다. 그 후 북경에 새마을운동 지원본부를 두고 중국 전역에 순회교육 사업을 10년여 동안 계속했다.

중국 지방정부의 중간 지도자들인 수강생 중 우수한 학생을 매년 25명씩 선발해 한국의 선진적 농업 체험과 산업 시찰을 시켰으며 교회 예배에도 참여시켰다. 주중 대사관에서도 할 수 없는 일을 소망교회가 했다는 칭찬을 듣기도 했다. 이러한 사역을 통해 하나님께서는 우리의 사역과 섬김의 지경을 점점 넓혀 주셨다.

다시 강조하지만 이 모든 일에 내가 참여할 수 있었던 비결은 유능한 소망 인재들이 팔을 걷고 주위로 모여 주었기 때문이다. 소망교회가 가진 귀중한 자원인 각 분야 전문가 성도들은 내가 어려움을 고하고 도움을 청할 때마다 흔쾌히 나서줬다. 책임을 맡은 내가 모든 면에서 부족하다는 점이 명백했기 때문에 이런 협력이 가능했던 것이리라. 그렇게 모인 능력들은 어떤 전문가 집단도, 기업도, 국가도 해내기 어려운 일들을 착착 진행했다.

부족한 리더를 앞다퉈 도와주려고 했던 그 순전한 믿음의 소망교회 성도들에게 다시금 고마움을 전하고 싶다.

오묘한 역할을 주시는 하나님

작은 역할로 큰 사역을

나는 2002년에 대전 장신대학교 건축위원장을 맡았다. 이 일도 나로
서는 도저히 감당하기 어려운, 불가능해 보이는 책임이었다. 그런데
지나고 보니 능력이 있고 없음보다 중요한 것은 누군가 한 명, 일을
책임지고 시작하는 사람이 있어야 한다는 것이다. 무슨 일이든 시작
을 해야 성공할 수 있기 때문이다. 사회에서건 정치판에서건 서로 자
기가 잘할 수 있다고 나서는 사람들이 있지만, 중요하되 가능성이 적
은 일은 외면하기 마련이다. 때문에 오히려 등 떠밀려 맡은 사람에
의해 일이 이뤄지곤 한다.

대전신학대학교 이사회는 총회 파송 이사, 충청권 노회 파송 이사로 구성된다. 강남노회에서 같이 섬기던 정행업 목사가 1990년 대전신학교 10대 학장으로 부임했을 때 사무기기 일부를 기증한 인연으로 내가 학교 유지 이사직을 맡게 되었는데, 그 밖에는 아무 연고가 없었음에도 이사직을 3번이나 연임하게 되었다. 그러던 중 12대 문성모 총장이 부임하면서 숙원 사업이던 학교 건축 계획이 수립되고 건축위원회가 조직되면서 내가 건축위원장으로 선출되었다.

대전신학대학교는 1954년 8월에 설립됐다. 대한예수교장로회(통합) 총회장을 세 차례 역임한 고 이자익 목사가 초대 교장이었다. 50년 넘은 전통을 가진 학교인데 학교 건물이 열악한 탓에 교육과학기술부의 승인을 받지 못해 정식 '대학교'로 인가받지 못하고 있었다. 총장과 이사장이 바뀔 때마다 매번, 수십 년간 학교 건축이 안건으로 나왔지만 뾰족한 대책이 없어 미뤄지고 있는 중이었다.

이사회에서 이 안건이 나올 때마다 나도 안타까운 마음이 들었지만 별 수 없이 소극적으로 듣고만 있었다. 그런데 내가 참석하지도 못한 이사회에서 나를 건축위원장으로 선출했다는 소식을 듣게 되자 당황스럽기도 했고 부담스러웠다. 이사를 사임할까도 생각했지만 적당한 시기를 놓치는 바람에 그것도 어려웠다.

2002년 1월, 첫 건축위원회가 소집됐다. 마침 교육과학기술부의 기준이 완화돼서 현재의 부지 수준에 맞는 건물만 건축하면 4년제 대학교 인가가 가능하다고 했다. 건축 비용은 80억 원으로 추산됐다.

문제는 가용기금이 말 그대로 '제로'라는 것이었다. 한국 교회들이 개교회 중심 성향으로 굳어져 있다 보니 대형 교회 한 곳이 80억 원을 마련하는 것은 어려운 일이 아니지만 아무래도 교회 연합 사업으로 그런 금액을 모금한다는 건 어려운 일이었다.

문 총장은 "지난 2년간 학생, 교직원들과 함께 눈물로 특별 새벽 기도회를 해왔습니다. 어떻게든 올해 안에 건축을 시작해 2년 후인 2004년에 완공할 것이고, 그 안에 기금을 모으겠습니다."라고 비상한 결단으로 말했다. 이미 학생들이 먼저 건축헌금을 시작했고 교직원과 교수들이 급여에서 일정액씩 헌금하기로 했다고 보고했다. 참석한 충청권 노회와 교회 대표들의 얼굴을 보니 찬성도 반대도 읽을 수 없었다. 워낙 오랫동안 거론되어온 문제였기 때문에 절박한 문제의식을 느끼는 사람조차 찾아보기 어려웠다.

대부분의 파송 이사들은 3년 임기가 끝나면 떠나버린다. 더구나 당시는 IMF 구제금융 후유증이 계속되던 때라 더욱 모금이 어려웠다. 충청권을 비롯한 중부권 교계의 온건한 분위기를 감안해도 2년 만에 80억 원을 모은다는 것은 요원해 보였다. 머릿속으로는 계산이 분명히 나왔다. 그런데 마음 한편으로는 '총장이 저렇게 수고하는데 울타리 역할을 해주고 싶다.'는 생각도 들었다. 말할 기회가 돌아왔을 때 나는 문 총장을 응원하는 심정으로 밝게 말했다.

"저는 소망교회에서 건축위원장을 여러 번 했습니다. 그리고 그분야의 전문가인 장로님과 집사님들에게 대책을 세워보겠습니다. 당장 설계를 시작하고 비용을 정확히 내봅시다."

그러자 문 총장의 얼굴은 밝아졌고, 이사들의 표정에서도 일말의 기대감이 엿보이기 시작했다.

바로 다음날부터 소망교회에 출석하는 법무사, 세무사, 건축 전문가 등에게 재능기부를 요청해서 실질적인 설계 및 준비 작업에 착수했다. 조금씩이나마 일이 진행되자 이사들의 반응도 사뭇 달라지기 시작했다. 특히 충청권 교회들에서 긍정적인 분위기가 살아난다고 했다. "서울 큰 교회 장로가 건축위원장으로 오더니 뭐가 돼도 될 모양이다."라는 이야기가 돈다는 소식이 들려왔다.

건축위원회는 얼마 후, 충청권 여러 노회 여전도회연합회 회장 및 임원들을 학교로 초청해서 설명회와 기도회를 진행했다. 장소는 열악했다. 더운 여름에 에어컨도 없이 선풍기만 몇 대 돌아가는 강의실이라 모인 사람들의 표정이 특히 좋지 않았다. 그럼에도 내가 소개를 받고 앞에 나서자 술렁이는 반응이 있었다. '서울의 큰 교회 장로'라는 후광에다 충청권에서 익숙한 얼굴이 아니라는 이점이 작용해서인지 설명을 할 때 집중도가 좋았다.

학교 건물 건축계획과 건축이 꼭 필요한 이유를 설명하고 난 뒤 여전도회연합회장에게 마이크를 주었다. 그가 나와서 마이크를 잡는데 상기된 표정이었다.

"저희는 그동안 연합회 사업이라고 하면 돈을 모아서 전국여전도회중앙회에만 갖다 주면 되는 줄로 알았습니다. 대전신학대학교가 우리 교단의 학교인지도 몰랐어요. 이 학교가 도움을 필요로 한다는 것도 몰랐고요. 앞으로 저희 충청권 여전도회연합회가 열심히 돕도록 하겠습니다."

작은 불씨가 피어나는 순간이었다. 이후로 충청권의 대한예수교 장로회(통합) 교단 목회자들, 노회 장로회연합회, 남·여 선교회연합회 등을 학교로 초청하여 여러 차례 기도회를 열었다. 이런 기도회를 모이도록 연락하고 준비하는 일을 충북노회 문의교회 김용헌 장로가 솔선해서 수고했다. 먼저 해야 할 일은, 그동안의 시도가 번번이 무산되는 동안 견고해진 '안 된다', '어렵다'는 고정관념을 깨는 것이었다. 시작을 해야 엄두라도 낼 수 있기 때문이다.

분위기를 전환시키는 작은 계기가 필요하다고 생각하고, 당시 스카프 공장을 하던 형님께 부탁해서 실크 스카프를 선물용으로 예쁘게 포장했다. 이를 잔뜩 안고 가서 기도회 때마다 나누어주었다. 모두 의외라는 표정이었다. 이 작은 선물은 분위기를 밝고 긍정적으로 만드는 효과를 냈다.

건축계획과 진행된 설계 등 설명을 듣는 사람들의 반응이 점점 긍정적인 기대감으로 바뀌어 갔다. 이후로도 기도회를 할 때마다 구내식당에서 국밥을 먹으며 교제를 나누고 작은 선물을 주는 등 밝은 분위기를 유지하는 데 신경을 썼다. 내가 먼저 '건축헌금 1억 원'을 작정한 것도 영향이 있었다. 충청권에 전혀 연고가 없는 타 지역 장로가 선뜻 헌금을 작정했다는 소문이 충청권 지역 교회에 자극제가 된 모양이었다. 밤낮없이 교회, 노회, 동창회 할 것 없이 전국 교회를 발이 닳도록 누비고 다니는 문 총장, 그리고 건축위원들의 열정이 가장 큰 역할을 했다. 이에 감동한 충청권 교회들의 헌금이 모여들었다. 전국 대형 교회들의 헌금도 이어졌다. 건축 가능성이 눈에 보이자 모금 금액도 커지고 참여교회도 점점 늘어갔다.

드디어 건축이 시작됐다. 재정이 넉넉하고 든든한 대전 향토 기업인 계룡건설이 건축을 맡아 자금 독촉 없이 건물을 완공해줬다. 건축비 잔금은 학교가 사학연금재단으로부터 저금리로 대출을 받아 깨끗하게 완불했다. 모든 것이 부족했지만 '합력해서 선을 이룬' 일이었다.

이렇게 해서 대전신학대학교는 2004년 3월 16일, 개교 50주년 예배를 연건평 9,009㎡로 완공된 새 본관에서 드릴 수 있었다. 이후 문 총장은 건축을 완공하고 대학 인가신청을 한 후에 서울장신대학교 총장으로 자리를 옮겼다. 2009년 민경설 총장 재임 때 교과부로부터 드디어 4년제 정규대학 인가가 나왔다. 50년 숙원 사업이 이뤄진 것이다. 이 귀한 일에 작게나마 한 역할을 감당할 수 있었다는 것이 감사하고 기쁘다.

묵묵히 함께하는 자리의 보람

맡았던 역할은 작았지만 그 의미와 보람은 말할 수 없이 컸던 일이 또 하나 있다. 아시아 유일의 민영교도소인 '소망교도소' 설립의 기초를 놓은 일이다.

2010년 12월 1일 개소한 소망교도소는 2014년 말 기준으로 350명의 수용자가 생활하고 있는 곳이다. 그때까지 총 371명이 출소했는데, 다시 범죄를 저지르고 수감되는 재입소율이 5.1%(19명) 정도다. 국내 다른 교도소 재입소율(20~22%)에 비하면 현격히 낮은 수준이다. 소망교도소는 1999년 12월 '민영교도소 설립 운영에 관한 법률'이 국회에서 통과된 시점부터 그 필요성과 설립 준비 과정이 일반에 알려졌지만, 처음 준비가 시작된 것은 그보다 4년 앞선 1995년부터였다.

내가 한국기독실업인회(CBMC) 서울 한남지회장을 맡고 있던 1995년 10월, 서울교회 이종윤 목사님을 강사로 모셨는데 강의가 끝나고 잠깐 할 이야기가 있다고 하셨다.

"브라질에 '휴마이타 교도소'라는 곳이 있습니다. 교회가 정부로부터 위탁받아 운영하는 민영교도소인데 신앙과 사랑으로 재소자들을 교화시키기 때문에 다른 곳에서 위탁할 당시 75%였던 재범률이 4%대로 낮아졌다고 합니다."

처음 들어보는 이야기라 생소했지만 '신앙으로 재소자들을 변화시킬 수 있다니 참 좋은 일이구나.' 싶었다. 그런데 왜 내게 이런 이야기를 하는지는 알 수 없었다.

"우리나라에도 기독교 교도소를 만들려고 합니다. 추진위원회를 먼저 설립할 것인데, 박 장로님께서 이사로 참여해주셨으면 합니다."

이런저런 교단 일과 교회연합 사업들에 숱하게 참여해봤지만 이처럼 낯설고 나와 관련 없어 보이는 일은 처음이었다.

"법조계 인사나 교정전문가들이 참여하셔야지요. 제가 무슨 도움이 되겠습니까?"
"박 장로님께서 재정 담당 이사를 맡아 주세요."

평소 존경해 오던 이 목사님이 열정적으로 부탁하시기에 일단 함께하기로 했다. 그러나 이 일에 관심을 가진 사람이 너무 적었기 때문에 필요성에 공감하는 사람들을 모아 일을 추진하는 데만도 상당한 시간이 걸릴 일이었다. 그러나 이 일이 성사된다면 한국 사회에 미치는 영향이 지대하겠다는 생각도 들었다.

그렇게 해서 1995년 10월 기독교 민영교도소 설립추진위원회가 설립됐다. 이 목사님이 초대 이사장을 맡았다. 교계 어딘가에 소속될 필요가 있었기에 한국기독교총연합회(한기총) 산하로 들어갔지만 운영이나 활동은 독립적으로 이뤄졌다.

법률적인 부분에서 힘을 쓴 사람은 이후 법무부 장관을 지낸 김승규 당시 대검찰청 감찰부장이었다. 또한 그때만 해도 젊은 검사였던 황교안(이후 총리, 대통령 권한대행을 지냄) 검사와 여러 젊은 검사들이 힘을 보탰다.

얼마 후 미국 LA 사랑의교회에 있던 오정현 목사가 이 소식을 듣고 10만 달러를 보내왔다. IMF 구제금융 영향 때문에 한화로 환전하니 1억4,000만 원 정도 됐다. 이 돈으로 초기의 기본적인 운영을 했다. 그 밖에는 재정을 보태는 기관이나 사람이 한동안 전무했다. 그러나 이사회, 이런저런 회의, 세미나, 강연 때마다 장소 사용비, 식사비, 강사비 등이 들었는데 그 비용은 모두 내가 감당해야 했다. 그런 의미에서 '재정 담당' 이사였던 것이다.

몇 년이 지나도 일의 윤곽이 보이지 않을 때는 '밑 빠진 독에 물 붓기'라는 느낌도 들었다. 가장 힘들었던 것은 함께 하던 이사들의 관심과 열의가 떨어져 가는 것을 지켜보는 일이었다. 그래도 나는 꼬박꼬박 이사회에 참석했고 꾸준히 재정을 감당했다. 내게 목표의식이 있었기 때문이라기보다는 이 목사님과 김승규 법무부 감찰부장이 어찌나 열정을 가지고 일하는지 함께하지 않을 수가 없었다.

계속되느냐 마느냐 기로에 설 만큼 어려울 때도 있었는데, 마침 김일수 고려대학교 법학과 교수가 개인 돈 1,000만 원을 내놓으며 힘을 보태고 나섰다. 김 교수는 2대 이사장을 맡아서 힘든 고비를 넘기는 데 중요한 역할을 했다.

일이 성사되는 방향으로 접어든 결정적인 계기는 1997년 대선을 앞두고 강남 YMCA 강당에서 열린 대선후보 초청 토론회였다. 전국에서 목사 천여 명이 모이는 행사인 '한국 교회갱신연구원 목회자 산학세미나' 자리에서 마련된 토론회였는데, 여기서 이종윤 목사님이

김대중, 이회창, 김종필 세 대통령 후보에게 '민영 종교교도소 제도'를 설명하고 도입 의사를 질의했다. 그러자 세 후보 모두 "대통령이 되면 꼭 설립하겠다."고 약속했다.

이후 재단법인 아가페가 설립되면서 본격적으로 모금이 이뤄졌고 명성교회 김삼환 목사가 3대 이사장을 맡았다. 순복음교회에서 30억 원을 기부하고 광림교회, 소망교회 등도 5억~10억 원씩 기부 약정을 하면서 일이 힘을 받기 시작했다.

김대중 대통령 당선 이후 김승규 장로가 법무부 장관이 됐다. 황교안 검사 등 젊은 검사들이 일과 후 법안과 운영규칙을 만드는 데 많은 시간과 노력을 투여했다. 민영교도소 법이 통과된 이후로는 일이 순조롭게 잘 진행됐다. 경기도 여주 6만 평 부지에 소망교도소가 성공적으로 지어졌다. 이후 정부에서 소년교도소를 하나 더 운영하도록 아가페 재단에 제안할 정도로 소망교도소는 잘 운영되고 있다. 전 세계에서 견학도 많이 온다. 재범률이 낮은 것도 바람직하지만 1년에 70~80여 명씩 세례를 받고 매주 예배를 드린다는 소식이 가장 기쁘다. 단 한 사람이라도 이곳에서 진정으로 예수를 만나 구원받고 사회로 돌아가 빛과 소금이 된다면, 그처럼 교회가 사회에 직접적으로 기여하는 일도 없을 것이다.

나는 처음부터 지금까지 계속 이사로 참여하고 있다. 20년 넘게 함께해 온 셈이다. 물론 내가 크게 기여한 것은 없다. 그래도 초기에 재정도 없고 사람도 없던 때에 자리를 지켰다는 데 대한 보람은 있다. 그때 묵묵히, 그리고 열정적으로 일한 이종윤 목사님, 김승규 전 장관, 황교안 전 총리 등을 내가 기억하고 있다는 것도 보람이다. 최근 아가페 재단 설립 이후 인사들의 활동만 거론되고 그 이전의 과정은 잘 알려지지 않은 것 같아 아쉽기는 하지만, 그만큼 하나님께서 더 알아주시고 칭찬해주실 것이라고 믿는다.

교회를 살려낸 일에 참여한 이야기

교단에서 여러 일을 맡아 했던 중에서 특별히 보람 있었던 것은 말 그대로 없어질 뻔한 교회를 살리는 일에 참여한 일이다.

　대한예수교장로회(통합) 강남노회 회계로 일할 때인 1992년쯤이었다. 서울 수서동에는 우리 노회 소속 수서교회가 있다. 수서교회는 1955년에 창립된 오랜 역사를 지닌 교회이다. 교회가 있는 수서동 일대는 30년이 넘도록 완전한 농촌이었는데, 1980년대 말에 수서지구 택지개발사업이 시작되면서 교회 주변에 고급 아파트가 들어서기 시작했다. 이렇게 주변이 도시화되면서 농촌 교회 목사에 대한 불만이 하나 둘씩 생겨났고 이것이 갈등으로 빚어졌다. 심각한 갈등이 5년 동안이나 이어지고 있던 상황에서 담임목사는 사례비를 몇 달째 못 받으면서도 교회 지하의 살림집에서 지내며 버티고 있었다. 그러는 사이에 1세대 창립 교인 자녀들 다섯 가정, 12명 정도의 교인만 남고 다들 교회를 떠나갔다.

　노회에서는 몇 번이나 수습위원회를 꾸려서 중재에 나섰지만 번

번이 실패했고, 그러는 동안 담임목사는 이 주 동안 단에 서지도 못하고 기도원으로 들어가 있는 상황이었다. 거의 포기 단계였는데 당시 노회 서기를 맡았던, 지금은 돌아가신 일심교회 장주석 목사와 내가 한번 나서보기로 했다.

관계자들을 만나 사정을 들어보니 관계를 회복하기는 이미 틀렸다고 봐야 했다. 감정대립이 극한으로 치달아 어떤 타협도 불가능한 상태였다. 우리는 수서교회 교인 10여 명을 대치동 일심교회에서 만났다. 당시 장주석 목사는 40대 후반이었고 나는 50대 초반이었는데, 교회에 모인 수서교회 교인들도 비슷한 연배여서 허심탄회하게 대화를 시도했다.

"후임 목사 선정은 소망교회 곽선희 목사님께 요청해보겠습니다."

교인들은 우리의 제안에 선뜻 동의했다. 그러나 다음 제안에는 펄쩍 뛰었다.

"우리가 3,500만 원을 만들어올 테니 당신들이 4,000만 원을 마련하시오. 목사님 전세금이라도 마련해 드려야 할 것 아닙니까."

"당장 전기세 낼 돈도 없다."고 버티는 교인들에게 나는 이렇게 말했다.

"3,500만 원 중에 2,500만 원은 소망교회의 농촌 교회 개척 지원금이고 1,000만 원은 저 박래창 개인이 내는 돈입니다. 여러분이 돈이 없으시다면, 요 앞 마을금고에 가서 대출을 받으세요. 제가 보증서에 서명을 하겠습니다. 목사님이 바뀌면 교회가 부흥합니다. 그러면 재정이 좋아져서 금세 대출금을 갚을 수 있을 것입니다."

교인들은 아무 연고도 없는 내가 그만한 부담을 지겠다고 나서는 것에 의아해하면서도 마음이 움직이는 듯했다. 서로 상의를 하더니 우리의 제안에 동의를 했다.

그렇게 7,500만 원을 마련해서 담임목사를 만나 설득했더니 교회를 떠나는 데 동의해줬다. 5년을 끌던 갈등이 2주 만에 해결된 것이다. 내가 도움을 주기로 한 대출금도 그들이 알아서 해결했다.

남은 일은 후임 목사를 정하는 것이었다. 갈등이 해결됐다는 소문이 나니 소망교회 부목사 중에서도 가고 싶어 하는 이가 여럿이 있었다. 곽선희 목사님은 한참을 고민하더니 나를 불러서 "박 장로는 누가 좋겠습니까?" 하고 물어오셨다. 내가 "황명환 전도사가 어떨까요?" 했더니 "아, 황 전도사가 적격이겠네요"라고 하셨다.

황명환 전도사는 학부와 대학원 시절에 뛰어난 성적을 보였던, 우수한 지성의 소유자였지만 그보다도 순전한 신앙이 더 돋보이는 사람이었다. 장신대학교 학부생 때 나와 같이 소망교회 중등부 교사를 해서 나는 그를 속속들이 알고 있었다. 수서교회 일로 곽 전도사님께 추천할 당시에는 30대 초반 나이였고, 한 개척교회 전임전도사로 가 있었다. 그가 수서교회에 적격이라고 추천했던 것은, 수서교회가 주변의 개발과 함께 도시형 교회가 되면 황 전도사와 같은 지성적인 목사가 필요하다고 생각했기 때문이다.

그렇게 황명환 전도사를 수서교회의 후임 목사로 결정하고 그 사실을 교인들에게 전했더니 받아들일 수 없다는 뜻을 강하게 표시했다. 너무 젊다는 것이었다. 그들은 은근히 소망교회의 경험 많은 부목사를 원했던 모양이다. 하루는 수서교회 교인들이 소망교회로 몰려왔다. 곽 목사님은 그들을 당회장실로 들어오게 했다.

"목사는 목사가 잘 압니다. 황 전도사는 제가 가르쳤던 학생 중 최고입니다. 설교 한두 번 듣고 판단해서도 안 됩니다. 1년간 목회하는 것을 보고 그때도 마음에 안 들면 다른 분을 소개해드리겠습니다. 그동안은 목회 사례비도 소망교회에서 드리겠습니다."

이렇게 설득하자 교인들도 받아들일 수밖에 없었다. 부임이 결정된 황 전도사는 수서교회가 어디에 있는지, 교인은 몇 명인지, 대우는 어떤지 등을 전혀 물어보지도 않았다. 나도 그가 묻지 않기에 굳이 설명하지 않았다.

황 전도사의 부임 예배가 예정된 날은 마침 나의 쉰 네 번째 생일날이었다. 전날인 토요일 저녁에 생일잔치를 열기로 진작부터 계획돼 있었기에 우리 집에는 초저녁부터 손님들이 모여들었다. 그럼에도 나는 손님들에게 양해를 구하고 황명환 전도사와 함께 수서교회를 찾아갔다. 교인들과 첫 만남 자리에 황 전도사 혼자 보내고 싶지 않았기 때문이다.

도착해서 교회 이곳저곳을 둘러보니 상태가 생각보다 심각했다. 천장에 고장 난 전등이 그대로 방치되어 있었고 커튼도 너저분하게 먼지가 낀 채로 늘어져있었다. 깨진 유리창도 있고, 현관문 바로 앞의 화장실은 고장 난 문짝이 삐걱거리며 반쯤 열린 상태였다. 당장 내일 주일 아침부터 예배가 진행될 텐데 당장은 어찌할 방법이 없었다.

그 밖에도 도움을 주어야 할 것이 한두 가지가 아니었다. 이후 소망교회에서는 성가대 지휘자를 소망교회 청년 중에서 뽑아서 보내주었다. 그랜드피아노도 사서 놓아주었다. 교인이라고는 모두 열댓 명뿐이었으므로, 소망교회 중등부 교사들이 1부 예배 마치고 가서 자리를 채워주기까지 했다. 나도 한동안 주일 저녁 예배 때 수서교회에 가서 예배를 드렸다.

약속한 대로 1년 동안은 소망교회에서 개척교회에 준하는 목사 생활비와 기타 비용을 지원했다. 그렇게 1년이 지났을 때, 당회장실로 밀고 들어왔던 날 중심에 있었던 집사님들에게 "담임 목사 바꿔 드릴까요?" 농담을 했다. 집사님들은 "절대 안 바꿉니다!"라며 크게 웃었다.

황명환 목사가 부임한 지 30년 된 현재의 수서교회는 2,000여 명의 교인이 모이는 대형교회가 됐다. 부지 안에 건물을 신축해서 옮겨간 뒤로 벽돌집 형태의 옛 교회는 개척교회들의 예배 장소로 제공되고 있다. 지금도 10개 개척교회가 시간 차를 두고 예배를 드린다고 한다.

이 일을 내가 매년 떠올릴 수밖에 없는 것은 내 생일날마다 황 목사님 내외와 우리 내외가 함께 식사를 해왔기 때문이다. 3월 28일 내 생일날 드려졌던 부임 예배를 기념하기 위해서다. 이렇게 좋은 인연이 올해로 30년째 이어지고 있다.

언젠가 올 통일의 그날을 위해

교회와 교단에서 여러 직책을 맡으며 세계 곳곳을 다녔지만, 그중에서도 가장 의미 있었던 여정은 바로 평양에 갔던 일이었다.

2003년 봉수교회에 처음 갔을 때, 교회를 가득 채운 평양의 교인들과 함께 예배를 드렸다. 동원된 관제 교인인 것은 틀림없으나 거기에도 성령의 역사가 있음을 여실히 느꼈다.

봉수교회가 문을 열 때 소망교회가 성경책 1만 권을 기증했는데 그 책을 그곳에서 다시 볼 수 있었다. 한글 성경책으로, 특별히 제작해 일본에서 인쇄한 것이었다. 공동번역 성경을 기준으로 천주교 용어가 많이 사용된 부분을 개혁교회 용어로 절충해 만들었기에 읽기에 편하고 특히 구약을 이해하기 쉽다는 특징이 있었다. 외국인이 예배에 참석하면 기념품으로 가져가도록 돼 있어서 나도 한 권 기념으로 가져왔다.

평양과학기술대를 설립할 때 나는 여러 가지 역할을 담당했다. 현지답사를 위해 함경북도 나진선봉지구에도 가고, 평양에서 당시 김책공대 부총장, 김일성대학 부총장, 건축과 여러 교수들, 그리고 북한교육부 전극만 부상(차관급) 등과 사흘간 마라톤 회의를 하기도 했으며, 기공식과 준공식에도 참석했다. 김일성대학교와 김책공대를 구석구석 돌아볼 기회도 있었다.

준공식 때는 놀라운 발견을 하나 했다. 제너럴셔먼호가 대동강에서 불탈 때 성경을 전하며 투항했고, 참수되기 직전에도 성경을 전하며 "하나님은 당신들을 사랑합니다."라는 말을 남기고 순교한 토마스 선교사의 기념교회가 세워졌던 곳이 바로 평양과학기술대 자리였던 것이다. 이 학교가 훗날 하나님의 귀한 사역에 쓰이게 되지 않을까 기대를 해봤다.

온갖 어려움 끝에 설립됐음에도 현재 평양과학기술대는 그 이름에 걸맞은 첨단 기술 학교로서의 역할을 제대로 못하고 있다고 한다. 지금은 400여 명의 공산당 고위층 자녀들이 다니고 있는데, 미국과 유럽 국적의 교수들이 강의를 하기 때문에 대부분의 수업은 영어로 이뤄진다. 은밀하게 복음교육이 이뤄진다는 얘기도 있다. 만일 그렇다면 이 학교를 세우기 위한 한국 교회의 노력이 헛되지는 않았던 것이다.

이 학교에 기대하는 또 다른 역할도 있다. 훗날 만약 평양이 개방된다면 평양과학기술대 건물들은 국제 오피스빌딩으로 쓰일 수도 있을 것이다. 평양 시내에는 유경호텔 등 몇몇을 제외하고는 오피스로 사용할 수 있는 건물이 전혀 없기 때문이다. 건물을 새로 지을 공간도 없다. 평양과학기술대가 개혁개방의 때를 맞아 랜드마크가 될 날을 기대해본다.

낡은 봉수교회 건물을 다시 세우는 데도 한국 교회의 역할이 컸다. 봉수교회로부터 전국 남선교회 전국연합회에 교회 보수공사 요청이 들어왔다. 전국 남선교회에서는 보수공사보다는 개축공사를 하자는 제안을 북측에 했다. 나는 헐고 다시 짓는 개축 공사를 반대하는 쪽이었다. 낡았다고는 하지만 역사적 가치가 있는 건물을 허물어서는 안 된다고 생각했기 때문이다. 그럼에도 결국 봉수교회는 헐리고 2층 건물로 다시 지어졌다. 내가 전국장로회 회장을 맡고 있을 때 대한예수교장로회(통합) 남선교회 전국연합회 소속의 많은 분들이 애썼고 나도 헌금을 했다. 내 의견을 고집하는 것보다는 협력해서 선을 이루는 게 중요했다.

2007년 12월, 새 예배당에서의 입당 예배 때 기도순서를 맡아 참석했다. 그때까지 본 평양의 다른 건물들과 달리 교회 내에 붉은 공산당 구호가 없는 데 대해서 안도했다. 대표기도를 위해 단상에 올라 교회 내부와 동원된 성도들의 모습을 보면서 이 교회가 통일을 위한 창문이 되기를 간절히 소망했던 기억이 난다.

"살아계셔서 역사를 주관하시는 하나님 아버지! 오늘이 있기까지 참으로 오랜 세월이 흘렀습니다. 수많은 믿음의 선배들이 이곳(봉수교회)에 하나님의 집을 짓고자 사모하였습니다. 이제 허락하시니 감사와 찬양과 영광을 드립니다.

'남과 북이 내 손에서 하나가 되리라' 말씀하신 것처럼 남북의 교회가 하나 되어 하나님의 성전을 지어 주께 바치오니 받아 주시

평양 옥류관 앞에서. 식당 건물 앞에서 고추를 말리고 있는 모습이 이채롭다.

옵소서.

포로에서 돌아온 이스라엘 백성들이 무너진 예루살렘 성을 세울 때, 그들에게는 안타까운 눈물과 기쁨이 교차하였습니다. '어찌하여 이 땅에 성전이 무너졌는가?' 하는 안타까운 눈물과 그럼에도 불구하고 하나님이 이 땅에 다시 성전을 세우시니 그 은혜에 대한 감격으로 기뻐하였습니다. 그래서 우는 소리와 기뻐서 외치는 소리를 구별할 수 없다고 했습니다(에스라 3:13). 오늘 저희들의 심정이 그러합니다.

그 옛날 평양은 동양의 예루살렘이라고 했습니다. 이곳(봉수교회)을 하나님의 땅으로 회복시켜 주옵소서. 지금 이 봉수교회가 과거 평양의 교회처럼 화려하지 않고 미약하지만 이전보다 더 아름다운 미래가 열릴 것을 믿습니다. 마치 엘리야가 하나님께 비를 내려 달라고 부르짖어 기도할 때, 눈에 보인 것은 한 조각 구름뿐이었으나 그 속에서 '큰 비의 소리'를 들은 것처럼 이곳에서 새로운 역사가 시작되게 하옵소서.

저희들이 하나님의 집을 지었으나 하나님이 계셔야만 온전한 성전이 되는 것입니다. 주님의 이름으로 불리는 이곳에 주님이 계시기를 원합니다. 그래서 이곳으로 나오는 생명들을 만나주시고, 이곳에서 드리는 기도를 받아주시고, 이 백성과 이 땅을 치료하여 주옵소서. 여기서 진리의 말씀이 선포되고, 그리스도의 보혈이 흐르고, 성령의 강력한 기름 부으심이 있고, 성도의 교제가 있고, 하나님께 영광 돌리는 역사가 일어나게 하옵소서.

(중략) 이 성전 건축을 위해 수고한 모든 남북의 관계자들, 참여한 교회와 성도들의 헌신을 기억하시옵소서. 앞으로 하나님의 은혜가 우리 민족 위에 넘치기를 바라며, 남북의 교회를 통해 이 민족이 주님 앞으로 돌아오는 놀라운 일들이 끊임없이 일어나게 해주시옵소서. 우리를 구원하러 이 땅에 오신 예수님의 이름으로 기도하옵나이다. 아멘."

잡힌 바 된 것을 잡으려 달리다

순종은 축복의 통로

청년 시절 교회학교 아동부 교사로 시작해 주어지는 대로 여러 가지 직책을 감당하다 보니 60년이 훌쩍 지나 어느덧 80대 후반 나이가 되었다.

돌아보면 아들과 딸에게는 미안하기도 하다. 사업하랴 봉사하랴, 주말에 아이들을 데리고 한가하게 나들이 한 번 가본 일이 없고, 여름휴가도 교회학교 행사로 보낸 적이 더 많은 것이 사실이다. 그래도 다행인 것은 아이들이 그런 아빠를 긍정적으로 봐주었다는 것이다.

큰아들 성빈이가 고3일 때 나도 마침 소망교회 고등부 고3 반 담임을 맡았다. 아들에게 넌지시 "우리 반으로 올래?" 하니 좋다고 했다. 그렇게 해서 1년간 성빈이가 우리 반에 있었는데, 12명으로 시작한 인원이 졸업할 때는 20명으로 늘어 있었다. 보통 고3 반은 대입 시험이 가까워 올수록 인원이 절반까지 줄거나 아예 반이 없어지곤 했다. 우리 반 출석 인원이 더 늘어난 것은 성빈이가 아버지 체면을 살려주기 위해 친구들을 더 데리고 왔기 때문이다.

그렇게 우리 반에서 같이 공부를 해보니 새삼 아들을 다시 바라보게 되기도 했다. 유치부 때부터 고3 때까지 교회학교 생활을 착실하게 해준 것이 대견했고, 고마웠다. 딸 유빈이도 그때 "아빠, 저도 고3 되면 아빠가 담임해 주세요."라고 했는데, 그 말을 듣고 기분이 좋았다. '아버지를 좋게 봐주고 있구나.' 싶어 뿌듯했던 기분이 생생하다.

가족이니까 언제고 만회할 시간이 있겠지 생각만 하던 중에 아들아이와 딸아이가 6개월 간격을 두고 혼삿날을 잡았다. 그제서야 "이렇게 보내면 아쉽겠구나."라는 생각에 정신이 번쩍 들었다. 그제야 다 같이 오대산 호텔로 1박 2일 가족 여행을 갔다. 저녁 보름달이 밝은 잔디밭에 네 식구가 앉아 긴긴 이야기를 하면서 아들과 딸에게 용서를 빌었다.

"사업하고 교회학교 봉사하느라 주일에 공휴일에 휴가까지 교회를 위해 다 쓰고, 너희들과는 기억에 남을 여행 한 번 못했구나. 미안하다."

아이들은 이렇게 답했다.

"저희 이렇게 잘 자랐는걸요. 저희들도 부모님처럼 열심히 살겠습니다."

고맙고 뿌듯한 마음으로 온 가족이 밤이 깊어가는 줄도 모르고 이야기꽃을 피웠다. 지금도 우리 아들과 딸, 며느리, 사위는 아버지에게 최고의 존경과 사랑을 보내준다. 그 영향을 받아서인지 손주들도 할아버지를 최고로 알고 사랑해준다.

40여 년 동안 정말 치열하고 바쁘게 살았다. 교회에서 맡았던 일만 북방선교부장, 건축위원장, 성가대 대장, 교회학교 부장, 교육위원장, 당회 서기 등이었다. 교단 일에도 참여해왔다. 총회 회계로 시작해서 노회 부노회장, 총회 재정부장, 전국장로회 연합회장, 총회 사회봉사부 부장, ㈜한국장로교복지재단 이사장, ㈜기독교세진회 이사장, 한국장로신문사 사장, 기독실업인회 중앙회장, 국가조찬기도회 부회장 등의 중책을 맡아 왔다. 20대 후반 교회학교 초임 교사 시절, 교단 아동부 서울지역 회장과 전국연합회 서기를 맡은 뒤로 자연스레 교단과 범교계로 활동 범위가 넓어지면서 한국교계 초교파 연합 사업과 NGO 재단 등에 참여할 기회들이 생겨났던 것이다.

이는 내게 능력이 있어서가 아니라 소망교회가 한국 교회에서 맡아야 할 비중이 점차 높아졌고, 그러다 보니 교계 여러 분야에 소망교회가 참여해야 할 때마다 선임 장로인 내가 뽑혔기 때문이다. 거절을 못하는 성격 탓에 잡히면 뿌리치지 못하고 동참했고, 동참한 이상은 열심히 했던 결과이기도 하다. 그래서 사도 바울의 "잡힌 바 된 것을 잡으려고 달려가노라."(빌 3:12)라는 고백을 참 좋아한다.

이렇게 지경이 넓은 봉사를 할 수 있었던 덕분에 건강한 교회정치 생태를 익힐 수 있었다. 그리고 그 덕으로 최근 타락하고 변질된 교회정치 속에서도 오염되지 않을 수 있었다고 생각한다. 물론 재정적으로도 한 부분을 감당할 수 있었기에 가능했던 것이기도 하다. 하나님의 축복으로 사업이 잘되어 능동적으로 재정 부담을 나눠 질 수 있었던 것에 감사할 따름이다.

어떤 이들은 "사업이 바빴다면서 어떻게 그럴 수 있느냐?"고 묻지만, 그 비결은 내게 있는 게 아니라 하나님께 있다. 교회 일이 급박하게 돌아갈 때는 사업에 숨통이 트이고, 사업이 바쁠 때는 교회 일이 안정되도록 고비마다 책임져 주셨다.

하나님 나라 재정을 잘못 쓰면 죽습니다

교회의 재정은 하나님께 드려진 '하나님 나라 재정'이다. 어느 사업체나 관공서의 재정보다 훨씬 철저하게 조심해서 관리하고 사용해야 한다. 대부분의 교회 재정 담당자들은 이 점을 잘 알고 있다. 횡령 등의 문제가 생기는 교회는 전체로 보면 일부일 뿐이다. 나도 이 같은 철저함을 청년 시절부터 배웠다.

신촌장로교회에서 청년회장을 맡고 있을 때였다. 당시 어느 부서나 마찬가지였지만 청년부 예산이 넉넉지 않았다. 1년 예산이 5만 원에 불과했는데, 그 돈도 사용 계획을 꼼꼼히 짜서 청년부 부장의 결재를 받아야 했다. 그때 청년부장은 연세대 공과대 학장이었던 이형식 장로님이셨다. 어느 날은 병원에 입원해 계셨던 그분의 병실로 찾아가 보고를 드렸는데, 내용을 들여다보시더니 30분 넘게 설교를 하셨다.

"하나님의 돈을 잘못 쓰면 죽습니다. 꼭 써야 할 때만 써야 해요. 우선 급해서 쓰고 채워놓아도 안 됩니다. 하나님 일에 필요한 만큼만 써야 합니다. 모임 한다는 구실로 차 마시고 밥 먹는 데 교회 돈을 쓰면 안 됩니다."

그때 들었던 그 말씀을 한 번도 잊은 적이 없다. "하나님 돈을 잘못 쓰면 죽는다."는 말씀은 나의 교회 사역에 하나의 원칙이 됐다. 동역자들과 식사를 하거나 수련회를 준비하기 위하여 답사를 갈 때, 또는 해외선교를 갈 때에도 돈을 쓰기 전마다 생각하고 또 생각했다. '이 일이 정말 교회 재정을 써도 되는 일인가, 아닌가? 진정 하나님의 사업을 위함인가?' 이런 기준을 두고 늘 머릿속으로 가늠하곤 했다. 조금이라도 사적인 목적이 포함돼 있다 싶으면 교회 재정과 철저하게 구분해서 사용했다. 교회학교 부장을 할 때도 교사들에게 회비를 걷거나 찬조금을 받아 소요되는 교사회의 비용을 처리했고, 때로는 내가 감당하기도 했다. 결과적으로 이런 구분은 리더십에도 큰 도움이 됐다.

그렇게 쓰는 사비는 사실 적은 돈은 아니었다. 교회정치 분야는 최대한 피했지만 사회사업, 선교, 교육, 언론, 복지, 문화예술까지 다양한 분야를 교회와 교단뿐 아니라 초교파로까지 감당하다 보니 그때그때 써야 할 꽤 많은 비용이 필요했다.

감사한 것은 그런 재정을 충당할 능력이 되었다는 것이다. 쉽게 손에 넣은 돈이 아니고 사업으로 어렵게 번 돈이지만, 이 돈을 엉뚱한 데 빼앗기지 않고 하나님을 섬기는 여러 가지 좋은 사역에 함께하는 귀한 사역 동료들과 함께 유용하게 쓸 수 있어서 감사했다.

교회 봉사를 하고 싶어도 형편이 안 되면 못한다. 교회에서 만난 이들 중에는 신앙적인 열정은 있으나 건강이나 시간, 재정적인 어려움으로 봉사에 참여하지 못하는 경우가 많다. 그러나 나는 지금까지도 특별히 아픈 데가 없을 만큼 건강하고, 사업에 축복을 주셔서 시간을 내기 쉬웠고 재정도 감당할 수 있었다.

철저하게 모았다가 국가나 사회에 큰돈을 기부하는 분들을 존경하지만, 현장에서 봉사하고 사역하면서 그때그때 필요한 재정을 감당할 수 있는 형편이면 더 큰 축복이고 행복이다. 그것은 아무에게나 주어지는 축복이 아니라고 생각한다. 그런 의미에서 나는 차고 넘치게 복된 인생을 살았다.

행복한 기업인, 행복한 부자

대기업이나 그룹사를 이룬 기업인들에 비할 바는 아니지만, 사업을 한 덕분에, 사업을 한 크리스천인 덕분에 할 수 있었던 귀한 경험들이 있다. 한국 기독실업인회(CBMC)에서의 활동이다. 내가 마침 거기 있어 하나님께 귀하게 쓰임받을 수 있었다.

그중에서 한국 CBMC 중앙회 회장직을 맡고 있던 2011년의 일이 기억에 남는다. 기독교세계관동역회가 중국 저장성 항주에 위치한 절강대학교 산하 '기독교 및 타 문화 연구소'와 함께 국제기독교연구센터를 설립하기 위한 MOU를 체결하는 자리에 참석하게 됐다. 김지철 담임목사님을 수행해서 간 것이었는데, 출발하기 얼마 전에 항주의 크리스천 기업인들로부터 연락이 왔다. 항주에 오는 김에 1시간 특강을 해달라는 요청이었다.

한국 CBMC 중앙회장 자격으로 하는 특강이니 경제 이야기를 중심으로 내용을 준비했다. 공항에 도착하자 벤츠 승용차가 마중을 나와 있었다. 일행인 장로들 몇몇과 함께 따라가 보니 큰 건물 9층을 전부 사용하는 넓은 교회 안에 크리스천 기업인 150여 명이 모여 있었다. 그 곳의 분위기를 보고 순간적으로 '여기가 어디인가?' 혼란스러웠다. 우리가 오기를 기다리며 30여 분간 기도회를 하고 있었다는데 통성기도를 하고 손뼉을 치면서 찬양하는 모습이 마치 한국의 대형 교회 부흥회를 보는 듯했다.

파키스탄 라호르에 가서 파키스탄 CBMC를 창립하고, 교회를 세우고,
학교를 지원했다.

모인 사람들이 모두 항주의 중국인 크리스천 기업인이라는 말을 들고 강단에 서는데, 가슴이 뜨거워져서 준비해 간 원고는 제쳐두고 즉석 강연을 했다.

"한국 교회는 초기 선교사들의 생명을 건 희생과 헌신으로 뿌린 씨앗으로부터 성장했습니다. 교회에 다닌다는 이유로 순교하고 박해받아야 했던 시절이 있었지만, 이제 한국에서는 어디서나 교회를 볼 수 있습니다. 산골의 작은 마을에도, 경찰서, 교도소, 군부대 안에도 교회가 있습니다. 군인 장교인 목사도 있습니다. 예루살렘에서 시작된 기독교는 서쪽으로, 서쪽으로 퍼져 나갔고 지구 반 바퀴를 돌아 한국 땅에서 불길을 일으켰습니다. 그리고 더 서쪽으로 가면 바로 중국입니다. 중국은 '땅 끝까지 복음을 전하라'는 말씀이 지시하는 곳입니다. 중국이 복음화되면 그 복음의 물결이 파도처럼 넘쳐흘러 주변의 불교권, 힌두권, 회교권 국가들까지 복음이 전해질 것을 확신합니다. 그 귀한 역할을 하나님께서 중국에 주실 것입니다. 하나님의 축복이 임할 것입니다. 하나님의 축복이 중국에 임한다고 했을 때, 그 대상이 될 선택된 하나님의 사람들이 있어야 합니다. 하나님께서 축복하셔서 들어 쓸 하나님의 사람이 바로 당신들입니다. 앞서서 하나님을 믿고 용기 있게 신앙을 고백한 사람들로부터 그 자손에게까지 하나님의 축복이 흘러 넘쳤습니다.

여러분은 하나님이 중국에 주실 축복의 대상입니다. 하나님의 축복은 복음을 전할 사람에게 주십니다. 그 사람이 바로 여러분입니다. 어려움이 있어도 도망가지 말고 용기를 내서 신앙생활을 해야 합니다."

마침 내 손에는 비행기에서 읽었던 한국 조간신문이 들려 있었다. 이 신문을 펼쳐서 번쩍 들어 올렸다. 거기에는 중국에서 부동산 버블이 꺼지면서 '온주 상인'의 자살과 야반도주가 속출한다는 기사가 실려 있었다. 온주 상인은 유태인처럼 전 세계에 네트워크를 가진 집단으로, 네트워크를 통해 단체로 아파트 100~200채를 사들이는 등 과감한 부동산 투자를 해 큰 부자들이 많았다. 이들 중에 크리스천이 많아 "온주 상인이 가는 곳마다 교회가 생긴다."는 말도 있었다. 이날 강연을 들은 항주의 크리스천 기업인들 중에도 온주 상인이 상당수 있었다. 이런 '중국의 유태인'들이 경제위기를 겪은 뒤 부동산 하락까지 이어지자 고금리 이자를 갚지 못하고 위기에 몰려 있다는 것이었다. 나는 신문기사 내용을 짧게 전한 뒤 이렇게 말했다.

"지금 여러분은 하나님의 일꾼으로 쓰임 받기 위해 연단을 받고 있는 것입니다. 시련은 하나님의 축복입니다. 절대로 도망가지 말고 정면 돌파해서 가정과 교회와 이웃과 기업을 지키십시오!"

이 말이 끝나자 격정적인 '아멘!' 소리가 터져 나왔다. 통역은 조선족인 칭화대학교 오동춘 교수가 맡았다. 강단을 내려오니 사람들이 나를 에워싸고 얼싸안으며 난리였다. 주최 측 인사는 내게 "어떻게 그리 우리에게 딱 맞는 말씀을 하셨습니까?" 하고 물었다.

"여기 참석한 아무개, 아무개 등 여러 사람이 아까 말씀하신 그대로 '도망가느냐 마느냐?' 하는 기로에 서 있습니다. 다 버리고 떠나려 하는 찰나에 아까와 같은 말씀을 들은 것입니다."

참으로 오묘했다. 내가 이런 이야기를 할 수 있었던 것은, 비슷한 상황, 비슷한 고민 속에서 정면 돌파를 했던 경험이 있었기 때문이었다. 멀리 한국에서 내가 겪은 일이 이처럼 항주에 사는 중국 기독 실업인들에게 꼭 필요한 조언으로 거듭날 줄 누가 짐작이나 할 수 있었을까.

하나님께서는 이처럼 상상을 초월하는 방법으로 일하신다. 우리는 쓰임 받기 위해 늘 준비해야 하지만, 하나님이 어떻게 일하실지를 미리 예측하고 판단할 수 없다. 우리의 예측과 판단으로는 가늠할 수 없는 것이 하나님의 역사하심이기 때문이다.

강연을 마치고 저녁식사를 한 뒤 회의를 하는데, 중국과 한국 기독 실업인들이 지속적으로 교류를 하자는 제안이 나왔다.

나는 흔쾌히 받아들였지만 그 실무를 직접 할 수는 없었다. 아무래도 젊은 기업인들 간의 교류가 더 필요할 것 같았다. 귀국해서 CBMC 젊은 그룹인 '크리스천 CEO 네트워크'(CCN)를 구성해서 책임

1991년 몽골 선교 현장에서

을 맡겼다.

이백용 회장 등 CCN 멤버들은 "장로님, 또 일을 만드셨군요!" 하면서도 반갑게 일을 맡아 진행했다. 이후로 중국 기독교 기업인들이 30~50명씩 한국을 5번이나 방문했고, 가평 필그림하우스에서 열린 CBMC 비전스쿨에 참여하여 완전히 뒤집어지는 성령의 역사를 체험하고 돌아갔다. 대부분 신앙생활 경륜이 4~8년 정도 된다는데도 뜨거운 열정이 있어 한국 참석자들을 놀라게 하곤 했다.

이들은 한국 방문과 교육을 통해 어떻게 예수를 믿어야 되는지를 알게 됐다고 감사를 전했고, 예수 믿는 가치관이 변했다고도 했다. 어떤 한 사람은 3,000만 원을 즉석에서 헌금하면서 다음 번 중국팀 교육 준비를 해달라고 했다.

이 일의 과정들을 보면 앞으로 중국 전역의 기독교 기업인들을 통해 하나님이 하실 일들이 기대된다. 개방 후 중국 기독교 초기에는 농민과 영세민들을 중심으로 교회가 부흥했지만 근래에는 중국 기업인들이 새로운 중심이 되고 있다고 하니, 한국과의 인연이 중국 기독교 역사에서 작지만 중요한 역할을 하는 것이 아닐까 하는 생각도 든다.

항주에서의 강연은 또 다른 결실도 맺었다. 중국 절강대학교에서 중국 교수들과 한국 기독교에 대한 컨퍼런스를 마치고 돌아오는 길에 상해의 한 커피숍에서 비행기 시간을 기다리면서 둘러앉아 이야기를 하고 있었다.

나는 "중국 대학에서 교수들이 한국 기독교에 대하여 연구하고자 한다는데 이에 대해 추천해 줄 만한 책이 있느냐"고 물었다. 당연히 없다는 대답이 돌아왔다. 이에 대한 안타까움을 나누다가 "그러면 이번 기회에 책을 쓰자."는 의견이 나왔다.

곧바로 이와 관련한 첫 회의가 열렸다. 호텔을 예약했다가 비싼 데서 모일 필요 없다는 손봉호 교수님의 반대로 취소하고 우리 집에서 모였다. ㈜기독교세계관학술동역회 손봉호 이사장을 비롯한 조성표, 윤경로, 임성빈, 김승욱, 정희영, 김민철, 임희국, 류태영, 김장생, 김중락 교수 등이 집필을 맡고 예영커뮤니케이션이 출판을 담당하기로 했다. 경북대학교 조성표 교수가 총괄 기획관리를 하고 여러 번의 회의와 조정 작업을 한 끝에 '기독교가 한국 사회에 미친 영향'이라는 책이 출간됐다.

이 책은 중국어로 번역돼 '한국사회의 발전과 기독교'라는 제목으로 중국에서도 출간됐다. 중국의 여러 대학교 도서관에 보내졌고 베이징 북 전시회에도 출품됐다. 이렇게 다양한 방법으로 중국선교의 길이 열리는 것을 보면서, 미약한 역할로나마 거기 참여할 수 있었던 것이 감격스럽다.

사실, 교회와 교계에서 내게 일을 맡기면서 재정적인 감당을 기대하는 경우도 꽤 있다. 그런 점이 보인다 해도 나는 기꺼이 일을 맡고 즐겁게 감당한다. 그런 역할이 주어지는 자체가 큰 축복이기 때문이다. "돈 낼 형편 되는 게 어디야!"라고 말하며 즐겁게 하나님 일에 동참할 수 있어서 나는 행복한 크리스천, 행복한 기업인, 행복한 부자다.

인정도 칭찬도 상급도 하나님이 주신다

교회에서 봉사하는 일은 보람 있고 기쁘고 행복한 일이어야 한다. 그러나 모두에게 그렇지는 않은 것이 사실이다. 의욕적으로 시작했다가 상처받고 실망해서 그만두는 사람도 있고, 일은 하되 불평과 불만에 가득 찬 상태로 계속하는 사람도 있다.

　그 이유는 대부분 자기가 한 일에 대한 인정을 받고 칭찬을 받으려 하기 때문이다. 사람은 아무래도 인정받고 칭찬받아야 일할 맛이 난다. 열심히 해도 남들보다 인정을 덜 받거나, 다른 사람이 나보다 칭찬을 더 받으면 소외감이 들기 쉽다. 그럴 때면 돋보이려고 눈에 띄는 행동을 하기도 하고, 반대로 의기소침해져서 소극적인 불만 세력이 되기도 한다. 이것은 그 사람이 유별나서가 아니라 사람의 본성이 그렇기 때문이다. 인정도 칭찬도 없이 계속해서 성실하게 일한다는 것은 보통 사람들로서는 쉽지 않은 일이다. 그래서 예수님은 특별히 이렇게 명하셨다.

> "사람에게 보이려고 그들 앞에서 너희 의를 행하지 않도록 주의하라. 그리하지 아니하면 하늘에 계신 너희 아버지께 상을 받지 못하느니라."(마 6:1)

　구제할 때도 기도할 때도 우리는 "자기의 상을 이미 받았다."(마 6:2)는 마음으로 일해야 한다. 그래야만 하나님 아버지께서 갚아주시기(

마 6:4,6) 때문이다. 아무리 목사님이 칭찬해주시고 부장교사가 인정한들 하나님께서 갚아주시는 것보다 큰 상일 수 없다. 그런데 눈에 보이는 칭찬을 위해서 자기를 드러내고, 자기 공로를 주장하면 하나님으로부터는 위로와 격려를 받을 수 없다. 교회에서 일하다 지치고 상처받는 이유가 여기에 있다.

나는 부장교사를 할 때 교사들에게 하늘나라 공부는 시험공부가 아니라고 강조했다.

"교재에 나온 대로 공과공부 가르치는 것만이 교회교육이 아닙니다. 아이들 가르치기 위해 선생님들이 마모되고 지치는 희생물이 되어서는 절대로 안 됩니다. 내가 먼저 기쁘고 행복해서 이 마음을 전하고픈 뜨거운 가슴이 준비되어야 하늘나라 언어로 그들과 소통할 수 있습니다."

또한 크리스천 리더십은 칭찬할 수 있는 감동이 마음속에 가득 차 있으면 좋다. 입으로 하는 칭찬은 안 듣는 것보다는 좋을지 모르나 감동이 없다. 가슴으로 하는 칭찬이어야 감동이 전해진다. 충분히 모든 상황을 파악하고 있고 최소한 모든 일에 같이 어우러지며 동참하는 사랑하는 가슴이 있어야 가능하다.

진정한 칭찬을 주고받으면 농축된 사랑이 교차된다. 교회학교의 선생님들과 학생들의 관계 속에는 그런 사랑이 얼마든지 있다. 그런 감동의 에너지가 유지되어야 좋은 교사로 행복할 수 있다.

같은 교회에서 교회학교 부장, 교사, 학생으로 이어지는 관계 속에서 이런 에너지가 생겨나곤 한다. 이런 관계들은 교회 안에서 수십 년간 이어지기도 한다. 그리고 계속해서 봉사를 해 나갈 수 있도록 서로에게 힘의 원천이 되고, 새로운 창조의 변화를 이루는 뜨거운 에너지가 된다.

동료들과 함께 일할 때도 내 옆의 다른 사람들에 대해 '어떻게 저럴 수가 있나?' 하고 감탄하고, 감동하고, 존경하면서 칭찬해본 적이 있는지 돌아보아야 한다. 하나님 일을 하면 나도 변하고 동료도 변한다. 참 크리스천, 참 지도자, 헌신자, 사명자로 변하는 모습을 보면서 서로 기뻐하고 서로 본받으려고 노력한 경험이 있다면 행복한 사람이다. 그렇지 않고 편견을 가지고 비판만 하고 있다면 '무엇을 위해서 이 일을 하는가?'를 다시 생각해볼 필요가 있다.

교회에서 봉사를 하면서 상처받는 또 다른 이유는 '내 방법, 내 경험, 내 능력'으로 끝까지 다 하려고 하기 때문이다. 어떤 일이든지 하나님의 일은 내가 또는 우리가 끝까지 다 하려고 할 필요가 없다. "나는 심었고, 아볼로는 물을 주었고, 오직 하나님은 자라나게 하셨나니"(고전 3:6)라는 말씀을 묵상해보면 우리 능력이라는 것이 얼마나 보잘 것 없는지 깨닫게 된다.

우리는 그저 자기 할 역량까지만 열심히 하면 된다. 실패의 두려움, 또는 과정의 어려움을 너무 걱정해서 시작하기를 겁내거나 과도한 스트레스를 받는다면 아무리 열심히 일해도 결과에 행복해하지 못한다. 은혜가 되지 못하는 것이다.

늘 하나님께서 손잡아 주실 것으로 생각하고 가벼운 마음으로 한 결같이 성실하게 일하면 된다.

젊게 소통하면 늙어서도 행복하다

교회학교 교사를 오래해서 좋은 점 하나는 젊은 세대와 계속 교제를 이어갈 수 있다는 것이다. 주일이면 교회에서 수많은 사람들과 마주치지만 그중에 세대를 넘어서 교제하고 소통하는 사람은 많지 않다. 대부분 또래들하고만 인사하고 말하고 밥을 먹는다. 그러나 교회학교 교사는 어린 제자들과도 만나고, 성장한 청년들과도 만나게 된다.

학교에서 학생들을 가르치면 몇 년 안 가서 제자들은 모두 진학하고 취직해서 떠난다. 그러나 교회학교에서 아이들을 가르치면 그 아이들이 성장하는 동안 20년, 30년을 같은 교회에서 늘 만나면서 관계를 이어갈 수 있다. 소망교회에서 아이들을 가르친 보람 중 최고는 후배 장로로부터 청소년에 이르기까지 수많은 사람들이 반가운 얼굴로 나를 '선생님!' 하며 불러주는 것이다.

세대 간의 소통은 '하면 좋은 것'이 아니라 '꼭 필요한 것'이다. 그 점을 절실히 느꼈던 때가 스마트폰 진입 과정이었다. 젊어서부터 사업과 교회 일을 병행하다 보니 해야 할 일이나 일정이 워낙 많아, 늘 수첩이 빽빽해서 적을 데가 모자라곤 했다. 그래서 1980년대부터 샤프전자에서 만든 전자수첩을 사용했는데, 그 당시 적지 않은 나이였던 내가 전자수첩을 사용하는 것을 보고 젊은 사람들이 놀라기도 했다.

인터넷과 이메일로 업무를 처리하는 것도 그리 어렵지 않게 배웠다. 주위를 보면 내 또래 중에는 충분히 배워서 할 수 있는데도 고집스럽게 새로운 것을 거부하는 사람들이 있다. 나는 그들에게 "그것도 기능적 문맹이다. 용기를 내라!"고 말하곤 했다.

그럼에도 스마트폰을 구입하는 것은 어쩐지 망설여졌다. 2010년, 은퇴장로 1년차였던 71세 때 일이다. 쓰던 휴대전화가 전원이 꺼진 채로 찾을 수 없게 되어서 난처했던 적이 있다. 서비스센터에 가서 상담을 해보니 직원이 그때 갓 나온 '갤럭시S' 스마트폰을 권했다. 얼른 용기가 나지 않아 그대로 발길을 돌렸는데 다행히 며칠 후 집안에서 휴대전화를 찾았고 고장난 곳을 수리해서 한동안 잘 사용했다.

그래도 스마트폰을 곧 사용하리라 마음먹고 있었는데, 그 해 연말에 후배 장로가 만나자고 하더니 봉투 하나를 내밀었다. '스마트폰 구입비'라고 쓰여 있고 40만 원이 들어 있었다.

"장로님, 기능적 문맹에서 탈출하셔야지요. 생각보다 어렵지 않습니다. 용기를 내세요!"

내가 늘 하던 말을 내게 돌려준 것이다. 그렇게 생각해주는 마음이 고맙기도 했지만 바로 구입하지 못하고 있었는데, 어느 날 교회에서 예전 고등부 교사 때 가르쳤던 청년에게 이런 상황을 털어놓았다. "내가 스마트폰을 사려고 하는데 영 용기가 안 난다."고 말했더니 그

청년은 "잠깐 계셔보세요."라고 하면서 나가더니 금방 '갤럭시S'를 사가지고 왔다. 그리고는 교회 카페에 앉아 한 시간을 가르쳐주었다.

배우는 동안은 머리가 아팠지만 할 수 있을 것 같았다. 가지고 와서 혼자 틈틈이 만지작거렸더니 신기하게 재미가 붙었다. 처음에 잠깐 불편하게 느꼈던 기능들은 오히려 다루기가 편리했고 쓸모가 많았다. 다양한 지식과 정보에 접근할 수 있다는 만족감이 새로운 생동감으로 용솟음쳤다. 스마트폰을 구입하고도 예전의 휴대전화 기능만 사용하는 사람들도 많다는데 나는 되도록 많은 기능을 사용하려고 계속 노력 중이다. 이후로 거의 2년마다 최신형 핸드폰으로 교체해온 끝에 지금은 삼성 스마트폰 2023년형을 사용하고 있다.

이렇게 '기능적 문맹'을 적극적으로 벗어버려야 하는 이유는 노년의 적막한 울타리 안에 갇혀 있어서는 안 되기 때문이다. 요즘 '노후 대책'이라는 말을 많이 듣지만, 돈만 많이 벌어 놓는다고 노후 대책이 아니다. 빠르게 변화하는 세상에 뒤떨어지지 않도록 적응 능력을 길러 놓는 것이 진정한 노후 대책이다. 새로운 디지털문화의 언어를 배우고 사용하고 뜻을 이해할 수 있어야 한다.

직접 운전해서 어디든 갈 수 있고, 컴퓨터와 스마트폰을 사용할 수 있으며, 젊은 세대와 소통의 끈을 놓지 않으면 노년이 고독하지 않다.

나는 집에서 나갈 때나 들어올 때, 아파트 입구 또는 엘리베이터에서 젊은 사람들을 만나면 늘 먼저 인사를 한다. 그들에게 눈인사를 할 수 있는 기회를 찾는다. 그러면 그들도 미소를 띠며 꾸벅 인사를 한다. 그 모습이 보기가 좋다. 우리 나이 든 세대는 너무나 오랫동안 치열한 경쟁사회에서 약점을 감추려는 열등감의 갑옷을 입고 살아왔다. 지나치게 능청스러워도 거부감을 일으키지만, 무뚝뚝한 표정도 바꿀 때가 됐다. 요즘 청년들이 버릇이 없고 인사성이 안 좋다는 말에 나는 동의하지 않는다. 어쩌면 인사를 안 하는 습관으로 굳어있는 건 나이 든 사람들 세대이다. 인사란 누가 먼저 해야 된다는 법이 없는 것인데, 그냥 나이 많은 쪽이 먼저 하면 어떤가? 밝게 웃으며 인사하면 더욱 좋다. 그러면 상대가 누구든, 나이가 몇 살이든 반드시 밝은 인사로 반응이 온다. 우리들 문화에는 나이 많고 상급자가 되면 인사받기를 기다리는 습관으로 굳어있다. 우리 문화 속에서 수백 년 동안 굳어져 문화이기는 하다. 이제는 벗어나려고 노력해보면 다른 세상이 있다는 것을 발견할 수 있다.

나는 식당에서 주문할 때 키오스크가 잘 안 되면 주위의 젊은 사람에게 "이거 좀 해줄 수 있어요?" 하고 물어본다. 그러면 매번 흔쾌히 도와준다. 친절하게 이것저것 안내도 더 해주고, 더 도울 게 없나 한참 뒤까지도 이쪽을 바라보고 있기도 한다. 뿌듯한 미소를 짓는 모습도 볼 수 있다. 오히려 이런 저런 일들을 통해서 젊은이들과 소통을 해보는 습관을 가지고 변하는 사회 속으로 들어가보는 용기를 내보는 것도 방법이다. 하지도 않고 지레 그들이 귀찮아할 것이라고, 싫어할 것이라고 생각할 필요가 없다.

다만, 순수하게 도움을 청해야 한다. 그러면 순수한 도움을 받을 수 있다. 그러면서 소통이 시작된다. 평범하고 쉬운 이야기를 주고받는 데서 대화의 길이 열린다. 가장 좋은 것은 내가 잘 모르는 것에 대해 대화를 나누는 것이다. 그럴 때 자연히 상대방을 존중하는 태도를 보이게 되기 때문이다. 내가 모르는 것을 진솔하게 부담 안주고 물어볼 수 있는 화술이 익숙해지면 누구와도 길고 긴 이야기를 나눌 수 있다. 나는 다행히도 그런 대화를 잘 한다. 그래서 즐겁게 소통할 일이 많다. 하루하루 사람들 만나고 대화하는 것이 즐겁다.

참 좋은 세상을 즐겨야 한다. 참 좋은 세월을 누려야 한다. 노인이 되었다고 뒷방으로 물러나 젊은 세대들과 거리가 멀어지면 정말 노인이 된다. 우리 세대가 길러낸, 참으로 자랑스럽고 유능한 대한민국 젊은이들이 만들어가고 있는 새로운 세상을 우리도 누려야 한다. 참여해서 함께 그 구성원으로 살아가야 한다. 그렇게 내 소속감을 찾을 수 있으면 늙어도 행복하다.

행복한 선택
박래창 장로의 인생이야기

4부

장로 인생

그리스도의 남은 고난에
동참하는 기쁨

···그리스도의 남은 고난을
그의 몸 된 교회를 위하여
내 육체에 채우노라.

(골로새서 1:24)

장로의 할 일

오랜 담을 허무는 작은 사건

살면서 가져 본 여러 이름과 직함이 있지만 그중에서 '장로'라는 직함은 내게 큰 의미가 있다. 소망교회 45년 역사 중 42년 동안 소망교회 장로로 섬기면서 내내 행복했다. 1기 장로로 선임되어 28년을 시무했으며, 지금은 은퇴한 원로장로로서 계속 교회를 섬기고 있다는 것이 내게는 가장 큰 축복이고 행복한 일이기 때문이다.

"복되기만 한 직분이었느냐?", 이렇게 묻는 사람들도 있다. 크리스천이 아닌 사람들도 언론보도 등을 통해 소망교회 분란 사태를 꽤 많이 알고 있으니 그럴 만도 하다. 그러나 나는 이렇게 말하겠다. "그런 일들을 겪으면서 갈등과 고통을 극복했기에 더욱 복된 직분이었고, 자랑스러운 인생이다."

2013년 초, 소망교회 제2대 목사 취임 후 당회에서 심한 갈등과 충돌이 빚어진 지 7년째가 된 시점 이야기를 하나 하고 싶다. 대부분의 문제들이 극복되고 해소돼 안정되어 가던 시기의 일이었다.

소망교회 은퇴장로이신 이상득 장로가 옥고를 치르고 나오셔서 십여 명의 장로들과 함께 점심식사를 했다. 그 자리에서 이 장로가 여러 장로들을 보고 싶다고 하여 신년 하례도 할 겸 한번 모이자고 얘기가 됐다. 다만 구체적인 약속은 없이 자리가 파했다. 아마 그대로 헤어졌으면 아무래도 금세 자리를 만들기는 어려웠을 것이다. 그런데 우리 중 여러 명이 식사비를 계산할 생각을 가지고 있었음에도 이상득 장로가 먼저 계산을 해버리셨다. 모두가 미안한 마음이 되었는데 참석자 중 한 사람이었던 김광석 장로(㈜참존 회장)가 "저희 회사 근처에서 다시 한번 식사 모임을 하시지요."라고 제안했다. 스무 명 정도 모아보자는 의견이었는데, 내게 다른 생각이 떠올랐다. 마침 내가 은퇴장로회 회장이기도 해서 모든 회원 장로들에게 이메일과 문자메시지를 보냈다. 이상득 장로가 여러 장로님들을 보고 싶어 하니 모이자는 내용이었다.

이 장로는 정치를 하느라 교회 시무를 열심히 하지 못했기 때문에 어느 편으로 갈라질 틈이 없었다. 말하자면 중립적인 위치에 있었던 것이다. 그 덕분인지 참석하겠다는 분들이 많았다. 처음에는 식당에서 모일 생각이었는데 희망자가 많아져 장소를 참존 이벤트홀로 바꿨다. 그렇게 해서 2014년 1월 14일, ㈜참존 사옥 6층 이벤트 홀에 무려 74명의 은퇴장로들이 모였다. 당시 은퇴장로가 90여 명이었으니 거의 대부분 참석한 것이다.

그렇게 많은 인원이 모일 줄은 예상하지 못했는데도 준비는 철저하게 돼 있었다. 원탁 테이블을 배치하고 도착한 장로들에게 모두 명찰을 달아준 뒤, 각자의 자리에도 명패를 붙였다. 끼리끼리 앉지 못하도록 했을뿐더러 껄끄러워할 만한 사람들을 일부러 같이 앉도록 했다.

최고 수준의 서빙과 고급 한정식으로 기분 좋고 편안한 분위기를 만든 뒤 예배를 시작했다. 목사님은 모시지 않았고 우리들끼리 순서를 맡아서 진행했다. 전체 사회는 내가 맡았다.

이상득 장로는 그동안 옥고를 치르면서 고생한 이야기를 들려주셨다. "탕자는 배가 고파서 아버지 집으로 돌아갔는데, 내가 감옥에 있어 보니 다름 아닌 내가 탕자였더라."는 내용이었다.

정치한다고 장로임에도 시무를 제대로 못했고, 전국의 많은 교회를 방문하긴 했지만 표를 보고 간 것이었다고 하셨다. 신앙생활을 열심히 못한 것이 가장 후회된다며 앞으로는 열심히 신앙생활을 하겠다고 하셨다. 이어서 류태영 장로(전 건국대 부총장)가 덕담을 했다.

"우리가 얼마나 좋은 사이였는데, 지난 7년간 아옹다옹하다가 이렇게 서먹해졌습니다. 앞으로는 더 좋아집시다."

여느 때 같으면 분위기를 싸늘하게 가라앉힐 이야기였으나 이날은 그렇지 않았다. 반응이 꽤 긍정적이었다. 강사 네 명이 등장해서 10분 스피치를 하고 중간 중간에는 김병년, 윤갑병 장로가 뒤늦게 배운 색소폰, 트럼펫 협주와 독주로 분위기를 살렸다.

예배 마지막 순서로는 보통 주기도송을 부른다. 그러나 나는 여기에 특별한 준비를 했다. 전날 나는 반주를 맡기로 한 권사님께 "우리가 15분 정도 허깅 타임을 가지려고 하니 그에 맞는 음악을 준비해주십시오."라고 부탁해두었던 것이다. 권사님은 "그게 될까요?"라는 반응이었다. 나는 "될지 안 될지는 저도 모르겠는데 일단은 준비해주셨으면 합니다." 라고 했다.

마치는 시간이 됐을 때 나는 일어나서 "새해 초이니 우리 모두 함께 애국가를 부릅시다."라고 제안했다. 소망교회에서는 신년 예배 끝에 애국가를 부른다. 함께 애국가를 부를 때면 '하나됨'의 짜릿한 긴장이 느껴진다. 애국가 제창이 끝나자마자 나는 "자, 이제 테이블 별로 허깅을 합시다!"라고 제안했다. 처음에는 어리둥절해하고 쭈뼛거리던 사람들이 곧 가까운 순서대로 허깅을 하기 시작했다. 한 번 시작되자 끊어질 줄을 몰랐다. 권사님께서 피아노곡을 자연스럽게 이어 연주하는 동안 전체가 돌아가면서 먼 테이블까지 가서 서로를 끌어안았다. "장로끼리 이렇게 끌어안아 보기는 처음이네." 하는 말도 들렸고 웃음소리도 여기저기서 들려왔다.

그렇게 한결 따스해진 분위기 속에서 신년 파티는 계속됐다. 김광석 장로가 준비한 고급 화장품 선물까지 받아 더욱 즐거운 마음으로 서로 악수를 하고 어깨를 두드리며 헤어졌다.

어떤 말이나 설득, 심지어는 기도회로도 안 되던 일이 불과 2시간 여 만에 이뤄진 것이다. 김 회장은 "어떻게 이런 일이 있을 수 있나, 정말 감격적이다."라면서 기뻐했다. 내 기분도 말할 수 없이 좋았다.

주일예배에서 만나도 외면하기 일쑤였고, 친상을 당해도 문상조차 꺼리던 사이였던 터라 이날의 변화는 놀라울 수밖에 없었다. 물론 앙금 자체가 사라진 것은 아니었으나 분명한 것은 이제 예전의 그 견고하던 장벽이 무너지고 있다는 것이다. 이제는 주일에 만나면 어정쩡하게라도 인사들은 한다. 그것이 얼마나 큰 변화인지는 아는 사람은 알 것이다. 아마 마음속으로는 누구나 다 갈등을 풀고 싶을 것이라고 생각한다. 장로들 모두 지성인이고, 인격자고, 신앙이 깊은 훌륭한 사람들이다. 갈등도 이해관계가 얽힌 것이 아니다. 개인 간의 감정도 없다. 그저 교회를 생각하는 입장 차이에서 비롯된 것일 뿐이다. 그럼에도 한번 시작된 불화는 점점 심해져, 7년이라는 세월 동안 이어지면서 누가 보아도 꼴사나운 옹이가 되었다. 말이 7년이지 그 기간은 연옥의 고통 그 자체였다. 그런데 그 갈등이 풀리기 시작한 것이다.

마침 얼마 지나지 않아 또 한 번의 좋은 계기가 찾아왔다. 소망교회 은퇴장로 42명이 함께 여행을 떠났다. 도와주시는 권사, 집사들까지 총 67명이 버스 두 대에 나눠 타고 순천정원박람회가 열리는 전라남도 순천만으로 향한 것이다.

그냥 그런 나들이로 여길 수도 있겠지만, 사실 이것은 깜짝 놀랄 만한 '사건'이었다. 갖은 방법을 동원해 당회에서 싸우던 사람들, 화해할 의지는 고사하고 교회에서 마주쳐도 인사는커녕 아는 체도 않던 사람들이 같이 여행을 떠난 것이기 때문이다. 사회라면 과연 이런 일이 있을 수 있을까? 실은 교회에서도, 아니 교회라서 더더군다나 일어나기 어려운 일이다.

내가 은퇴장로회 회장을 맡고서 '은퇴장로들 간에 서로 서먹함을 지우는 계기를 만들어 보자.', '내가 회장직에 있을 때 물꼬를 트자.'는 생각이 들어 준비한 행사였다.

처음 이 행사를 제안했을 때는 듣는 사람마다 거의 부정적인 반응을 보였다. 갈등이 회복 수순에 있었다고는 하나 표면적인 분란이 잦아들었을 뿐, 서먹하고 거북한 그 분위기가 하루아침에 풀릴 수는 없었다.

나는 먼저, 교회 안 여기저기에 "은장회(은퇴장로회)가 봄나들이를 간다."고 소문을 냈다. 관심 없다고 의도적으로 표를 내는 장로 앞에서도 여행 계획을 일부러 자랑했다. 그러자 서서히 한두 사람씩 도와주겠다는 권사들이 나섰다. 후배 장로들 몇몇은 여행 경비에 보태라고 봉투를 건네기도 했다.

이번에는 은퇴장로회 장로들한테 "후배 장로들이 이렇게 신경 써줬다."고 자랑을 했다. 그렇게 해서 못 이기는 척 참가를 신청하는 장로들이 한 사람 두 사람 늘어나더니 생각보다 많은 사람들이 동행하게 되었다.

목적지로 향하는 버스 안에서는 '지식포럼'이 열렸다. 중국의 정치·경제에 대한 책을 여러 권 펴낸 홍인기 장로(전 증권거래소 이사장)가 중국의 경제 및 사회의 변화와 미래에 대해, 북한학 박사인 박완신 장로(전 세계사이버대학교 총장)가 북한 정권과 한반도의 정세에 대해 열띤 강연을 했다.

순천에 도착해서 저녁식사를 마친 일행은 소망교회 부목사로 재직했던 임화식 목사가 시무하는 순천중앙교회를 방문했다. 잘 꾸며진 교회 북카페에 둘러앉아 간식을 먹으며 담소하고 있는데 악기를 가지고 온 한 장로님이 연주를 시작했다. 그러자 아마추어 성악가인 장로, 권사님들의 협주, 중창, 듀엣, 독창이 어우러지면서 즉석에서 훌륭한 음악회가 됐다. 기획과 연출이 전혀 없었는데도 미니 음악회는 훌륭하게 진행됐고, 모두가 깜짝 선물을 받은 것처럼 즐거워했다. 이처럼 인적 자원이 풍부한 것이 소망교회의 복이고 자랑이다.

순천의 별미 짱뚱어탕과 꼬막정식 등으로 맛있는 식사를 하고 나서 선암사 초입 계곡에 위치한 한옥펜션으로 갔다. 넓은 온돌방에 남녀를 나눠 6명, 8명, 10명씩 한방에 배정했다. 일부러 부부한방을 여럿 잡지 않고 큰 방을 잡아서, 서먹한 관계끼리 한방에 들게 했다. 그럼에도 불편한 기색은 찾아볼 수 없었다. 계곡의 물소리, 초저녁 논에서 울어대는 개구리 소리를 들으며 보낸 그 하룻밤, 오순도순 도란도란 즐거운 이야기가 끊이지 않았다. 그렇게 좋을 수가 없었다.

이튿날 새벽, 닭 우는 소리에 잠이 깬 우리는 마당으로 하나 둘 모여들었다. 동트기 전 산자락에는 안개가 자욱했고, 선암사 길에는 천년의 고요가 가득했다. 선암사로 올라가는 길을 우리가 완전히 독점

하고 산책을 하니 상쾌함이 온몸을 감싸고 가슴 속 깊이 촉촉해졌다.

여유롭게 두 시간 동안 선암사 경내를 둘러보고 돌아와 받은 아침 밥상은 꿀맛이었다. 스무 가지가 넘는 반찬을 서로 권하면서 자연스럽게 대화를 이어갔다. 당회에서 비롯된 오랜 갈등으로 여행 오기 직전까지도 소원하고 서먹했던 관계가 완연히 달라지고 있었다. "늙어서 이리 편안한 것을/버리고 갈 것만 남아서 참 홀가분하다." 했던 박경리 선생의 시가 자꾸만 되뇌어지는 여행길이었다.

나이 들어 제일 먼저 버릴 것은 미움이다. 미운 감정만 하나 둘 지워버리면 홀가분해진다. 행복한 여생이 된다. 이 은퇴장로회 여행이 7년여 동안 당회에서 갈등했던 우리들의 응어리진 묵은 감정을 털어내는 작은 계기가 되기를 간절히 기도했다. 물론 갈등의 극단에 있던 장로 몇 분은 참석하지 않았다. 그러나 이렇게 중간에 있는 장로들이라도 소통을 하다 보면 그 갈등에서 완전히 회복되는 날이 곧 오리라고 믿었다.

내가 이 행사를 통해 전하고 싶었던 메시지는 '서로 져서 같이 이기는' 관계를 만들어가자는 것이었다. 잔뜩 세웠던 날을 내려놓고 서로 편안해질 수 있는 분위기가 되도록 기회를 만든 것이다. 대책이 없을 때는 밀고 나가는 것만이 아니라 물러서거나 중단하는 것도 방법이다. 뭐든 한 발짝만 물러서서 생각하면 그렇게 심각할 것도 없는 일들이다. 끊어졌던 관계가 이어지면 어떤 갈등도 종내는 풀리게 된다.

나들이를 마친 뒤 장로들은 전보다 한결 부드러워진 분위기를 느낄 수 있었다. 물론 큰 변화는 아니었다. 조금씩 어색한 기운이 다시 나타나기도 했다. 그래도 이때를 시작으로 조금씩 해소가 된 덕분에 지금 소망교회는 한국 교회 역사에서 '초대형 교회의 목사 세대교체 후유증 극복 1호'라고도 불릴 수 있게 되었다. 그렇기 때문에 복되고 자랑스럽다. 이런 역사적인 자리, 불가능을 가능하게 만드는 기적의 자리에 내가 함께했고, 작게나마 윤활유 역할을 할 수 있었다는 것이 말이다.

모두에게 유익이 되는 해결책은

소망교회의 갈등이 심각하게 불거진 것은 2006년 10월부터다. 소망교회를 창립해서 26년 동안 초대형 교회로 성장시킨 곽선희 목사님이 은퇴하시고 장로회신학대학교 교수로 재직 중이던 김지철 목사님이 후임으로 부임하신 3년 후부터였다. 교회 일부에서 새로운 목회 리더십에 대한 불만을 나타내기 시작했다.

처음에는 당회에서 의견 차이로 시작된 갈등이었지만, 곧 교인들에게 유인물을 돌리고 언론매체와 검찰, 법원, 노회, 총회에 고소·고발하는 데까지 커져갔다. 맞고소나 고발은 피하고 끝까지 방어하는 선택을 했다. 엄청난 변호사 비용이 큰 부담이 되긴 했지만 십시일반으로 감당했다. 서로 고발하고 고소하기 시작하면 본질은 없어지고 끝이 없는 쟁송만 남게 되기 때문에 맞대응은 하지 않았다. 그렇게 한 결과 40여 건의 민·형사상 고소·고발 사건은 모두 무혐의 처리됐고, 교단 차원에서도 더 큰 분란으로 이어지지 않았다.

이 험난한 과정을 지나는 동안 마음을 정한 것은 '교회와 성도들 모두에게 유익이 되는 해결책은 무엇인가?'였다. 우리의 할 일은 '반드시 이기는 것'이나 '반드시 무언가를 지키는 것'이 아니라 하나님이 선하게 일하실 수 있도록 준비하는 것이기 때문이다.

소망교회에서 첫 번째 뽑힌 장로로 28년간 시무하는 동안 크고 작은 문제는 계속 있었다. 2006년 이전에도 심각한 분쟁이 한 차례 있었다. 그런 갈등을 어떻게든 풀어보려고 동분서주하는 것은 참으로 괴로운 일이었지만 동시에 값진 일이기도 했다. 시무장로로서 적절한 때에 적절한 역할을 할 수 있었던 것은 하나님의 축복이었다. 그것은 내 일평생을 돌아볼 때 가장 값지고 뿌듯한 일이다.

교회에서 장로가 불행해질 때는 담임목사와의 관계 설정이 잘못돼 있을 때다. 즉, 담임목사의 권력에 지나치게 아부하고 종속되거나, 지나치게 평가하고 비판하는 경우다. 장로는 늘 이런 갈등 관계로 접어들지 않도록 경계해야 한다. 장로는 목사가 큰 실수를 하기 전에 붙잡아주고, 부족한 면을 채워주고 도와주면서 기다려주는 사람이어야 한다. 그런 관계를 유지하려면 객관적 분별력을 가져야 한다. 편견의 연약함에서 벗어나야 한다.

소망교회에서 장로가 되어 22년을 곽선희 목사님과 함께했다. 곽 목사님은 내 신앙의 아버지셨고, 나는 그분 사역의 가장 가까이에 있었다. 곽 목사님은 수요예배와 새벽기도 시간을 통해 성경 신구약 전체, 사도신경, 주기도문과 예수님의 비유 말씀 강해를 이어가셨는데, 전체 강해 한 사이클이 꼭 7년 걸린다. 그 강해가 너무 좋아서 신앙 생활 내내 수요예배와 새벽기도에 칼같이 출석했으며, 그렇게 22년에 걸쳐 성경 강해 세 번을 다 들었다. 중요한 출장 때문에 불가피하게 빠져야 할 경우에는 '소망의 말씀'을 사서 보충하며 따라갔다. 나는 의무감 때문이 아니라 즐거워서 공부하는 우등생이었다. 그 시간은 교회학교 교사를 40년 하는 동안 학생들과 부서 교사들에게 가르칠 내용을 공부하는 시간이기도 했다. 그만큼 무척이나 소중한 시간들이었다. 그랬기 때문에 지금도 곽 목사님은 내가 가장 존경하는 목사님이다.

그런 나였지만 세대교체가 이뤄진 뒤에는 김지철 목사님이 흔들리지 않도록 지키는 쪽에 섰다. 언젠가 어느 장로가 이런 얘기를 전했다.

"박 장로는 곽 목사님 때는 그때대로 중요한 자리 다 해먹고, 지금은 김 목사님에게 붙어서 좋은 자리 다 해먹는다."

이렇게 몇몇 사람들이 나를 비판한다고 했다. 교회에서 장로로 시무하는 것을 '한 자리 해먹는' 것으로 여긴다면 그 말도 맞는 셈이다. 또 언제부턴가 한국 교회에서 장로가 되고 보직을 맡는 것이 '권력'으로, '특권'으로 여겨지고 있으니 그런 비판도 있을 수 있겠다.

내가 그런 말을 들으면서도, 또 '신앙의 아버지'로 여기는 곽선희 목사님에게서 돌아섰다는 비판을 받으면서도 2대 목사를 지키는 입장을 고수한 것은 피로 값 주고 세운 하나님의 교회를, 8만여 성도가 의지하고 있는 이 소망교회를 지켜야 했기 때문이다. 그런 교회의 당회장이자 제직회장인 동시에 공동의회 회장의 책무를 맡은 담임목사를 지켜야 하는 분명한 목적이 있기에 다른 선택의 여지가 없는 것이다. 그것이 소망교회를 지키는 일이고 한국 교회를 지키는 것이며, 따라서 생명을 걸 만한 가치가 있는 일이라고 믿었기 때문이다.

"…그리스도의 남은 고난을 그의 몸 된 교회를 위하여 내 육체에 채우노라." (골로새서 1:24)

이 말씀대로 그리스도의 남은 고난을 감당함이 축복이요, 감사다.

내가 책임감을 남달리 더 크게 느끼는 것은, 아파트 상가 한쪽에서 시작한 소망교회가 예배당을 건축, 증축하고 선교관과 교육관, 수양관을 지으면서 성장하는 동안 그 중심에서 봉사하며 모든 과정을 함께해 왔기 때문이다. 그러므로 때로는 괴롭기도 하지만 끝까지 도망가지 않고 생명을 걸고 교회를 지켜야 할 책무가 있다.

장로인 내게 있어 교회를 지키는 방법은 다름 아니라 담임목사님이 목회를 잘 할 수 있도록 곁에서 지켜드리는 것이다. 또한 목사님의 사역만 목양이 아니라 장로도 똑같이 교회를 지키고 세워나가는 목양의 동역자다. 목사와 장로는 그렇게 역할이 서로 다르면서도 협력·보완하는 관계다. 그렇기에 각자가 그 소중한 역할에 충실해야 한다. 서로에 대한 지나친 맹종이나 지나친 견제는 바람직하지 않다. 하나님이 모두 귀하게 들어 쓰신다고 나는 확신한다.

비교해서 합격점을 받을 지도자는 없다

소망교회뿐만 아니라 한국 교회에서 주로 나타나는 큰 갈등은 성장기를 주도했던 1세대 목회자들이 은퇴하고 2대 목사로 이어지는 시기에 불거진 것들이다. 교회 싸움은 대부분 담임목사를 중심으로 의견이 갈라지는 데서 비롯된다. 목회 방침을 비판하는 쪽과 옹호하는 쪽이 나뉘다가 서로의 생각 차이, 방법의 차이가 분열로 발전하는 수순을 밟는다. 비교 대상인 1대 목사가 가까이 있을 때는 이런 차이가 더욱 커지게 된다. 좋은 뜻으로 시작한 원로목사 제도가 교회 화평의 발목을 잡고 있는 셈이다.

물론, 애초에 차이가 생기는 것은 그들 모두가 교회 일을 자기 일처럼 생각하고 교회를 사랑하기 때문이다. 더 잘됐으면 하고 간절히 바라기 때문에 작은 차이도 크게 느껴지는 것이다. 그러나 사소한 갈등도 감정싸움으로 번지면 진화가 어렵다. 싸움에서 이기기 위하여 때로는 정치적 술수가 사용되기도 하고 극단적으로는 심한 폭력까지 동원된다. 이런 교회 싸움은 어느 한 편이 이길 수 없다. 이겨도 남는 것이 없다. 이기는 것이 아니라 극복해야만 소멸된다.

담임목사를 내쫓으려는 세력이 이기면 분열은 점점 심해질 수밖에 없다. 그 이유는 '내쫓는 리더십'의 주먹만 남을 뿐 '교회를 세우는 리더십'은 없어지기 때문이다. 교회에서 싸울 때는 목소리 크고 주먹이 큰 사람, 술수가 능한 사람이 대장이 돼 한몫을 한다. 그러나 싸움이 끝난 뒤로는 진정한 리더로 인정받지 못한다. 내쫓는 방법에만 몰두했을 뿐 교회를 다시 세우는 방법을 모르기 때문이다. 거기 동조했던 사람들도 마찬가지다. 앞장서서 주도했던 사람이건, 적극적 혹은 소극적으로 동조했던 사람이건, 싸울 때는 하나지만 싸움이 끝나면 뿔뿔이 흩어져 또다시 서로 충돌하고 갈등하게 된다.

그럴 경우 교회가 다시 영적 리더를 세우고 영적 지도력을 회복한다는 것은 불가능한 상태가 된다. 교회가 분열된 상태에서 후임 목사 청빙은 더 어렵다. 소망교회를 비롯해 세대교체 과정에서 갈등이 커진 교회들이 적지 않지만, 2대 목사를 대충 청한 경우는 거의 없다. 세습을 한 경우가 아니라면 아름다운 세대교체를 위해 온 교회가 총력을 기울여 준비하게 마련이다. 소망교회도 오랜 시간 엄청난 공을 들여 조사하고 그 시간 내내 온 성도가 기도하면서 준비해서 겨우 후임자를 선정했다. 이렇게 결정하고 모셔 온 목사님도 숱한 비판을 받는데, 상처투성이로 2대 목사가 밀려난 후 다시 선정된 목회자가 영적 지도자로 자리 잡기는 얼마나 더 힘들 것인가? 게다가 이제는 비교할 대상이 하나에서 둘로 늘어난 셈이다. 분명한 사실은 '비교'를 해서 합격점을 받을 교회 지도자는 아무도 없다는 것이다.

세대교체 과정에서 불거진 갈등의 유일한 해법은 도덕성에 특별한 문제가 없다면 2대 목사가 정년까지 자리를 지키는 것이다. 2대 목사로는 50대 중반을 넘어선 검증된 경험자를 세우는 것도 방법이다. 교회를 섬기는 장로들이라면 특별한 결격사유가 발견되지 않는 한 2대 목사가 정년까지 사역할 수 있도록 지켜주는 데 최선을 다해야 한다는 것이다. 물론 모든 교회에 똑같이 적용될 수는 없겠지만,

최소한 세대교체 당시에 '바람직한 교체'로 안팎의 평가를 받았던 교회들이라면 내부 갈등으로 2대 목사가 물리적으로 물러나게 해서는 안 된다. 소망교회, 사랑의교회 등 많은 대형 교회들이 세대교체 후 갈등을 겪었고 지금도 겪고 있지만, 2대 목사가 밀려나고 나면 교회는 거친 풍랑 속에 선장도 없이 떠 있는 배와 같은 처지가 될 것이다. 그 배는 이내 암초에 부딪혀 좌초할 수밖에 없다.

소망교회는 당회의 오랜 갈등과 분란 속에도 교인 수가 계속 늘어났다. 고소·고발과 유인물 배포로 이어진 소망교회 분쟁은 매스컴을 통해 사회 전반에 알려졌다. 그럼에도 교인 수가 계속 늘어났다는 점은 선뜻 이해하기 어려울 것이다. 한국 교회 전체의 위기가 심각하다 보니 많은 중소형 교회 성도들이 초대형 교회로 수평 이동하고 있는 현상을 먼저 알아야 이를 이해할 수 있다. 교회 양극화 현상이 극심해지고 있는 것이다. 이런 현상은 단순히 초대형 교회가 화려하고 편리해서만 나타나는 것은 아니다. 중소 교회에서 갈등으로 상처받은 평신도들 입장에서는 큰 교회 뒷자리에서 예배드리는 것이 마음 편하다. 그런 이유 등으로 초대형 교회들은 작은 상가 교회들의 블랙홀이 되기도 하면서 상처받은 이들의 피난처, 도피처가 되기도 한다. 이 같은 '양극화' 현상은 비판하고 또 걱정해야 할 일이지만 그렇다고 초대형 교회들이 무너지기를 바랄 일도 아니다.

그 첫 번째 이유는, 작은 교회에서 상처를 받고 옮겨온 성도들이 초대형 교회에 옮겨와서까지 심한 갈등을 목격하면 그대로 '길 잃은 양'이 되기 십상이기 때문이다. 단 한 명의 영혼이라도 잃어서는 안 된다는 데 교회는 무거운 책임을 느껴야 한다.

그 다음 두 번째 이유는, 한국 교회가 여전히 롤모델을 필요로 한다는 점이다. 과거 한국 교회에서는 새로운 일을 시작하기 전에 "영락교회는, 충현교회는 어떻게 했지?"라고 묻는 것이 일반적이었다. 직접 찾아가서 자료도 얻고 질문도 하고 서로 배우며 교회의 운영 방향을 잡아갔다. 당시의 앞선 교회들은 자원과 인력을 활용해서 서구권 선진 교회들의 발전된 교재와 시스템을 들여왔고, 한국 교회 전체에 전파했다. 그런 선한 영향력이 있었기에 한국 교회가 빠르게 성장할 수 있었다.

그러나 다른 한편으로는 부정적인 성장도 있었다. 1970년대 후반, 많은 교회들이 너무 쉽게 대형화, 초대형화 되면서 '개교회주의'가 확산됐다. 이런 과정에서 한국 교회들은 외형주의, 물량주의, 그리고 제왕적이고 권력 지향적인 목회 문화를 성공 모델로 착각했다. 개교회주의는 '내 소유 교회주의'로 오염되면서 부패해갔고 저질 정치문화가 교회를 오염시켰다. 교회들은 점점 수직구조화되어 가고 독선적 권력이 지배하게 됐다.

이제는 철저한 반성과 회개가 있어야 한다. 그래야 한국 교회의 위기가 극복될 것이다. 그러기에 지금은 '교회를 향한 찬바람', 즉 핍박이 필요한 때이기도 하다. 핍박을 극복하면서 처음 사랑을 회복해야 교회가 살 수 있기에 그렇다.

그렇다고 세대교체 과정의 갈등을 극복할 책임을 2대 목사에게 오롯이 지우는 것도 옳지 않다. 교회는 목사 개인의 것이 아니기 때문이다. 새로 부임해온 목사보다는 처음부터 함께해 온 제직들, 특히 장로들이 갈등의 본질을 더 잘 알 것이므로 책임도 크다.

좋은 교회의 역할 모델은 여전히 필요하다. 선망의 대상이었고 긍정적인 평가를 받던 교회들마저 세대교체 과정에서 산산이 부서지는 것은 마치 예루살렘 성이 무너진 것처럼 한국교회의 성곽이 무너지는 것과 같다. 한국의 초대형 교회는 130년 한국 교회의 역사 속에 하나님이 만드신 특별한 작품이다. 앞으로는 이런 작품이 다시 한국 교회에 나오기 힘들 것이다. 한국에 주신 하나님의 최우수 작품이 손상되면 안 된다.

극복의 길은 단순하다. '내 소유 교회주의'에서 벗어나 철저하게 '하나님 교회'로 섬기는 모델을 만들면 된다. 그렇게 본질로 돌아간다면 어떤 갈등이나 분쟁도 결국은 극복된다. 이를 위해서 온 성도는, 특히 장로들은 목숨을 걸 각오를 하고 노력해야 한다.

준비된 옥토 위에 피어난 한국 교회

교회 갈등의 원인이 되는 기업형 '내 소유 교회주의'는 내가 잘해서 교회가 성장했다는 생각에서 비롯된다. 그런 의미에서 볼 때 한국 교회 역사에서 가장 중요한 사건은 1907년에 일어난 회개운동이다. 신앙인들의 삶과 국가의 처지가 모두 다 벼랑에 떨어진 절체절명의 위기 상황에서 하나님 앞에 무릎 꿇는 회개운동이 시작된 것이다. 500

년 조선왕조가 무너진 절망과 폐허에서도 지도층이나 권력자들만을 비판하지 않고 "제가 죄인입니다."라며 무릎 꿇는 운동이 시작됐다는 것이 감동적이다.

그 계기는 길선주 목사가 친구의 재산을 정리하면서 미화 100달러 상당의 돈을 횡령했다는 것을 강단에서 고백하고 회개한 일이었다고 한다. 이 고백의 울림에 따라 너도나도 자기 죄를 자복하며 하나님께 온전히 무릎을 꿇었고 한국 교회 전체에 회개운동으로 퍼져 나갔던 것이다. 이 사건은 그때까지 서양 선교사들에 의해 이끌리고 성장했던 한국 교회가 그들에게서 젖을 떼고 비로소 독립적인 성장을 시작하는 전환점이 됐다. 한국의 교회 지도자들에게 독립적으로 교단과 교회를 지도할 능력이 생겼다. 하나님께서 이들을 직접 들어 쓰시기 시작한 것이었다.

1907년은 노일전쟁에서 승리한 일본군 2개 여단이 우리나라에 주둔하면서 대한제국 군대를 해산시킨 해였다. 해산된 군인들이 저항운동을 하자 일본 헌병들은 무고한 교회 전도사들을 잡아다 재판도 없이 총살했다. 겨우 젖을 뗀 한국 교회는 이 같은 핍박 속에서 오히려 신앙이 더욱 깊이 뿌리내렸다. 1911년에는 신구약 성경 한글 번역이 완성됐고, 일제의 식민지 압박 속에서도 1912년 한국 장로교단 창립총회가 열렸다.

일제 35년간의 박해를 견뎌내면서 뿌리를 내리고 싹을 피웠던 한국 기독교는 1945년 광복으로 봄을 맞으면서 왕성한 잎을 피워내기 시작했으며 또한 지주와 소작농이 없어지는 농지개혁을 통해 혁명적 농업 민주화가 이루어졌다. 1950년부터 3년여 전쟁을 겪은 후, 총 인구의 3분의 1인 1,000만 명에 달했던 피란민들이 각 도시로 섞여 들어갔다. 1970년대 후반부터는 산업화에 따른 경제발전이 본격적으로 진행되었으며, 출산율 증가 및 농촌 인구의 대량 도시유입 등으로 인해 대형 아파트단지 및 신흥도시가 형성되는 등 인구의 도시집중화 역시 급속도로 진행되었다.

이런 일련의 현상들은 도시집중화에 따른 불균형을 낳기도 했지만 우리 민초들이 무속신앙, 토속 종교, 반상의 차별, 씨족 문화와 같은 정신적 올무에서 완전히 벗어나도록 촉매 역할을 해주기도 했다. 천 년 동안 덮여 있던 두꺼운 껍질이 벗겨지면서 계층 간 경계가 사라졌고, 각자가 스스로 의사결정을 하고 자기 운명을 선택할 지성과 자유가 생겼다. 계몽운동이나 억압 통치로는 수십 수백 년이 걸려도 안 될 개혁이 한꺼번에 이루어진 것이다.

이러한 변화 속에서 한국 사회의 토양은 복음의 씨앗이 싹 트기에 더 이상 좋을 수 없는 그야말로 '옥토 중의 옥토'가 되었다. 모내기를 위해 잘 갈아놓은 논과 같은 상태가 된 것이다. 이 시기는 씨만 뿌리면 60배, 100배의 결실을 맺었던 폭발적인 성장기이며 부흥기였다. 1970년대부터 대형 교회가 출현하고 2000년대까지 급속도로 성장한 것도 그 영향이다.

초대형 교회들이 대부분 그때 시작됐다. 소망교회가 1977년, 사랑의교회가 1978년, 명성교회가 1980년에 설립됐다. 물론 아무 교회나 다 대형 교회로 성장한 것은 아니지만, 그렇다고 지금의 대형 교회들이 1세대 목사들 개개인의 능력만으로 만들어진 것도 아니다. 1세대 목사들은 고생도 했지만 그 결실도 충분히 누렸다. 어떤 경우에는 과도하게 많이 누렸다. 몇몇 1세대 목사들 중에는 재벌 총수나 제왕과 같은 권력과 부를 누린 사람도 있다. 더러는 자녀에게 교회 세습이 이어졌고 수직적인 권력 구조와 독선이 교회를 지배하기도 했다. 이런 가운데 '기업형 개교회주의'도 심해졌다. 이러한 원로 목사나 또는 기득권 교인들이 후임 목사를 자신들의 잣대로 비교하고 비판하면 문제가 생길 수밖에 없다. 문화 토양이 다르고 사람이 다름을 인정해야 한다.

이와 반대로, 젊은 후임 목사가 부임하자마자 교회의 기존 전통을 존중하지 않고 지나치게 많은 변화를 몰아붙여 갈등이 증폭되는 경우도 있다. 후임 목사가 전임 목사보다 더한 권세를 누리고자 마치 점령군 같은 태도를 취할 때 그런 일이 벌어지곤 한다. 이렇게 해서 1대 목사와 2대 목사 간에 파벌이 생기면 필연적으로 충돌이 일어나게 되어 있다. 그렇기에 1대 목사 은퇴 후, 또는 2대 목사 부임 직후에는 서로 존중하고 거리를 두고 시간을 벌며 기다려주는 냉정함이 필요하다. 가장 중요한 것은, 교회 제직들의 책무는 목회의 부족한 부분을 보완하고 협력하는 데 있다는 것이다. 이 점을 잊지 말아야 한다.

교회의 성장이 1세대 목사의 능력만으로 이뤄지지 않았다는 점을 명심한다면 후임 목사를 1세대 목사와 비교하고 다른 점을 질책하면서 몰아세울 필요도 없고 그렇게 해서도 안 된다는 것을 분명히 알 수 있다. 특히 장로는 달라진 시대, 달라진 환경의 험한 파도를 후임 목사와 함께 헤쳐 나가야 한다. 시간을 벌면서 후임 목사가 교회 내부에 안착하도록 기다려줘야 한다.

물론, 목사가 목회의 본질을 잃어버린 경우도 있고, 정치적인 계산만 앞세워 편을 가르는 경우도 있다. 더 드물게는 도저히 용인할 수 없을 만큼 정도(正道)를 벗어나는 모습을 보이는 경우도 있다. 이런 상황에서까지 맹목적으로 목사를 지키라는 말은 아니다. 그러나 다행인 것은 그런 경우는 아주 일부일 뿐이고, 대부분은 기대에 못 미치는 정도라는 것이다.

소망교회는 어려움을 겪었지만 나름대로 잘 극복해가고 있다. 너무 비옥한 옥토에서 잎만 무성하게 자라나던 교회가 어느 순간부터 낮에는 햇살이 따갑고 밤에는 서리가 내리는 추운 가을날을 겪어냈고, 그 덕분에 이제는 진짜 알찬 열매들을 맺어갈 수 있게 됐다. 이렇게 갈등이 잘 해결되면 한국의 다른 대형 교회들의 세대교체 과정에도 좋은 모델이 될 것이다. 나는 그렇게 확신한다.

돌 항아리에 물을 붓듯이

하나님의 선한 방법을 분별하는 지혜

한국 교회의 갈등 상황에 대해 내가 조금이나마 조언할 수 있다면 그 자격은 오로지 먼저 갈등을 겪었고 극복을 해나가고 있는 소망교회의 장로라는 데서 나올 것이다. 그러나 그 내용과 논리는 나 혼자만의 생각으로 만들어낸 것은 아니다.

> "지금의 한국 대형 교회들이 50년, 100년 이상 건강하게 이어지고 또한 한국 교회가 이대로 무너지지 않고 거듭나려면, 우선은 개척 1대 목사와 2대 목사의 세대교체가 잘 이뤄져야 한다."

소망교회 갈등 초기에 CBS 사목을 역임하신 이용철 목사님을 우연히 만났을 때 들은 이야기다. 소망교회 문제를 선한 분별력으로 바라볼 수 있게 해준 결정적인 말이었다. 사실 그때는 공감은 했어도 뜻까지 온전히 알지는 못했다. 그 말 속에서 한국 교회를 오래 걱정하며 기도해온 분의 깊이와 지혜를 느꼈을 뿐이다.

이후 소망교회 갈등이 심화하자 그 말이 참으로 맞다는 것을 깨달았다. 소망교회를 살리고, 나아가 한국 교회를 살리기 위해 2대 목사가 지켜져야 한다는 것을 절감했기에 조금도 망설임이 없었다. 명분과 가치가 분명하게 보였다.

감사하고도 신기한 점은, 소망교회 갈등의 중심에서 갖은 일을 겪고 많은 에너지를 썼지만 그 과정에서 개인적인 상처를 받지는 않았다. 극복해야 하는 일의 가치가 뚜렷했기 때문이었다. 시무장로로서 교회를 지켜야 한다는 것은 절체절명의 책임이자 소명이었다.

그렇게 생각하니 어떤 상황에서도 나 개인의 감정이 얽혀 들어가지 않았고 편견과 비난 앞에서도 자유로웠다.

한번은 교회 장로 19명이 연서로 나를 검찰에 고발한 일이 있었다. 이 일 이전에 소망교회 부목사 두 명이 당회장실에 들어가 문을 걸어 잠그고 담임목사를 폭행한 사건이 있었다. 이 일로 김지철 목사님은 중상을 입고 119에 실려 가시기도 했다.

그 일이 있은 직후 나는 노회 신년 하례 모임에 참석했다. 이미 TV와 신문에 크게 보도가 된 터라 궁금해 하는 노회 참석자들이 많았기에 하례 마지막 시간에 짧게 사건 경과를 보고했다. 주일 1부 예배 직후에 그 사건이 있었기에 2~5부 예배는 1부 예배 영상으로 대신했다는 내용, 김 목사님은 현재 삼성병원에 입원해 계시다는 것, 이 소식을 들은 이명박 대통령께서 안부 전화를 주셨고, 그 따님들을 병원으로 보내 문병했다는 내용을 전했다.

그런데 이후 모 일간지에 "청와대 확인해보니 이 대통령이 그런 전화를 한 적이 없다고 했다."는 기사가 실렸다. 대통령의 입장을 헤아려 보면 그런 기사가 나게 된 정황도 충분히 이해할 수 있건만, 담임목사 반대편에 선 장로 19명은 이 기사를 근거 삼아 나를 허위사실 유포죄로 검찰에 고발했다.

검찰은 사실 확인 후 무혐의로 처리했다. 그 과정에서 변호사 비용도 적잖게 들었고 신경도 많이 써야 했다. 알아보니 19명 중에는 실제 서명을 하지 않고 이름이 도용된 이도 있었다. 변호사는 "이 부분을 역으로 고소할 수도 있다."고 했다. 그러나 그렇게 하지 않았다. 교회를 지켜야 하는 목적과 가치가 더 크기 때문에 개인적 명예 손상이나 금전적 손해는 감내할 수 있었다. 또한 그들과 나 사이에 개인적인 이해관계나 원한관계가 전혀 없음은 서로가 잘 알고 있었기 때문이다. 차이가 있다면 교회 운영 과정에서 가지게 된 정치적 가치관의 차이일 뿐이다. 그럼에도 교회 내 분쟁이 물리적, 폭력적, 법적 싸움으로까지 진행되는 것은 불행한 일이다. 이런 생각 때문에 누가 나를 고소·고발한 데 대해서는 최선을 다해 방어했지만 절대로 맞서서 소송을 걸지는 않았다.

주변에서는 내가 이런 갈등 가운데서 거의 스트레스를 받지 않는 점을 신기해한다. 전전긍긍한 적도, 잠을 못 이룬 적도 없다. 그 비결은 항상 교회 일을 하면서 내가 할 수 있는 일은 물이 포도주로 변한 그 혼인 잔치에서 "돌 항아리에 물을 채우는 종의 역할까지"일 뿐이라는 것을 분명히 아는 데 있었다. 예수님께서는 가나안 혼인 잔치에서 일꾼들에게 "이 항아리에 물을 채우라."고 말씀하셨다(요 2:7). 그들은 항아리마다 물을 아귀까지 채웠다. 일꾼들은 물을 채우면서 포도주로 변하게 할 것까지 걱정할 필요가 없다. 돌 항아리에 물을 채우는 일은 종들이 할 수 있는 일이고 어려운 일이 아니다.

교회 일 중에서 생소하고 부담스러운 일을 맡게 될 때마다 나는 '하인들은 돌 항아리에 물을 채우는 일까지는 할 수 있다.'는 심정으로 부담 없이 시작한다. '이 물이 반드시 포도주로 변하지 않으면 어떻게 하지?'라고 걱정하거나 조급해하지 않았다. 수고했으니 그 결과가 꼭 좋으리라고 지나친 기대를 하지도 않았다. 결과가 좋으면 행복한 것이고 그렇지 못해도 좌절하고 실망할 필요가 없다.

목적에 지나치게 집착하면 본질을 잃어버리고 변칙에 빠지게 될 뿐이다.

사랑할 대상과 함께 행복하라

하나님의 일은 끝까지 선한 분별력을 가지고 악한 방법을 멀리하는 선한 싸움으로 극복해야 한다. 그러면 모두가 이긴다.

소망교회는 2년마다 보직을 바꾼다. 장로로 시무하면서 교육부와 성가대 등 여러 부서장을 맡았다. 그중 갈등이 심하다고 소문난 부서의 책임을 맡은 적이 여러 번 있었다. 그런 인사 발표가 나는 싫지 않았다.

한번은 유달리 문제가 많기로 알려진 H 성가대의 대장을 맡게 됐다. 1985년쯤부터 3년여 동안 심각했던 담임목사(곽선희 목사)와 일부 장로들 간의 갈등 후유증이 계속 남아 있는 부서였다. 그 탓에 2년마다 교체된 성가대장들은 모두 어려움을 겪었다. 새로 임명된 성가대장마다 따돌림을 당하고 아무 역할도 못한 채 2년의 임기를 겨우 마치거나, 또는 못마치곤 했다.

그런 상황인지라 전임자는 내가 H 성가대장 보직을 받은 직후 찾아와 이런저런 정보를 주려고 했다. 나는 듣지 않겠다고 거절했다. 보통은 신임으로 보직을 맡은 대장이 연말 송년 총회에 참석해서 인사한 뒤 임원 구성에 관여하곤 했지만 나는 "아무 정보도 필요 없으니 새해 임원 조직까지 아예 완성해서 넘겨 달라."고만 청했다. 선입견을 갖지 않기 위해서였다. 누가 무슨 일로 불만을 가지게 됐는지를 들으면 나도 선입견을 갖게 된다. 그래서 나는 백지상태로 대면을 하겠다고 생각한 것이다. 교회 안에서 건강한 발전을 위하여 의견 차이는 있어야 하고 서로 존중하면서 극복할 과제일 뿐이라고 생각했다.

성가대와의 첫 대면 날, 어느 정도 예상하고 갔음에도 냉랭함은 놀랄 만큼 심했다. 성가대석에 꽉 차게 앉은 150여 명의 눈빛을 한 몸에 받으며 서 있자니 서늘하기까지 했다. 팔짱을 낀 사람들은 '얼마나 버티나 보겠다.'는 무언의 압력을 보내고 있었다. 전 성가대장이 임명한 임원들이 못하겠다고 줄줄이 사의를 표했다. 설득해본 후 끝까지 거부하는 임원은 교체했다. 이런 상황을 내가 나서서 해결하겠다고, 갈등을 풀어보겠다고 생각하지는 않았다. 논리적인 조직관리 방법들은 상황이 좋을 때에나 가능하다는 것을 알기 때문이다. 성가대장은 2년마다 새로 오고 가지만 대원들은 길게는 20년 이상 한 부서에서 근속한 기득권자들이다. 나보다 성가대에 대한 것들을 더 많이 알고 지난 역사를 꿰고 있는 사람들이다.

내가 고심 끝에 처음 한 일은 총무에게 부탁해서 매주 찬양 연습이 끝나고 헤어지기 전 마지막 3~5분간의 총무 광고 시간을 내가 쓸 수 있도록 한 것이다. 대원들과 소통할 시간은 이때뿐이다. 주일 아침 일찍 와서 연습하고, 예배 찬양하고, 예배 후 남아서 또 다음 주 찬양 연습을 하고 난 뒤의 마무리 시간이기에 다들 엉덩이가 들썩들썩하게 마련이라 몇 마디 짧은 공지사항을 전하는 정도만 용납되는 시간이다. 이 시간을 가지고 소통한다는 것은 쉬운 일이 아니었다. 지식도 상식도 신앙도 그들보다 낫다고 내세울 게 하나도 없었다. 그런 내게 짧은 시간에 그들을 사로잡을 얘깃거리가 있을 리 없었다. 내가 하고 싶었던 말은 그들을 설복시키는 게 아니었다. 나는 그 시간을 통해 그저 "여러분을 사랑한다."고 말해주고 싶었다. 그동안 많이도 속상했던, 상처받았던 당신들을 사랑하러 왔다고 알려주고 싶었다. 위로하고 섬기겠다고 말해주고 싶었다.

교회 갈등은 옳고 그름 아닌 생각 차이

생각해보면 이해 못할 것도 없다. 1985년의 갈등의 원인은 교회 증축을 시작하자는 쪽과 조금 더 천천히 하자는 쪽의 의견 대립에서 비롯됐다. 800명 규모로 건물을 신축한지 5년 만에 3,000명 규모로 다시 건축을 하겠다는 곽 목사님의 뜻과 이를 반대하는 쪽의 대립이었다. 이것이 담임목사에 대한 찬반 입장으로 양분돼 깊어졌다. 이때 반대의 뜻을 관철시키지 못했던 쪽의 반감이 치유되지 못한 채로 많은 분들이 교회를 떠났다. H 성가대원 중 일부는 당시 반대파였다가 남은 분들이었다.

결국은 양쪽 다 교회를 위해 잘 해보자는 것인데, 생각이 다름을 조절하지 못해 충돌이 일어난 것일 뿐이다. 생각할수록 안타깝다. 참 훌륭한 하나님 일꾼들이 한 때의 갈등을 극복하지 못해 상처받고 교회를 떠나 방황하게 되었으니 말이다.

처음에는 누구나 교회가 더 잘 되기를 바라는 열정으로 임한다. 그러다 갈등하고 충돌하면서 곧 '상대방 방법보다 내 방법이 옳다.'는 집착이 커진다. 어떻게든 이기려고 기싸움을 하다가 약점을 잡고 비난하기 시작한다. 그러다 문서를 써서 돌리는 것으로 시작해 종내는 고소·고발까지 가고야 만다. 그렇게 되면 본질은 멀어지고 싸움만 남는다. 여기서 더 가면 온갖 폭력적 수단이 동원된다. 교회 분쟁이 종점으로 치닫게 되는 것이다. 이럴 때 한 편이 수세에 몰리게 되면 그 편에 속한 사람들은 설욕하기 위해 더욱 죽기 살기로 쟁투한다. 여기까지 이르면 수습이 어렵다. 누가 잘하고 누가 잘못했다고 아무도 판단할 수 없다. 같은 편끼리도 삼삼오오 짝을 이뤄 서로 갈등한다.

그렇게 잘못된 길을 가는 줄 다 알지만 그렇다고 자기 스스로의 힘으로는 돌아갈 수도 없는 사람들, H 성가대원들이 대부분 이런 사람들이라고 생각하자 두려운 마음은 들지 않았다. 그 외롭고 답답한 마음들을 나 하나라도 감싸주고 싶었다.

'당신들을 이해한다. 사랑한다.'는 뜻을 전하기 위해 나는 매주 한 편의 스토리를 만드는 데 집중했다. 한 주 동안 내 삶의 일상의 사건들과 내면의 깊은 곳에 있는 진심을 담아 스토리로 만들려고 노력했다. 진심의 순도를 높이기 위해서는 많은 시간과 노력이 필요했다. 매일 저녁 성가대원들의 얼굴 하나하나를 떠올리며 기도하고 스토리를 다듬고 또 다듬었다. 그러자 처음에는 내가 말을 시작하면 '저건 또 무슨 흰소린가.' 하는 표정으로 듣던 성가대원들이 차츰 진지한 표정으로 귀를 기울이기 시작했다. 훈계를 하려는 게 아니라 사랑을 고백하는 이야기라는 것을 느끼는 듯했다. 주섬주섬 가방을 챙기거나 노골적으로 지루한 표정을 짓던 사람들이 갈수록 이야기에 집중했다. 그 시간을 즐기기 시작했다. 크리스천들은 유년시절부터 듣는 훈련이 잘되어 있는 것에 호소하기로 했다. 날이 갈수록 점점 분위기가 풀어지니 서로 간에 배타적인 경계심도 풀어져 나갔다. 돌처럼 무겁던 마음의 문이 열려 가는 것이 보였다.

갈등 해소의 실마리가 보인다 싶었을 때, 나는 그 여세를 몰아 "1박 2일 기도회를 갑시다."라고 제안했다. 아니나 다를까 부정적인 반응이 먼저 나왔다. 임원 중 한 사람이 내게로 와서 이렇게 말했다.

"가려는 사람이 거의 없을 겁니다. 오죽하면 성가대가 생긴 이래로 한 번도 수련회나 기도회를 가본 적이 없겠습니까. 2년 전에는 다 준비했다가 하루 전날 취소된 적도 있었습니다."

이렇게 염려하는 그에게 "그럼에도 불구하고 한번 해봅시다."라고 했다.

수련회 출발 사흘 전쯤, 찬양 연습이 끝나는 시간에 티셔츠 한 장을 가지고 교회로 갔다. 가슴과 팔, 등 부분에 H 성가대 로고 디자인을 넣어 예쁘게 프린트한 티셔츠였다. 이 성가대 로고는 사업상 협력 관계인 특급 디자인 회사에 부탁해 만든 것으로, 최고의 디자이너들이 머리를 맞대고 '작품' 수준으로 멋지게 디자인해준 것이었다.

"여러분, 이게 뭔지 아시겠어요? 이번 수련회 때 입을 옷입니다. 같이 입고 출발할 수 있게 당일 아침에 나눠드리겠습니다."

모처럼 관심이 집중되는 것이 보였다. 성가대원들은 내가 앞뒤로 펼쳐 보이는 티셔츠를 바라봤다. 그리고 수련회 당일, 놀라운 일이 벌어졌다. 성가대원 모두가 참석한 것이다.

모두 똑같은 로고가 박힌 헐렁한 하얀 티셔츠로 갈아입고는 마주 보며 서로 놀란다. 함께 밥 먹고, 사진 찍고, 기도하고, 찬양하면서 마음을 열고 서로의 간증을 들으며 밤이 새도록 이야기를 나누는, 지극히 평범한 수련회가 드디어 시작된 것이다.

티셔츠는 그 시작을 여는 작은 단추였다. 때로 사람들에게는 작은 동기가 필요하다. 마음의 문을 열고 다가가고 맞아줄 작은 구실이 필요한 것이다. 오래 울고 있는 아이를 달랠 때 "강아지 보러 갈까?"와 같이 작은 제안을 하면 효과가 있는 것과 마찬가지다. 그치고 싶은데 방법을 모를 때 명분을 주는 셈이기 때문이다. 예쁘게 디자인된 하얀 티셔츠 한 장은 머뭇거리던 사람들에게 '참석해 보자.'고 용기를 내도록 하는 작은 계기가 됐다. 그렇게 격식 없고 꾸밈없는 것일수록 큰 변화를 이끌 수 있다.

프로그램도 특별하게 짜지 않고 서로 평범한 이야기를 나누는 시간을 충분히 가지도록 했다. 따라온 부목사도 20분 동안 오픈마인드 대화법과 대화 주제만 전달하고 돌아갔다. 12명씩 조별로 방에 들어가 이야기를 나누도록 했다. 복잡한 프로그램을 피하고 마음이 열리는 만남이 되도록 집중했다. 그러자 저녁 9시 30분까지 끝나기로 정해져 있던 시간을 훌쩍 넘겨 새벽 1시까지 진지한 대화가 이어졌다. 지독하게 얽혀 있던 관계들이 눈 녹듯이 풀어지기 시작한 것이다.

수련회에 다녀온 뒤로 사람들은 몰라보게 편안해졌다. 끼리끼리만 몰려다니던 벽이 드디어 허물어졌고, 눈인사도 없던 사람들이 만나면 반갑게 포옹을 하는 기적이 일어났다.

이후로 우리 성가대는 많은 일을 함께했다. 합창곡 CD를 제작하기도 했다. 명 성가곡을 오랫동안 연습한 뒤 전문 CD 제작업체에 의

뢰해 본당에 설치한 녹음설비를 통해 녹음했다. 자정이 넘도록 녹음이 진행되는데도 피곤한 줄도 모르고 즐겁게 찬양을 했다. 3,000장 제작한 이 성가 CD는 여러 곳에 선물로 보내기도 하고 교회 서점에서 팔아 선교 헌금을 마련하기도 했다. 여러 가지 활동들이 활발해졌을 때쯤 한 여성 권사님이 농담을 하셨다.

"장로님은 우리 뜻대로 다해주는 것 같지만 가만 보면 장로님 뜻대로 백 퍼센트 다하십니다."

지금도 교회에서 그때 함께했던 대원들을 만나면 서로 눈을 마주치는 게 참 기쁘다. "그때 참 행복했어요."라는 말을 듣기도 한다.

이해관계가 있는 갈등은 조정이 가능하지만 영적인 자존심의 갈등은 사람이 나서서 조정한다는 것이 불가능하다. 다만 오래 참고 시기하지 않으면 극복될 수 있다.

교회라고 해서 갈등 자체가 없기를 바랄 수는 없다. 사람과 사람의 관계에서 갈등은 필연적이다. 오히려 그것이 성장 에너지가 될 수도 있다. 극복될 때까지 포기하지 않고 노력하는 것이 예수님의 제자로서 우리가 지켜야 할 '이웃 사랑'의 계명이다. 그리고 그 과정이 아무리 힘들더라도 장로라면 기쁘게 감당해야 한다. 십자가의 고난을 통해 구원받은 자로서 '그리스도의 남은 고난을 감당하는 기쁨'을 맛볼 줄 아는 것이야말로 가장 큰 축복이자 영광이기 때문이다.

다섯 가마 쌀의 의미

목숨을 걸고 섬겨야 하는 직분, 장로

소망교회 시무장로 은퇴를 2년 앞둔 2007년 11월 23일, 나는 명성교회 월드글로리아센터에서 열린 대한예수교장로회 전국 장로회연합회 정기총회에서 회장으로 선출됐다. 전국 64개 노회 27,000명의 장로를 대표하게 된 것이다.

이 과정에서 난생 처음 선거운동이라는 것을 해봤다. 20대 때부터 교회와 노회, 총회, 연합회에서 참 많은 회장을 했고 책임을 맡았지만 "저를 뽑아주십시오."라고 부탁하고 다니기는 처음이었다. 다만 대부분 선거에서 통하는 '돈을 써야 당선된다.'는 공식은 내게는 거꾸로 작용했다. 선거 기간 동안은 선거법에 저촉되기 때문에 밥값도 일절 낼 수 없었기 때문이다. 늘 내가 밥값을 내던 자리도 "나는 후보가 돼서 밥값을 낼 수 없다."고 하면 다들 웃었다. 상대 후보도 돈 쓸 형편이 안 되어 돈을 쓰지 않았기 때문에 서로 핑계가 좋았고 나름대로 공정한 선거가 될 수 있었다.

선거 과정 동안 내가 떠올렸던 것은 1987년 미국 시카고 교회들을 탐방한 일이었다. 그 해 교단 강남노회와 미국 시카고노회가 파트너십 결연을 맺었고 강남노회 대표단이 시카고노회의 도움으로 시카고 매코믹 신학대학교에서 열흘 동안 학교 기숙사에 투숙하며 목회 세미나에 참여했다.

재정 담당으로 함께 간 나를 제외한 나머지 일행은 모두 목사님들이었다. 당시 교회학교 보직을 맡고 있던 나는 시카고 교회들을 둘러볼 때 교회학교를 집중해서 살펴봤다. 그런데 어딜 가나 교회학교가 텅 비어 있었다. 당시 좁은 공간마다 미어터지도록 학생들이 바글바글했던 한국의 교회학교와는 천지 차이였다. 게다가 시카고 제일장로교회에 가보니 본당이 홈리스(노숙자)들로 가득 차 있었다. 100명 남짓한 교인들은 구석의 별실에서 예배를 드리고, 크고 화려한 본당은 홈리스들에게 식사를 대접하는 식당이 돼 있었던 것이다.

그곳 담임목사님은 "홈리스들을 섬기는 일이야말로 교회가 해야 할 일"이라고 자랑스럽게 말했다. 그 가치와 의미에 대해 느낀 바도 있었지만 왠지 큰 허전함이 전해져 왔다. 예배는 무너지고 봉사만 강조한다는 것은 교회의 본질이 실종된, 균형 감각을 잃은 모습으로 보였다.

　이후 시카고 북쪽의 윌로크릭교회와 LA의 새들백교회, 애틀랜타노스포인트교회 등 역동적이고 활발하게 성장하는 교회를 방문했을 때는 새로운 가능성에 가슴이 뛰기도 했지만 다른 한편으로는 새로 성장하는 교회와 쇠락하는 미국 교회들의 차이가 무엇인가에 대한 질문이 생겼다.

　이렇게 교회가 무너지지 않기 위해서는 한국 교회는 어떤 노력을 해야 할까? 미국에서 텅 비어가는 교회와 역동적으로 성장하는 교회들은 왜 그렇게 되었을까? 이 부분을 생각할수록 한국 교회의 수직적, 권력 지향적, 권위적인 교회 문화에 대한 걱정이 생겼다. 이런 교회 문화가 교회의 질적 성장을 방해하는 장애물로 여겨졌다. 창조적이고 수평적인 문화를 위해 한국 교회는 다시 태어나는 고통을 무릅써야 할 것이었다. 무엇보다 변질되고 오염돼 수준이 낮아진 교회, 타락한 교회의 정치문화를 벗어날 방법을 찾아야 했다.

　그 탐방 이후로 종종 해왔던 고민이 다시금 떠올랐다. 교단 총회도, 신학대학에서도 하지 못한다면 우선 우리 교단의 장로 2만 7,000명이라도 먼저 이 같은 노력을 시작해 영적인 교회 질서를 회복하는 중심에 서야겠다는 데까지 생각이 미쳤다. 그리고 함께 떠오른 것이 늘 마음속에 품어왔던 '겨울나기 양식 헌금' 이야기였다. 이북이 고향인 친구 장로의 아버님 이야기인데, 어느 해 온 식구가 겨울을 나야 하는 식량의 반을 교회에 건축헌금으로 드렸다는 것이었다. 식구들은 자연히 남은 식량으로 겨울을 나기 위해 죽을 먹거나 하루 한 끼를 굶어야 했다. 그야말로 온 가족의 '생명을 건 헌금'이었던 셈이다.

이렇게 한국의 초대 교회 목사님들과 평신도 지도자들은 교회 섬김에 생명을 걸었다. 이 같은 신앙 선조들의 헌신 덕분에 한국 교회가 오늘과 같은 성장을 이룬 것이다.

1970년대까지만 해도 장로가 되려면 교회 재정의 대부분을 책임질 각오가 있어야 했다. 투표를 받아 장로로 뽑혀도 자신이 없어 장로고시 시험을 포기하는 사례도 있었다. 장로 물망에 오르면 다른 교회로 도망가기도 했다. 사회생활에 있어서는 장로임을 드러내는 것이 득보다는 실이 될 때가 있었다. 때문에 장로로 세워진 사람들은 자연스럽게 헌신과 섬김의 모범이 되었다.

지금은 교회마다 장로 되는 데 목숨을 건다. 장로가 되기 위한 목적으로 교회 행사에 수 년씩 얼굴을 내밀며 시간을 보낸다. 장로라는 것이 사회에서도 명예로 여겨지게 된 터라 서로들 하려고 한다. 그러는 사이 장로는 교회에서 군림하고 대접받고 권리를 주장하는 계급이 되었고, 때로는 아들딸 시집 장가 보낼 때 좋은 가문임을 드러내기 위한 수단이 되기도 하였다. 장로직에 오르지 못한 나이 많은 집사는 '실패한 신앙인'이라는 좌절을 겪기도 한다.

겉으로는 장로들이 제직회 모든 부서의 장을 맡아 책임과 사역을 감당하는 것처럼 보이지만 실제로는 부장 장로를 위해 제직들이 헌신하고 일하는 구조로 운영되는 경우가 많다. 많은 장로들이 수직적 권력형 조직을 즐긴다. 장로가 자신을 드러내기 위해 이런저런 행사 중심의 이벤트성 사역을 하면 제직들도 성도들도 피곤하고 지치게 된다. 교회 직분이 권력형 명예나 감투로 변질된 것이다. 교회, 노회, 총회, 교단 연합회 등 감투가 있는 곳, 조그만 조직이 있는 곳마다 금권 선거와 부정부패가 나타난다. 노회장, 총회장 할 것 없이 부정을 관행처럼 저질러서 심지어는 국회 정치보다 더 썩었다는 평을 듣기도 한다. 이는 한국 교회가 극복해야 할 큰 과제다. 초대교회의 헌신과 사랑을 회복해야 한다. 그러기 위해서는 역할과 책임을 다시금 깨닫고 초심으로 돌아가 새로운 배움을 가져야 한다.

여기까지 생각이 이르자 '엘더 스쿨(장로 교육과정)을 만들어 운영해야겠다.'는 결심이 섰다.

교회 지도력의 최고 가치는 교회 회복

대한예수교장로회(통합) 전국장로연합회 회장직을 맡고 있던 2008년, 한국 교회의 중심인 장로들의 내적 자질 향상을 위한 '엘더 스쿨'을 설립하겠다는 비전을 밝혔다.

장로 교육을 위한 교재를 새로 집필하고, 전국 또는 협의회별, 권역별, 노회별로 교육 프로그램을 진행한다면, 당장은 아니더라도 교회와 공동체에 변화가 생기기 시작할 것이라는 기대를 안고 추진했다. '하나님께서 기뻐하시는 의인 10명'의 그룹들을 많이 양육해내자는 것이 목표였다.

장로들에게서 그 필요성 자체에 대한 공감은 쉽게 얻을 수 있었지만, 교재 집필 단계에서 내용의 방향을 가지고 의견이 엇갈렸다. 교재 집필을 위해 구성한 '발전연구위원회'에서는 "교회, 노회, 총회의 구성원으로서 장로의 정치적 위상을 높이는 내용이어야 한다."는 의견과 "교회 중심의 신앙적인 지도력을 제고하자."는 두 가지 주장이 나왔고 그 사이의 의견 차이가 컸다. 말하자면 "교회정치에서 장로의 목소리를 높이자."는 쪽과 "교회 회복을 위해 장로가 할 역할을 되새기자."는 쪽 중에서 어느 것이 더 시급한가에 대해 의견이 갈린 것이다.

나는 교재를 만들고 엘더 스쿨을 세우는 목적은 '교회를 살리기 위한 것'임을 강조했다.

> "장로가 바로 알고 바르게 서면 교회가 살아납니다. 그러면 교회 정치도, 장로들의 위상과 권익도 자연히 세워집니다. 하나님께 칭찬받을 일입니다."

지지해준 분도 많았지만 다른 의견도 강한 편이어서 꽤 많은 시간이 지나서야 온전하게 동의를 받고 본격적으로 일을 시작할 수 있었다. 임성빈, 주승종, 최윤배, 이장로, 정병준 교수 등 5명으로 구성된 집필진과 다섯 차례에 걸친 회의 끝에 분야별 집필을 시작해서 교재가 만들어지기 시작했다.

이렇게 만들어진 책 《교회를 섬기는 청지기의 길—장로의 책임과 역할》은 분량이 700쪽을 넘어가 1·2·3권으로 구성했다. 필자들이 집필을 하는 동안 뜨거운 감동을 받아 "원고료를 받지 않겠다."고 자청하는 등 어려움만큼 보람도 컸다. 교단의 대표적인 어른들도 "위기를 맞고 있는 한국 교회를 위해 꼭 필요한 작업이고, 한국 교회를 살리는 데 중요한 역할을 할 것"이라며 집필 교수들을 격려해 주셨다. 그런 기대와 소망 속에서 출판된 책은 교계에서 좋은 반응을 얻었고 '엘더 스쿨' 교육 프로그램까지 잘 연결됐다.

사실 한국 교회의 대부분의 교인들은 하나님 보시기에 좋은 믿음과 경건함으로 살아가고 있다. 교회정치의 추한 모습에 염증을 느끼면서도 언젠가 지도자들이 하나님을 두려워하고 바로 서기를, 그래서 한국 교회가 다시 도약하기를 기다리고 있다. 그런 성도들을 잘 섬기기 위해서는 장로부터 바로 서 있어야 하는 것이다. 장로들의 내적 자질 향상을 위한 교육 프로그램 '엘더 스쿨'은 이런 바람을 온전히 이루기 위한 첫걸음이었다. 다행히 '엘더 스쿨' 프로그램과 교재 모두 성공적으로 만들어졌고 좋은 평가를 받았다. 나는 전국장로회 회장직에 있을 때는 물론 물러난 후로도 이 교재를 구입해서 만나는 사람들에게, 특히 장로들에게 적극적으로 전달했다.

이것은 한국 교회 전체의 회복을 끌어내기에는 미미한 활동인지도 모른다. 그렇지만 이러한 작은 움직임이 '우공이산'(愚公移山)의 결실을 맺을 수 있을지 누가 알겠는가? 한국 교회 곳곳에서 갱신의 움직임이 일어나고 하나님께서 원하시는 회복과 부흥이 한국 교회에 일어나기를 소원하며 오늘도 내가 할 수 있는 작은 일을 할 뿐이다.

젊고 가장 바쁠 때 장로가 돼야 한다

우리나라 대부분 교단의 교회는 당회장, 공동의회의장, 제직회장의 '삼권'(三權)을 모두 담임목사가 가진다. 그래서 담임목사들은 교회가 성장하고 대형화될수록 점점 더 절대 권력자로 굳어진다.

국가도 절대 권력자에게 권력이 집중되고 막강해지면 소수의 측근이 절대 권력을 에워싼다. 이럴 때 밀착된 소수와 그렇지 못한 자 간에 갈등이 생기기도 한다. 교회도 똑같다. 장로가 '섬기는 사람'이 아니라 '권력을 누리는 사람'으로 변질되면서 교회 갈등은 복잡해지고 싸움으로 발전한다. 장로들이 교회에서 섬기는 자, 즉 '헌신하는 청지기'로 돌아가는 것이 쉽지가 않다.

교회 문제는 목사 쪽에서 비롯되는 경우도 많지만 여기서는 장로의 역할만 이야기하겠다. 나는 마흔 둘에 장로가 됐다. 한창 사업할 나이에 교회 중책을 맡아 감당하느라 이만저만 어렵지 않았지만, 돌아보면 그랬기 때문에 늘 훌륭한 어른들에게 배우는 자세로 직분을 감당할 수 있었다. 개인 사업을 하는 처지라 너무 바쁘게 살아야 했지만, 한편으로는 사업을 한 덕분에 시간을 낼 수 있었고 재정을 감당할 수도 있었다.

장로인 동시에 부장교사, 성가대대장, 선교부장 등 다양한 책임을 맡았다. 부서장을 맡고 보면 그 부서에 나보다 연배도 높고 사회적 지식도 경륜도 높은 분들이 많았다. 그러기에 오히려 깍듯이 섬기는 청지기로서의 헌신이 가능했다. 만일 어느 부서나 부서장이 가장 나이가 많다면, 자연히 나이에 따른 위계가 작동하게 될 것이다. 부서장이 하는 말에 이의를 제기한다는 것은 나이 많은 사람에게 예의 없이 구는 셈이 되기 때문에, 그런 비난을 받기 싫어서 의욕 있는 사람들도 입을 다물게 된다. 그러나 나는 마흔 둘에 장로가 됐고, 부서장을 맡았기 때문에 많게는 20~30세 많은 분들과도 함께 봉사를 했다. 그분들께 보살핌을 받기도 했고, 어려운 일에 상담을 청하기도 했다. 그렇게 교제하다 보면 어느덧 나이를 잊고 동료처럼 친구처럼 수평적으로 교제하고 있었다.

교회 울타리를 넘어 노회, 총회, 연합기관, 초교파 연합모임, 각종 사회복지재단에서도 많이 일했다. 덕분에 교단을 넘어 많은 훌륭한 선후배들과 교제할 기회를 가질 수도 있었다. 새로운 일이 주어지고 책임을 맡게 되면 그 일에 대한 부담감이 생기기도 했지만, 새로운 일과 사람을 만날 호기심에 나는 늘 충만해졌다. 조금씩 생각과 입장이 달랐던 사람들이 조금씩 변화해가면서, 하나가 되어가는 과정을 경험할 수 있다.

더러는 장로가 이렇게 교회 밖에서까지 광범위한 활동을 하는 것을 부정적으로 보기도 한다. 신앙생활을 예배드리고 성경 공부하는 것을 중심으로 조용히 해야 한다고 여기는 분들이 대체로 그렇다. 나라고 그 중요성을 모르는 것이 아니다. 다만, 그와 같은 신앙생활은 목사님과 나의 관계, 성경과 나의 관계처럼 1대 1의 관계 안에서 이뤄지는 것이다. 이 관계가 좋고 소중하다고 그 안에만 머물러서는 안 된다. "너희 빛이 사람 앞에 비치게 하라"(마 5:16)고 하신 것처럼 하나님께서도 우리가 세상으로 나가기를 바라신다. 다양한 사람들이 모여서 처음에는 어색하고 낯설지만 조금씩 서로를 이해해가고, 공감대를 넓히면서 하나씩 일을 해나갈 때의 희열은 해보지 않은 사람은 모른다. 그리고 사회에 도움되는 일을 할 때의 기쁨과 보람도 크다. 세상에서 소금의 역할을 한다는 게 이런 것이구나 하는 감동이 있다. 돈을 주고서도 할 수 없는 경험이다.

이런 경험을 두루두루 할 수 있었던 것은, 아무래도 젊어서부터 장로로 일할 수 있었기 때문이다. 위아래 세대 모두에 걸쳐 오랜 신뢰 관계가 쌓이고, 다양한 경험이 다른 일에 또 쓰일 수 있었던 것이다. 현재 소망교회의 후배 장로 중 많은 수가 내가 교회학교 교사일 때 제자(학생)였거나, 부장으로 있을 때 교사로 함께 일했던 관계다. 때문에 의견이 달라도 소통을 하면서 맞춰 나가기가 쉬운 편이다. 교단 활동과 초교파 활동에서도 한 번 맺은 인연이 또 이어지고, 뜻하지 않게 재능을 모으고 힘을 합쳐서 일을 해나가게 되는 일들이 생겨난다.

안타까운 것은, 어느 교회에서나 장로가 되는 연령대가 점점 높아지고 있다는 것이다. 2022년 현재 소망교회의 시무장로는 50명이 채 안 되는데, 은퇴 장로는 100명이 넘는다. 투표로 뽑히는 장로들을 보면 대부분 60대 전후이고 70세가 되면 은퇴한다. 젊은 사람들이 장로 되는 것을 싫어하기 때문이 아니다. 장로는 투표를 통해 뽑히기에 생업에 바쁜 젊은 사람들에 비해 시간이 많은 은퇴한 노년층이 아무래도 자주 얼굴을 내밀고 친분을 쌓기에 유리한 것이다. 안타깝게도 이렇게 젊은이들이 장로로 뽑히기 어려운 현상은 대부분의 중대형 교회에서 일반적이다.

현직에 있는, 한참 일할 나이의 책임감 있는 사람이 교회에서 일하도록 권장하는 문화가 자리잡는다면 '일하는 장로'의 모습을 다시 볼 수 있을 것이고 세대 간의 소통도 보다 원활해질 것이다. 또한 한국 교회의 수직적이고 권력 지향적인 풍토 역시 조금씩이나마 바뀌어갈 수 있을 것으로 기대된다.

한국교회가 지금 할 수 있는 일

이 책을 처음 썼던 2010년대 중반과 비교할 때 요즘 가장 달라진 것은, 만나는 사람들마다 세계교회를, 한국교회를 걱정한다는 것이다. 한국갤럽의 2012년 조사에서 한국인 중 개신교인 비율이 22.5%였는데 2023년 조사에서는 15%까지 떨어졌다고 한다. 그에 비해 교회에 출석하지 않는 '가나안 성도' 비율은 2012년에는 10.5%였는데 2023년 조사에서는 29.3%에 달했다.

2022년 말 한국리서치 조사에 따르면 한국인의 주요 종교에 대한 호감도 중에서 개신교에 대한 점수는 100점 만점에 31.4점에 불과했다. 불교가 47.1점, 천주교가 45.2점인 것에 비해서도 한참 낮은 수준이다.

한국교회가 침체기에 빠졌다고 걱정하는 사람이 많은 것도 무리는 아니다. 그러나 내 생각은 조금 다르다. 사회에 대단한 위세를 떨칠 만큼 돈이 많고, 동원할 수 있는 사람 수가 많고, 사회 고위층과 권력자를 많이 보유하고 있어야 힘 있는 종교라고 생각한다면, 우리 역사에서 한국교회 최고의 영광의 순간은 이미 지나갔는지도 모른다.

그러나 본래부터 한국교회의 힘은 사람이 많이 모인다든가 돈이 많이 모인 데서 나온 것이 아니었다. 모여서 뜨겁게 기도하는 데서 한국교회의 에너지가 생겨났고, 어려운 환경에서도 포기하지 않고 자기 사명을 감당하는 사람들로부터 한국교회의 성장이 시작됐다.

한국교회에 힘이 느껴지지 않는다면 그런 열정과 간절함, 그리고 세상의 빛과 소금이 되고자 하는 순전한 사명감이 부족해졌기 때문이다. 우리가 무엇을 구해야 할지 잊지 않는다면, 그리고 우리가 구할 때 그 능력은 하나님께서 주시는 것이라는 점을 잊지 않는다면 지레 실망할 필요도 없고, 위축될 필요도 없다.

우리 장로들은 교회 안에서 리더의 역할을 해야 하는 사람이라면 부정적인 말에 빠져서는 안 된다. 그보다는 이제부터 우리가 뭘 할 수 있을지에 대한 대화를 이끌어내는 역할을 해야 한다.

다시 생각해 봐도, 2,000년 교회 역사, 종교개혁 500년 역사에서 볼 때 한국교회처럼 건강하고 부흥과 성장의 에너지가 풍부한 교회도 없다. 하나님께서 한국교회를 들어서 땅 끝까지 복음을 전파하는 중심으로 쓰실 것이 확실하다고 나는 믿는다.

그런 한편으로, 최근 몇 년 사이에 해외에 나가본 사람들은 경험했겠지만 어느 나라에 가나 BTS를 비롯한 K-POP 스타와 한국 드라마, 한국 문화에 대한 인기를 실감할 수 있다. 내가 처음 해외 출장을 다니던 시절에는 한국이라는 나라의 존재를 아는 사람조차 보기 어려웠는데 어떻게 이런 세상이 왔는지 신기하기만 하다. 그렇다면, 이런 역사를 허락하신 하나님의 뜻은 무엇일까?

올해 초 CTS 기독교방송 문화재단 이사장을 맡게 됐다. CTS 방송국이 시작 1년차부터 어려움에 처해서 교계 비상대책위원회가 꾸려졌을 때, 우리 교단 김기수 총회장님이 대책위원장을, 내가 서기를 맡았었다. 이후로 부도난 CTS 방송국을 살려내는 과정에서 7개 교단 소속 대책위원으로 수고했던 7명이 지금까지도 소위원회로 모이며 재단 운영에 일조해 오고 있었다. 그런 인연으로 CTS 문화재단 이사장직을 제안받았으나 내 나이가 이미 팔십대 중반이라 한동안 고사를 했다. 그러던 중 "엄청난 변화의 때에 방송국이 활력을 되찾을 계기가 필요하다."는 말을 듣고 수락을 결심했다. 자리만 차지하고 대접받는 이사장이 아니라, 실무자들과 소통하고 같이 문제를 해결해 가는 이사장이 되고 싶다고 했다.

얼마 전 CTS의 여러 실장님들과 함께 회의를 했다. 기독교 방송국의 역할, 한국교회의 선교 전략, 목회 전략 등에 대해서 이야기를 나누다 보니 놀라운 비전이 떠올랐다. 나도 최근 해외 여러 나라를 다녀보며 경험한 바 있듯이 한국의 문화적 힘이 국제사회에서 놀랄 만큼 커져 있었다. 그 힘을 활용하면 그동안 어떻게 해도 할 수 없었던 선교가 가능해지지 않을까?

이슬람, 힌두 문화권에 들어가서 선교를 한다는 것은 위험하기도 하고, 거부감만 더 키울 수 있어서 조심스러운 일이었다. 무엇보다도

"왜 한국이라는 처음 듣는 나라 사람이 와서 서양의 종교를 전파하는가?" 하는 질문을 넘어서기가 어려웠다.

　그 지역들은 출입도 접근도 어려웠다. 그런데 지금은 무슬림 국가들이나 힌두교가 큰 비중을 차지하는 인도에서도 한국 문화의 인기가 높고, 한국어를 배우려는 열풍도 대단하다고 한다. 게다가 대부분 젊은이들은 컴퓨터와 스마트폰을 통해서 뉴스와 지식, 한국 드라마와 같은 문화 콘텐츠를 접하고 있다. 부모들이 자녀에 대해서 단속할 수 없는 영역이 펼쳐진 것이다. 지금까지는 부모가 자녀를 교회에 못 나가게 하고, 집에 방문자를 들이지 않는 식으로 물리적 단속을 하면 이를 뚫기가 극도로 어려웠다. 그런데 이제는 스마트폰을 통해 문화적으로 접근하면 부모를 거치지 않고도 직접 접촉할 수 있게 된 것이다.

　이와 같은 방법을 통해 선교를 한다고 할 때, 디지털 강국이자 문화 강국인 한국의 기독교 방송국, 그리고 그 문화재단만큼 훌륭한 도구가 어디에 있겠는가? 여기까지 생각이 미치자, 하나님께서 우리에게 허락하신 역사의 의미를 알 것 같았다. 그리고 한국교회가 할 수 있는 일, 해야만 하는 일이 분명히 있다는 확신이 들었다.

　이와 같은 맥락에서 이미 해오고 있던 또 다른 활동은 2019년부터 장로교신학대학교 교수들과 두 달에 한 번씩 모임을 가지며 진행해오고 있는 '디지털 리터러시' 연구다. 우연한 기회에 장신대 총장을 비롯한 교계 분들과 이야기를 나누다가 메타버스 등 디지털 기술은 날로 발전하고 젊은 세대는 그 영향을 직접적으로 받고 있는데 교회학교, 신학 교육, 선교에 있어서 이를 활용할 방법이 없겠느냐는 토론이 벌어졌다. 알고 보니 여러 학교와 교회들에서 조금씩이나마 이런 연구를 해보려는 시도들이 있었는데 구심점이 없어서 흐지부지되어 왔다고 했다. 이 말을 듣고 내가 제안했다.

"한국 청년들에게도 복음을 전하고 나아가 세계교회에서도 활용할 수 있을 만한 혁신적 방안을 만들어보십시오. 제가 상반기와 하반기에 각각 5,000만 원씩, 연간 1억 원의 연구비를 대겠습니다."

이렇게 해서 장신대 기독교교육 전공 박보경, 신형섭, 신현호, 김효숙 등 4인의 교수가 주축이 되어서 '디지털 리터러시' 연구팀이 만들어졌다. 깊이 있으면서도 현실 적용이 가능한 연구를 해주기를 주문했고, 이제껏 3~4년째 이어져 오고 있다.

이 연구의 중간 결과물로서, 2023년 4월 기독교 플랫폼 'SWITCH (Sharing Wisdom Is To be Christian)'가 세상에 나왔다. 목회자와 성도들에게 도움을 주는 다양한 영상을 한자리에서 볼 수 있게 하는 영상 플랫폼이다. 장신대가 검증한 안전하고 올바른 기독교 영상만 업로드된다는 점이 일반적인 영상 플랫폼들과는 다르다고 한다. 이 플랫폼을 언론에 공개하는 자리에 초대되었을 때 나는 이 프로젝트를 후원한 이유를 다음과 같이 설명했다.

"디지털 문명이 막 몰아닥치고 있는 가운데서 한국교회가 방향키를 잡는 역할을 할 수 있지 않을까 했습니다. 일단 장신대가 이렇게 먼저 시작해서 깃발을 들면, 협력자들이 몰려들 것이라고 생각합니다."

이렇게 각자 자기 자리에서, 할 수 있는 일을 하나씩 해나가는 것이 중요하다. 그러다 보면 어느새 우리가 생각보다 큰일을 해냈다는 것을, 생각보다 크게 쓰임받았다는 것을 깨닫는 날이 올 것이라고 나는 믿는다.

장로여서 받은 축복

장로의 탈을 쓰면 자유하다

2013년 6월 22일, 소망교회에서 예비 장로 부부 아홉 쌍을 대상으로 하는 교육 강좌가 열렸다. 장로가 되려면 투표에서 3분의 2 이상의 득표로 선택된 후 6개월간 교육을 받아 노회 장로고시에 합격하고 장로장립을 받아야 한다. 이 교육과정 중 하나인 90분 강좌를 이날 내가 담당했다.

"예수 잘 믿고 장로 잘 하면 지금 여러분 삶에도 복이지만 자손들에게 위대한 축복의 유산이 상속됩니다."라고 강조했고, 장로로서 어떻게 살라는 말은 내가 살아온 이야기로 대신했다. 그리고 젊은 장로들에게 꼭 해주고 싶었던 말을 했다.

"장로로 신앙생활을 하는 것은 자유롭게 사는 것입니다. 장로의 탈을 쓰면 자유할 수 있습니다."

이 말을 듣고 고개를 갸우뚱한 사람도 있었다. 그러나 설명을 다 듣고는 모두 고개를 끄덕였다. 장로이기 때문에 스스로 절제하게 된다는 의미가 잘 전달된 것이다.

유혹이 넘치는 사회 속에서 아무 경계도 없이 살면 자유로울 것 같지만 오히려 불안하고 불행하다. 확실한 절제, 확실한 경계선은 그 안에서 행복할 수 있는 자유를 부여해준다. 한번 '장로의 삶'을 결단하고 기준을 명확히 하고 나면 실천은 그리 어렵지 않다. 부담스럽지 않고 오히려 그 안에서 자유로울 수 있다. '참 자유'라는 상급을 받게 되는 것이다.

삶에서 가장 고귀한 것이 자유다. 황명환 수서교회 목사님의 책에서 자유를 누리는 구체적인 방법에 대해 읽은 적이 있다. 자유하려면 '출(出) 애굽', 즉 애굽을 떠나야 한다. 그리고 하나님의 법을 지키고 하나님을 섬겨야 완전한 자유인으로 살 수 있다는 것이다.

나도 한동안은 사업상 술자리를 거절하지 못하고 동석하곤 했다. 군에서 제대할 때까지만 해도 술을 권하는 사람에게 "저는 신앙인이라 마시지 않습니다."라고 거절하며 한 번도 입에 대지 않았었다. 그도 쉬운 일은 아니었지만 그래도 굳이 더 강권하는 사람은 없어서 신념을 지킬 수 있었다. 사업 전선에 뛰어든 이후로는 달랐다. "남자가 사업을 하려면 술자리를 피할 수가 없다.", "접대도 업무의 일부다."라는 식의 생각이 지배적인 한국 사회에서 매번 사정을 설명하는 것도 어려웠고, 술을 권하는 사람들을 막무가내로 적대시할 수도 없었다.

그랬기 때문에, 앞에 간단히 썼던 것처럼 소망교회 1기 장로로 피택되어 장로 안수를 받게 됐을 때 사업상 아는 사람들을 최대한 많이 장로 장립식에 초대했다. 기독교 문화를 모르는 사람들은 '장로 장립식'이라는 말 자체를 처음 들어봤다고 하고, 기독교인이라 해도 '사업상 만난 사람의 장로 장립식에도 가는 것인가?' 하는 의아한 표정을 지었지만 나는 일부러 더 당연한 듯이 "꼭 와서 축하해 주십시오."라고 당부했다.

그렇게 해서 사업 상 동료들 중 많은 사람들이 1981년 11월 15일, 소망교회 교회 신축 입당 예배이자 장로장립식에 참석했다. 이들 중 상당수는 예식이 끝난 후 나를 만나 "엄숙한 예식에 감동받았습니다.", "장로라는 직책이 참으로 중요한 것이로군요." 등의 소감을 전했다. 교회 예식에 처음부터 끝까지 참석해보기는 처음이라며, 덕분에 새로운 경험을 했다고 고마워하는 사람도 있었다.

이후로 업계에 내가 장로라는 사실이 다 소문이 나서 그렇게 좋을 수가 없었다. 회식 자리에 참석하게 되면 누군가 알아서 내 몫의 콜라를 주문해 줬다. 사정을 모르는 사람이 "저 분은 왜 술을 안 드십니까?"라고 물으면 "아, 저 분은 교회 장로님이십니다."라고 대신 말해주었다.

세상 속에서 일하고 살아가는 사람들이 단지 '크리스천'이라는 자각만으로는 절제하기가 말처럼 쉽지가 않다. 유혹에서 멀어질 것을 결단해야 한다. 그러기 위해서는 '나는 장로'라는 정체성을 분명히 할 필요가 있다. 그리고 세상 속에서 행동하는 범위를 명확하게 정해놓으면 유혹이 알아서 멀어진다. 광대가 광대탈을 쓰면 탈속에서 마음껏 신명나게 광대놀이를 놀 수 있는 것처럼, 장로의 탈을 쓰면 자유를 마음껏 누릴 수 있으며 주저함 없이 장로의 선한 역할을 감당할 수 있다.

내게 장로 직분은 늘 하나님의 기준을 한 번 더 생각하도록 했다. 그 잠깐의 여유를 가짐으로써 실족하지 않을 수 있었다. 이것이 '장로여서 받은 축복'이다.

장로이기 때문에 자유로울 수 있는 또 다른 측면은, 장로는 자기를 내세우고 으스댈 필요가 없다는 점이다. 평신도가 장로가 되었다는 것은 그 이상 높아질 것도 없고, 높아질 필요도 없다는 것이다. 따라서 자기를 증명하고 인정받으려고 애쓸 필요도 없다. 그때부터는 최대한 겸손하게, 최대한 낮은 자세로 교회 안의 모든 이들을 섬기면 된다.

우리가 사는 이 세상은 점점 더 빠르게 변하고, 경쟁이 심해지고, 아무리 성공해도 다음 순간에 도태될 수 있는 곳이다. 그런 세상에서 각자 치열하게 살아가고 있기 때문에, 이렇게 교회 안에서나마 낮아지는 태도를 가질 수 있다는 것은 그 자체로 크나큰 평안을 누리는 일이다.

장로라서 더 대접받고, 모든 사람들의 섬김을 받으려 하는 사람들도 있기는 하다. 꼭 나서서 챙겨달라고 하지 않더라도 사람들이 알아서 챙겨주는 경우도 많다. 그러나 이런 식으로는 진정한 교제가 이뤄질 수 없다.

상대를 높여준다고 해서 내가 상대적으로 낮아지는 게 아니다. 이미 장로이기 때문이다. 허리를 먼저 굽히는 것이 장로의 특권이라고 생각해야 한다. 처음부터 그렇게 생각하면 자유롭다. 교회 안에 있는 것이 행복하고 즐겁다.

교회 안에서도 행복하지 않고 마음이 불편하다면 키재기를 하고 있지 않은지 자기를 돌아볼 필요가 있다. 내가 저 사람보다 더 좋은 학교를 나왔다, 더 좋은 학교에서 유학했다, 사회에서 더 높은 지위에 있다, 더 돈이 많다 등등 신경쓰기 시작하면 무얼 하든 마음이 편할 수가 없다. 내가 더 잘났으니 교회 안에서도 더 인정받고, 더 좋은 부서를 맡아야 한다고 생각하기 시작하면 어느 자리에서든 불만이 생기고, 무슨 봉사를 해도 즐거울 수가 없다.

너무 열등감을 가지고 위축될 필요도 없다. 소망교회 안에는 대단한 사람들이 많다. 국내외 소망교회 시무장로 당회원 중에 박사, 교수는 물론 총장, 부총리도 있었다. 장관, 대기업 임원, 사장, 도지사, 국회의원도 있다. 하버드대학교 출신 시무장로도 두 분이나 된다. 한국사회 여러 분야의 중심에서 큰 역할을 하는 크리스천들이 소망교회에 총집결해 있는 셈이다. 이런 소망교회에서 초대 1기 장로가 됐기 때문에 처음부터 아예 키재기를 할 수가 없었다. 그 점이 나는 참 좋았다. 나만의 생각은 아닌 듯한 것이, 창립 45년이 되어 누적 등록 교인 9만 명이 넘어가는데도 소망교회에는 지역갈등이나 정치적 편견에 따른 대립이 거의 없다.

내가 소망교회에서 여러 가지 중요하고도 어려운 책임을 맡아서 성공적으로 해낼 수 있었던 것도, 이런 대단한 분들이 전문성을 가지고 열성적으로 참여해 도와줬기 때문이다. 그런 가운데서는 키재기나 권위적 위계의식 같은 것들은 나타날 겨를도 없었다. 오로지 합력해서 선을 이룬다는 목적 하에 수평적 소통을 통하면서 순전한 신앙의 교제를 할 수 있었다.

얼마 전에는 양재천을 산책하는데 천변의 카페 창가에 앉아 있던 소망교회 권사님이 뛰어나와서 반갑게 인사를 했다. 차를 대접할 테니 들어오시라고 해서 따라 들어가 잠시 담소를 나눴다. 내가 성가대 부장, 고등부 부장을 할 때 이야기를 하며 "그때 참 재미있는 일이 많았다."고 하셨다. 사실 나는 그분 이야기하는 에피소드가 다 기억나지는 않았다. 그러나 그분의 표정과 말투에서 행복한 감정이 전해져 왔고, 나도 지나간 사건들이 회상되었다. 시무장로 시절 여러 부서에서 참 열심히 했던 기억이 스치자 나도 모르게 흐뭇한 미소를 짓게 되었다.

교회에서의 봉사라는 게 그렇게 재미있기만 한 것은 물론 아니다. 힘에 부치는 일도 있고, 마음이 상할 때도 있다. 좋은 사람만 만날 수도 없다. 그러나 그 과정을 극복하면서, 조금씩 양보하고 기다리면서 하다 보면 성과가 나는 것이고, 시간이 지나고 나면 좋은 추억이 남는 것이다. 남을 위해 일한 것 같지만 결국은 하나님의 일을 한 것이었다고 깨닫게 된다.

내가 특별히 감사하게 여기는 것은, 세월이 지난 뒤에만 보람을 느끼는 게 아니라, 그 시간들 안에서도 순간순간마다 행복하고 즐거웠다는 점이다. 일을 잘 해서 성과를 내는 것보다, 인정받는 것보다, 일을 하면서 성도들 간에 교제하는 따듯함 그 자체가 중요하다는 것을 알았기 때문이다. 장로로 시무한 보람이란, 함께 사역한 사람들의 가슴 속에 아름다운 기억으로 남는 데 있다. 그것에 바로 성공적인 사역이다. 그런 점에서 나는 장로로서 차고 넘치도록 축복을 받았다.

저도 자라서 장로가 될래요

아들딸이 어릴 때, 사업을 한창 키우던 시절에는 '두 녀석 중에 하나가 자라서 내 사업을 물려받아 주었으면…' 하고 생각한 적도 있었다. 그러나 아이들은 스스로 자기 진로를 선택했고 내 사업을 물려받을 생각은 하지 않았다. 그렇게 자기 삶을 스스로 개척하는 것도 좋은 일이었기에 존중해줬다. 나도 아내도 교회 일에 바빠 요즘 부모들처럼 챙기지 못했는데도 알아서 제 갈 길을 가준 것만으로도 고마운 일이다.

늘 믿음직스러운 아들 성빈이는 연세대학교 세브란스 의과대학 의공학 교수로 재직 중이다. 소명을 가지고 성실하게 일해왔다. 아들 둘에 딸 하나, 삼남매를 낳은 며느리는 요즘 아이 같지 않게 착하고 알뜰하다. 내가 컴퓨터나 스마트폰 등 새로운 것을 배울 일이 있을 때면 그 핑계로 아들을 불러서 이것저것 물어보곤 하는데, 살갑기까지 하지는 않지만 늙어가는 아버지를 애틋해 하는 마음이 느껴져서 듬직하다.

사랑하는 딸 유빈이는 영국 옥스퍼드 대학교에서 석사 학위를 받았고, 지금은 미국 보스턴에서 일인다역을 씩씩하게 해내면서 잘 살고 있다. 남편이 영국 옥스퍼드 대학교에서 박사를 마쳤고, 하버드대 포스트 닥터(post doctor) 과정을 3년간 거친 뒤 보스턴대학교(BU)에서 교수로 일했는데 뒤늦게 다시 도전해서 지금은 치과 의사가 됐다. 유빈이는 남편의 치과병원 운영을 맡아 하면서도 두 아들 잘 키우고, 보스턴 온누리교회 사무장 일을 맡아 신앙생활에도 열심인 대견한 딸이다. 시집가기 전엔 늘 "아빠 같은 사람 만날 거다."라고 하더니, 결혼하고 나니까 "이 세상에 아빠 같은 남편은 없는 것 같다. 엄마가 제일 복 받은 사람이다."라며 듣기 좋은 소리를 해줄 줄 아는 애굣덩어리다.

내 나이에 가장 큰 행복은 손자들이 자라는 것을 볼 수 있는 것이다. 미국에 있는 외손자는 자주 못 보지만, 자주 볼 수 있는 손자 둘, 손녀 하나와는 되도록 많은 시간을 함께 보내려고 한다.

얼마 전에는 할아버지 집에 놀러 온 큰 손자 중석이와 한참 이야기를 나눴다. 요즘 화제가 된 인공지능 챗봇인 ChatGPT(챗 지피티)를 써

보고 나니 영어 공부를 더 해야겠다는 생각이 들었다고 했다. 아무래도 최첨단 기술을 익히고 사용하려면 영어를 사용할 수밖에 없고, 그것도 최고급 영어를 모국어 수준으로 사용하는 사람들이 앞서갈 수밖에 없겠다는 것이었다. 자라는 동안에도 성실하게 공부하고 노력해 온 아이가 그런 도전의식을 느낀다는 점이 대견했다. "어차피 공부는 평생 해야 하는 것이니 대학생 시절에 넓고 크게 보는 시야를 가지고, 새로운 경험을 쌓을 수 있는 공부를 하라."고 해주었더니 중석이는 진지한 표정으로 "네 할아버지, 정말 그래야겠어요."라고 답했다.

여든이 넘은 할아버지의 말에 귀를 기울여주는 모습을 보고 있자니 10여 년 전 중석이가 초등학생이었을 때 일이 생각났다.

2012년 9월 대한예수교장로회 총회 창립 100주년 기념행사가 소망교회에서 열렸을 때, 초등학교 5학년이었던 큰손자 중석이와 나는 뜻깊은 추억을 만들었다. 100주년 기념 예배의 개회를 선언하는 징을 치는 순서가 있었는데, 이 일을 나와 큰손자가 함께 맡았다. 내 할아버지 대부터 손자 대까지 5대를 이어왔다고 해서 '대를 이은 믿음의 가정' 대표로 뽑힌 것이다.

외국에서 온 손님들을 포함한 2,000명이 참석한 가운데 연동교회의 보물이라는 징을 내가 들고 손자 중석이가 세 번을 치자 일제히 기립해서 뜨거운 박수가 터져 나왔다. 그 징 소리를 신호로 기념 예배가 시작됐다. 행사가 끝난 후 많은 분들이 부러움과 축하의 인사를 해주었다.

대한예수교장로회 총회 창립 100주년 기념예배에서
나와 큰손자가 개회를 선언하는 징을 치고 있다.

이 행사가 더 의미 있었던 것은 손자와 내가 징을 치는 장면이 해외에까지 전해졌기 때문이다. 행사에 참석했던 미국 목사님들이 사진을 찍어 미국장로교회(PCUSA) 총회 보고서의 표지사진으로 사용했던 것이다. 그 후 이 사진은 PCUSA 총회의 공식 달력 중 한 페이지로 사용되기도 했다.

이날 손자에게 "너도 자라서 장로가 돼야지?"라고 어느 목사님이 칭찬을 해줬다. 중석이는 "네!" 하고 크게 대답했다. 나중에 사진을 보면서 3학년인 둘째 손자가 "할아버지, 다음에는 저도 데려가 주세요, 네?" 하는데 그 말이 또 얼마나 듣기 좋았는지 모른다.

이후로 지금까지도 손주들이 신앙 안에서 잘 자라고 있으니 이보다 더 큰 복이 없다. 대를 이어 신앙을 물려주며 살아가는 삶의 가치란 세상 그 어떤 부귀영화, 성공과도 비교할 수 없다.

> "여호와를 경외하며 그의 길을 걷는 자마다 복이 있도다. 네가 네 손이 수고한 대로 먹을 것이라 네가 복되고 형통하리로다. 네 집 안방에 있는 네 아내는 결실한 포도나무 같으며 네 식탁에 둘러 앉은 자식들은 어린 감람나무 같으리로다. 여호와를 경외하는 자는 이같이 복을 얻으리로다."(시편 128:1~4)

오래 생각하던 숙제를 마치다

2007년 한국장로교복지재단 이사장직을 맡고 있을 때였다. 사회복지학과를 성공적으로 개설한 한일장신대 채플에서 특강을 해 달라는 요청이 들어왔다. 처음에는 사양했다. 정장복 총장이 거듭 부탁해왔다.

"인생 선배이자 신앙의 선배로서, 복지재단 이사장으로서 많은 일들을 감당하며 살아온 이야기를 해주시면 됩니다."

학생들을 만나는 일이야 언제든지 흥분되고 즐거운 일이지만, 내 입장에서가 아니라 그들 입장에서 유익이 되는 강의가 되려면 어떤 내용을 준비해야 할지 고민이었다. 곧 사업을 정리할 생각을 하고 있었고, 장로 은퇴도 준비해야 할 예순 여덟 살 나이에, '나는 어떻게 살았나?' 찬찬히 되짚어 보았다. 마치 거울을 앞에 놓고 자신을 들여다보는 느낌으로 며칠을 고심하다 보니 새삼 감사한 마음이 들었다.

"하나님께서는 늘 나를 고아처럼 버려두지 않으셨구나!"

사느라 바빠서, 또 알면서도 가슴에 새기지 못하고 지나갔던 일들이 하나씩 기억에서 되살아났다. 모든 것이 사랑이었고, 모든 것이 감사했다. 한일장신대 채플에 갔을 때 내 마음은 그렇게 뜨거워져 있었다.

막상 특강을 하려고 학생들 앞에 서자, 그들의 모습에 50여 년 전의 내 모습이 겹쳐졌다. 병든 몸으로 세상에 나가야 했던, '발버둥 쳐도 안 되나 보다.' 하고 눈물을 흘렸던 내 모습도 떠올랐다. 나는 채플실을 가득 메운 학생들에게 진솔한 나의 이야기를 했다.

"군대를 제대했는데 아무것도 할 일이 없었습니다. 아무리 애를 써도 취직이 안 되는 겁니다. 하도 답답해서 하나님께 '뭐든지 시켜 주시면 죽을 힘을 다해 하겠습니다.'라고 서원기도를 올렸는데 바로 응답을 받았습니다. 그런데 생업이 아니라 교회학교 교사 일이었습니다. 그때부터 65세까지 40년간 교회학교에서 교사로 봉사했습니다. 동료 교사들과 나누었던 신앙의 교제와, 아이들을 가르치기 위해 성경을 열심히 읽고 예배드릴 때마다 더 집중하여 설교를 들은 것이 제 신앙생활의 기반이 됐습니다.

그 가운데 사업도 하게 되었습니다. 기반 없이 시작한 일이라 부침이 심했지만, 위기 때마다 또 다른 길을 열어주셔서 다시 일어날 수 있었습니다. 모두 다 하나님께서 손잡아 주셔서 오늘까지 해왔습니다. 여러분도 하나님 일을 앞에 두고 살아 보십시오. 세상의 성공은 자연히 따라올 것입니다."

특강이 끝나고 준비해간 3,000만 원을 기부할 생각이었다. 학교를 한 바퀴 돌면서 학교를 설립하고 초대 교장을 역임한 선교사들의 사진을 보면서 젊은 나이에 열악한 환경의 조선 땅에 와서 헌신한 그들을 생각하면서 감동을 받았다. 기부금을 5,000만 원으로 올리자고 아내에게 제안했다. 아내도 흔쾌히 동의해서 2,000만 원은 송금하기로 하고 총 5,000만 원을 학교에 기부했다.

학생들의 호응 속에 강연을 잘 마쳤다. 얼마 후 정 총장이 서울에 올라왔으니 만나자고 해서 나갔다. 그런데 정 총장이 깜짝 놀랄 만한 얘기를 했다.

"저희 한일장신대학교가 성경학교로 시작해서 지금의 종합대학교로 발전하기까지 76년 역사가 흘렀는데 이제야 교과부로부터 인가를 받아서 처음으로 박사학위 과정을 세우게 됐습니다. 이를 기념해서 신학, 사회복지학 명예박사를 수여하기로 정하고 대학원 위원회와 교수회의에서 논의했는데, 장로님께 명예 사회복지학 박사를 수여하기로 결정했습니다."

내가 놀라 손사래를 치자 정 총장은 "사전 조사를 충분히 했는데 여러 분들께서 장로님이 우리나라 기독교 사회복지 분야에 지대한 공헌을 했다고 추천해 주셨다."면서 학위를 받을 것을 청했다. 소망교회 김지철 담임목사님도 추천을 하셨다고 했다.

정 총장은 그 뒤로도 두 번 더 서울에 올라와 내게 허락을 구했다. 연거푸 거절하면서도 고민이 됐다.

'내가 과연 사회복지 분야에서 역할을 한 것이 있는가?'

그동안 교단과 연합사업에 전방위로 참여하긴 했지만 특별한 분야와 내용을 따지지는 않았기 때문에 차분히 되짚어봐야 했다. 사회복지 분야와 관련된 일이라면, 하남시에 장애인 교회를 두 곳 짓는다고 해서 건축비 전액을 헌금한 일 정도가 떠올랐다. 따져보면 장로교 복지재단(대한예수교장로회 총회) 이사장직을 맡았던 것도 관련이 있을 것이었다. 그때 전국 87곳의 복지시설을 세우고 운영하며 전문인 양성을 위해 노력했던 것이 보람된 일로 기억돼 있었다. 또 대한예수교장로회 총회 사회봉사부장을 맡았을 때 이승열 목사(총회 사회봉사부 총무)와 함께 교단 사회봉사 사업에 매진했던 일도 생각난다. 소망교회에서 한 일 중에서도 아프리카, 중남미, 미얀마, 라오스, 캄보디아, 몽골, 중국 오지, 북한 등을 다니며 교회를 건축하고, 우물을 파고, 학교를 세우고, 보육원들을 세웠던 일들이 떠올랐다. 그렇게 정리해보니 내가 했던 많은 사역이 사회복지 분야에 해당됐다. 어쩌면 평생 그분야의 일을 열심히 해온 셈이었다. 그렇게 고민을 거듭한 끝에 학위를 받는 일에 결심이 섰다.

2008년 2월 15일, 한일장신대학교 신학박사 '명예 사회복지학 박사' 수여식에 참여했다. 박사 가운을 입고 박사모를 쓰고 많은 사람들의 축하를 받으며 한일장신대학교 동문이 되었다. 내가 한 일에 비해 큰 상이라는 생각도 들었지만 '명예'를 명예롭게 받을 줄 알아야 한다는 생각으로 기쁘게 받아들였다.

그런데 그 뒤로 뭔가 숙제를 다 못한 것처럼 찜찜한 마음이 들었다. 문득 오래전부터 막연하게나마 마음속으로 '시무장로를 은퇴하는 시점(2009년 12월 27일)까지 뭔가 의미 있는 일을 하고 싶다.'고 생각했던 것이 떠올랐다. 그 일을 할 때가 지금이라는 확신이 들었다. 몇 달 후, 나는 시간을 내 정 총장을 다시 찾아갔다.

"명예박사 학위를 받은 이후로 자꾸 학교에 관심이 갑니다. 도움되는 일을 하나 했으면 하는 생각이 떠나질 않습니다."

내 말에 정 총장은 "도움될 일이라면 작은 것부터 큰 것까지 수도 없이 많지요."라고 했다. 그러고는 잠시 침묵을 지키던 정 총장이 조심스럽게 말을 이었다.

"저희가 도서관을 다 지어놓고 헌정을 못하고 있습니다. 10억 원을 기부해 주세요. 장로님 성함으로 헌정을 하겠습니다."

가슴이 철렁했다. 1억 원도 아니고 10억 원이라니. 내가 생각하고 있던 액수가 아니었다. 굳이 마련한다면 재산을 상당 부분 처분해서 만들어야 할 액수였다. 순간적으로 '안 되겠다.' 싶었다. 그러나 곧 '가진 것을 정리해서라도 이 일을 감당하자.'는 마음이 들었다. 집에 가서 상의를 해보겠다고 대답하고 돌아왔다.

아내는 그동안 대부분의 작은 일들에 있어서는 내가 결정해놓고 동의를 구하면 찬성해주곤 했다. 그러나 이번에는 워낙 큰 액수라 걱정이 되었다. 정 총장을 만난 이야기를 조심스럽게 꺼냈다. 듣고 있던 아내는 일말의 주저도 없이 그 자리에서 "좋아요."라고 동의해주었다.

나는 바로 정 총장에게 전화를 걸어 기부할 것을 약속했다. 기부를 약속한 뒤 나는 홀가분한 마음으로 잘 지냈다. 그런데 예상치 못한 문제가 터지고 말았다. 2008년 말 미국 발 금융위기로 전 세계 경제가 파산 지경이 되었던 것이다. 주식, 증권, 부동산 할 것 없이 모든 자산 가치가 반토막 난 것이다.

기부하기로 약속한 날은 다가오는데 대책이 없었다. '이야기 나왔을 때 바로 할걸.' 하면서 후회를 하기도 했고 약속 날짜를 연기해볼까도 했다. 아내와 상의를 했더니 이렇게 말했다.

"다른 일도 아니고 하나님께 약속한 일이니 꼭 해야지요. 어떻게든 해보세요. 저는 당신이 하자는 대로 따를 거예요."

이 말에 결심을 한 나는 노후 대책으로 가지고 있던 은행 펀드를 정리했다. 20억 원 펀드 자산이 10억 원으로 줄어있었다. 약속된 날짜인 2009년 4월 17일에 10억 원을 송금했다. 돈이 빠져나간 통장을 보자 내 마음도 하늘을 날 것처럼 가벼웠다. 그렇게 행복할 수가 없었다. 학교에 도움을 주기 위해 기부했다기보다는 '하나님과 나와의 숙제'를 완성하는 의미가 더 컸던 것이다.

그로부터 나흘 뒤인 2009년 4월 21일, 아내와 나는 한일장신대의 도서관 봉헌예식에 참석했다. 그러지 말라고 부탁했는데도 정 총장은 교수들과 상의해서 아내의 이름에서 '미(美)'자를 따고 내 이름에서 '래(來)'를 따 '미래도서관'이라고 이름을 지어두었다. '아름다운 내일을 소망하는 도서관'이라는 뜻이었다. 마침 내 손녀의 이름도 '박미래'여서 그 이름이 마음에 쏙 들었다.

봉헌예식이 열린 날, 예상치 못한 깜짝 선물을 받았다. 영국에 유학 중이던 딸이 그 자리에 참석한 것이다. 당시 만삭의 몸으로 옥스퍼드 대학에서 석사 논문 마무리 작업을 하던 때라 눈코 뜰 사이 없이 바쁠 텐데도 제 오빠의 연락을 받고 날아온 것이다. 전날 입국했지만 깜짝 놀래 주려고 일부러 연락하지 않고 오빠 집에서 묵은 뒤 함께 왔다고 했다.

그렇게 해서 아들, 며느리, 딸, 손자·손녀 들이 다 한자리에 모인 가운데 봉헌식이 치러졌다. 서울에서 전국장로회 장로님들과 소망교회 식구들이 버스 두 대를 타고 와서 축하해주었다. 참석 못한 분들로부터 도착한 화환 백여 개가 줄지어 세워졌다. 감격스럽고 뿌듯한 시간이었다. 우리 아버지께서 삶으로 본을 보여주셨듯이, 나도 자손들에게 아버지로서 본을 보여줄 수 있는 기회가 있기를 마음속으로 바랐는데 이렇게 아름답게 실현되는구나 싶었다.

나중에 정 총장에게 들어보니 학교 입장에서는 그때 내가 찾아온 것이 하나님의 기적이라고 했다.

"장로님, 그때 장로님께서 저를 찾아오셨을 때 저는 천사를 만난 것 같았습니다. 그때 저희 학교가 중대한 고비였거든요. 교수들 급여도 밀려 있었고 학교 운영은 고사하고 건축비 부채 이자 내기도 버거울 때 장로님이 찾아오신 겁니다."

당시 실제로 교단의 많은 목사님들도 한일장신대학교가 문을 닫기 직전이라며 회생 불가능이라고 염려하고 있었다. 정 총장은 '온 생명을 던져 수습하겠다.'는 결심으로 일하다가, 어쩌면 정말로 지쳐 쓰러질 수도 있을 지경일 때 나를 만났다고 한다. '이 고비만 넘기면

한일장신대학교 미래도서관 봉헌식에서

어떻게든 될 텐데….'라고 생각하던 그때 우리 내외의 기부금이 큰 힘이 됐던 것이다.

그 액수가 중요했다기보다는 그렇게 기부자가 나섰다는 점이 언론과 교계에 알려지면서 '한일장신대학교가 회생 가능하구나.'라는 시그널로 작용했고, 그 이후로 전국의 많은 교회들로부터 기부금이 모였다고 했다. 한일장신대학교는 지금은 부채를 다 갚고 100억 이상 잉여금을 비축한 우수 대학이 돼 있다.

잊었던 꿈을 기억하시는 하나님

장로여서 받은 축복 중에 자랑하고 싶은 것이 하나 더 있다.

2009년 9월, 나는 뜻밖의 제안을 받았다. 장로신문사의 발행인 김건철 장로가 만나자고 해서 나갔더니 나를 장로신문사 사장으로 추천하겠다며 맡아달라는 것이었다.

전혀 예상하지 못한 제안이라 적잖이 당황했다. 이 자리는 교계에서도 언론인 출신 등 많은 훌륭한 분들이 하고 싶어하는 자리였고, 평생 언론계와 관계없이 산 내게는 걸맞지 않은 제안이었다. 들어보니 이 자리를 놓고 나보다 선배인 장로님들 간에 심한 경쟁이 벌어졌다고 한다. 어느 쪽이 돼도 양대 교계 정치세력 간에 갈등이 생길 상황이라는 것이었다. 때문에 어느 쪽에서 봐도 무난한 제3의 후보로 내가 낙점됐다는 것이다. 내가 고민 끝에 승낙을 하자 그 두 어른도 수긍을 해주셔서 일사천리로 일이 진행됐다.

사장 취임식에서 문득 돌아보니 내 어릴 적 꿈이 신문기자였다. 교복을 입고 신문팔이와 신문 배달을 하던 시절, 신문사 지사장이나 기자들과 자주 접촉하며 그분들의 도움을 받았던 탓에 언론인은 내게 늘 동경의 대상이었다. 우여곡절 끝에 사업가로서의 길에 접어들었고 만족스럽게 사업을 일구었지만, 마음 한구석에는 그 꿈이 고이 접힌 채 간직돼 있었다. 그 사실을 일흔이 넘은 나이에 깨달은 것이다. 하나님께서는 이렇게 '잊었던 꿈'까지도 기억하고 이뤄주시는 분이다.

신문팔이였던 배고픈 소년의 꿈이 이뤄졌다고 생각하니 사장직의 지위와 명예를 누리는 것보다 더 하고픈 것이 신문이 만들어지는 과정을 배우는 것이었다. 이를 위해서는 실무진들과 소통이 필요했다. 모든 직원들과 자유롭게 소통하고 싶었다. 직원들 입장에서는 내가 그들에게 어려울 수밖에 없는데, 이 선입견을 없애기 위해 내가 선택한 방법은 '인사'를 잘 하는 것이었다.

나는 사무실에서 직원과 마주치면 나이나 지위 고하를 막론하고 "안녕하세요?"라고 먼저 인사를 했다. 어떻게든 경직된 조직문화에 새 바람을 불어넣고 싶었다. 청년들을 좋아하고 그들과 소통하는 것이 즐겁고 행복해서 그렇게 한 것이기도 했다. 전 직원과 지사장, 고문들까지 함께 매년 1박 2일 워크숍을 가기도 했다. 직원들 모두가 가장 자신 있게 말할 수 있는 내용으로 5분씩 특강을 하고 밤을 지새우며 이야기를 나누자 드디어 '소통'이 이뤄지기 시작했다.

사무실 분위기도 점차 달라졌다. 막내딸뻘 되는 한 여직원은 메일을 보내주었다.

"장로님, 요즘 참 즐겁습니다. 예전 사장님들은 늘 어려워서 다가가기가 쉽지 않았는데 장로님께서는 제일 나이 어린 저에게까지 관심을 기울이시고 존중해주셔서 감동을 받았습니다. 일하는 것도 즐겁고요. 정말 감사합니다."

리더의 역할은 수많은 사람들의 이해관계가 한 곳에 모이도록 하는 것이다. 이런 일은 강압이나 지시가 아닌 참여와 소통을 통해서만 가능하다. 정보화 사회에서는 남보다 좀 더 아는 것이 큰 의미가 없다. 모든 사람들이 이미 충분히 똑똑하다. 그럼에도 소통은 점점 더 어려워진다. 그렇기 때문에 넘치는 정보와 지식에도 불구하고 사회는 오히려 단절의 벽이 두꺼워졌다. 소통이 원활하게 되고 일하는 환경이 즐거우면 조직은 남다른 성과를 낼 수 있다.

다행히 내 마음이 전달되었는지 사무실은 점점 활력을 찾으면서 적극적인 분위기로 변해갔다. 기사도 좋아졌고 편집 방향도 교계의 많은 분들로부터 칭찬을 받았다. 광고도, 독자도 늘었다. 3년간 한국 장로신문사 사장직을 감당하는 동안 한국기독실업인회(CBMC) 회장직도 동시에 맡아 무척 바쁘게 지냈지만, 그런 바쁜 일상 자체가 행복이었다.

광야에 길을, 사막에 강을 내리니

나이 여든 중반이 넘어서 사업도 시무장로직도 은퇴한 노년 후반기인데도 내 스케줄은 늘 빡빡하다. 여전히 오라는 곳도 많고, 특강 초청도 많고, 틈틈이 글도 써야 하고 돈 쓸 곳도 많으니 감사한 일이다. "하나님 뜻대로 살기를 참 잘했다."고 되뇌일 만큼, 축복 중의 축복이다.

올해는 여든 다섯의 나이에 새로 이사장직을 맡은 CTS 기독교방송 문화재단 일로, 그리고 장신대 '디지털 리터러시' 프로젝트 등으로 젊은 사람들과 회의할 일이 많다. 이렇게 소통할 기회가 생겨서, 그리고 뭐라도 참여할 수 있는 기회를 얻어서 기쁘다.

젊은 교수들, 전문인들과 만날 기회를 얻는다는 것 자체가 행복이다. 대화 중에 내가 모르는 용어가 나올 때도 있다. 내용을 이해하기 어려울 때도 있다. 그럼에도 한참 이야기를 나누다 보면 머릿속에 그림이 그려지고 생각이 떠오른다. 그런 상황이 즐겁다. 40여 년 사업하면서 전문인들과 머리를 맞대고 신상품을 개발하던 그때로 잠시 돌아가는 듯도 하다.

내 지식과 능력으로만 뭔가 하려고 한다면 젊은이들에게 '꼰대'라는 말을 들을지도 모른다. 그렇게 될까봐 제안받은 일을 고사한 적도 많다. 그러나 하나님께 쓰임받는 존재로서의 역할이 남아 있다면, 수명이 다할 때까지 최선을 다해서 해내고 싶다.

다만, 십여 년 전부터는 가족과 보내는 시간에 더 많은 비중을 두

려고 노력하고 있다. 젊어서는 사업하랴 교회 일 하랴 밖으로만 돌아
다녀도 아내가 나머지 모든 일을 도맡아 해주었다. 그러나 어느 순간
부터는 아내에게도 내 보살핌이 필요하다는 것을 깨달았다. 이제는
각자의 역할만 잘 하면 되는 게 아니라 서로 도우면서 살아나가야 할
나이다. 그래서 되도록 아내와 많은 시간을 보내려 한다.

코로나 때문에 2020년 이후로는 다니지 못했지만, 그 전까지 몇
년 동안은 1년에 두 번씩 우리 내외와 이대식 장로 내외 총 4명이 함
께 유럽 여러 나라를 운전하면서 여행하기도 했다. 대부분 사업하던
시절 출장을 다니며 숱하게 가봤던 나라들이지만, 차를 직접 운전하
면서 여유롭고 자유롭게 여행하는 느낌은 사뭇 새로웠다. 애초부터
마음이 맞는 사람들과 같이 떠난 여행이기도 했지만, 이 나이쯤 되니
다들 이신전심이라서 여행하는 동안 별로 많은 말을 하지 않았어도
늘 다 같이 여유롭고 즐거웠다.

특히 2019년 6~7월, 40일간의 아이슬란드 일주가 기억에 남는다.
70~80대 나이의 네 사람이 떠난 여행이지만 요즘 청년들에게도 뒤
지지 않을 만한, 진정한 의미의 '자유여행'을 했다. 숙소도, 여행 루
트도 미리 정하지 않았다. 그때그때 스마트폰으로 예약한 게스트하
우스에서 묵었고, 마트에서 장을 봐서 요리를 해먹었다. 차를 렌트해
서 직접 운전하며 다녔고 소통이 필요하면 스마트폰 번역기를 사용
했다. 백야 현상으로 대낮같이 밝은 밤에 굳이 억지로 자려 하지 않
고 빈둥빈둥 시간을 보내봤다.

서부 피오르드의 끝자락 마을을 여행할 때 경사가 심하고 어두운 동굴 계단을 걸어가야 한 적이 있었다. 나도 무척 조심스러웠지만 행여 아내가 다칠까 걱정이 됐다. 그런데 한 외국인 여성이 스마트폰 플래시 불빛을 아내의 발 앞에 계속 비춰주며 걷는 게 아닌가? 이렇게 예기치 못한 감동과 따뜻함을 느낄 수 있는 것이 자유여행의 묘미구나 싶었다.

여행을 하다 보면, 특히 직접 운전하면서 여러 곳을 다니다 보면 역시 나이는 숫자에 불과하다는 실감을 할 때가 많다. 나는 지금 나이에도 운전을 즐기는데, 이 자유로움을 놓치지 않고 살아올 수 있어서 다행이다.

물론 젊은 시절에 비하면 몸이 노쇠했고 에너지도 덜한 것은 사실이다. 그러나 그것은 갑자기 닥친 불행이 아니다. 지금까지 이 몸으로 많은 일을 하며 살아왔기 때문에 그렇게 된 것일 뿐이다. 그렇게 살아온 데 대한 감사와, 언젠가 무거운 몸을 벗고 하늘나라에 간다는 소망이 있다면 아쉬울 것도 없고 슬플 것도 없다.

아들과 딸은 다 커서 성인이 됐지만 그래도 아버지와 소통하고 싶어하는 때가 있다. 그럴 때의 신호를 놓치지 않는 것도 내게 아주 중요한 일이 됐다. 이메일이나 카톡이 올 때마다 답장도 꼬박꼬박 해주고, 행간에 어떤 고민이 있지는 않은지 알아볼 수 있는 아버지가 되려고 노력 중이다.

대학생이 된 손자 손녀들에게 틈틈이 조금씩 용돈을 송금해 주기도 한다. 가장 효과적인 투자 방법이다. 할아버지 할머니를 기억하고, 가족들에게 받은 따뜻한 사랑과 환대를 느끼면서 건강한 사회인으로 성장하기를 기대하면 하는 투자다. 이런 일로 손자 손녀들과 소통한 일이 다시 아들 내외, 딸 내외와의 대화 소재가 된다. 노년에 이렇게 바빠서 행복하다.

그러는 중에도 내 이야기를 들어서 도움이 된다는 사람들이 있다면 마다 않고 가려고 하는 편이다. 특히 청년들을 만날 때면 가슴이 뭉클해진다. 그들 앞에 미지의 삶이 펼쳐져 있다는 것이 얼마나 아름답고 가슴 벅찬 일인지 잘 알기 때문이다.

요즘 청년들은 일견 풍요로운 삶을 사는 듯 하지만 속내를 들여다보면 불안으로 꽉 차 있다. 점점 다양해지고, 변화가 빨라지는 세상 속에서 나름대로 열심히 노력하고 진로를 찾으며 살아왔지만 좋은 직장도, 안정된 삶도 손에 잡히지 않아서 답답하고 막막하다는 청년들이 많다. 거기다 대고 "너희 처지는 우리 때보다는 낫지 않느냐!"라고 하는 것은 공감대를 찾기는커녕 청년들을 반대편으로 밀어내는 일이다.

게다가 인공지능 등 최근 기술 발전 양상을 보면 앞으로의 세상은 기성세대가 살아온 것과는 전혀 달라질 것으로 보인다. 부모님이 살면서 경험한 것을 바탕으로 "이런 공부를 해라.", "이런 직업을 가져라."는 식으로 코치를 했다가는 자녀들이 더 힘들어질 수 있다. 지금까지 그래온 것처럼 바로 옆 친구와 경쟁해서 한 발짝 앞에 서면 성공할 것처럼 닦아세워서도 안 된다. 넓은 시야로 주위를 보고, 세상이 어떻게 펼쳐지는지를 이해해야 자신이 몰입하고 성취하며 일하고 살아나갈 현장을 찾아낼 수 있다. 그동안 신봉해 온 교육도 생활도 가치관도 모두 바꾸어야 하는 것이다.

이런 전환기의 한가운데를 살아나가는 청년들이 얼마나 힘들지 짐작할 수 있기에 기회만 있다면 그들을 다독여주고 조금이라도 희망이 되는 말을 전해주고 싶다. 물론 그들을 만나는 시간에는 한계가 있고 내 의도가 잘 전해지지 못할 수도 있다. 그러나 조금 더 많이 산 사람의 입장에서 한 마디 보탤 수 있다면 몇 가지 이야기를 해주고 싶다. 지금 가진 고민들은 인생의 소중한 징검다리라고 말해주고 싶다. 여유를 잃지 않고 하나님의 크신 섭리를 믿으며 한 발 한 발 건너다보면 "아, 가장 큰 고비는 이미 지나갔구나." 하고 안도하게 될 때가 올 것이다.

또한 파도에 휩쓸리지 않으려면 파도를 타야 한다는 것을 가르쳐주고 싶다. 세상은 늘 거친 바다처럼 요동친다. 잠시라도 긴장을 늦추면 높은 파도 아래 무방비로 서 있는 자신을 발견하게 된다. 그때 어설프게 정면으로 도전해서 이기려 하면 파도에 휩쓸려버릴 것이다. 그럴 때는 두려움을 버리고 파도를 타야 한다.

너무 심한 물살일 때는 가만히 견디어 보고, 조금씩 할 수 있는 일이 있을 때는 다음 단계를 준비한다는 마음으로 도전하다 보면 방법과 길이 보인다. 소용돌이는 어떻게든 빠져나갈 수 있다. 죽을 지경에서 어떻게 살아나가기만 하면 그 다음은 쉽다. 어느새 능숙하고 강해진 자기를 발견하게 되기 때문이다. 그렇게 실패를 두려워하지 않고 태풍을 지나 보내면, 어느새 꽤 높은 곳까지 올라와 있다는 것을 깨닫게 될 것이다.

모든 과정을 혼자 힘으로만 하기에는 세상이 갈수록 너무 힘들다. 가장 위험한 것이 '이 세상에 나 혼자'라는 생각이다. 그렇게 고립되면 자기의 가치가 한없이 작아지고 너무 큰 절망의 바위에 눌리게 된다. 나도 만일 그런 생각을 했다면 인생길이 전혀 달라졌을 것이다. 내가 맞닥뜨린 어려움이 그 누구의 것 못지않게 험하고 막막했지만 이겨낼 수 있었던 것은 어려울 때마다 그분의 인도하심을 느꼈기 때문이다. 예수님 믿어서 가장 좋은 일은 그를 의지하며 여유를 벌 수 있다는 것이다. 그렇게 여유를 벌 수만 있으면 아무리 어두워도 길을 찾아낼 수 있다.

내게 이런 길을 가르쳐준 것은 할아버지 대에서부터 내려온 신앙의 유산, 그리고 나를 위해 많은 분들이 밤낮없이 해준 기도였다. 그 기도의 힘은 가장 위급할 때마다 나에게 생명줄을 던져주곤 했다. 아무 기댈 언덕이 없는 환경에서도 주님을 의지하며, 마치 든든한 아버지를 믿고 활개치는 어린아이처럼 당당하고 기운차게 살아올 수 있었다. "내가 너희를 고아처럼 버려두지 않겠다"(요 14:18)고 예수님께서 제자들에게 하신 말씀은 평생 하나님께서 내게 주신 징표와도 같았다.

얼마 전 성경 말씀 중에 한 부분이 새롭게 다가왔다.

"보라 내가 새 일을 행하리니…내가 광야에 길을 사막에 강을 내리니."(사 43:19)

조용히 이 말씀을 묵상하니 많은 생각이 스친다. 그야말로 광야에 길을 내면서 살아온 인생이었다. 그런데도 하나님께서는 계속해서 내 앞에 펼쳐질 광야에 새 길을 내겠다고 하신다. 지난 몇 년간도 내가 맡았던 일, 감당한 일들이 손으로 꼽을 수 없을 만큼 많았다. 요즘도 계속 연락이 오고 만나자는 사람이 많은 것을 보니 앞으로도 일은 계속 주어질 모양이다.

이 글을 쓰고 있노라니 몇 년 전 하와이 열방대학 DTS 수련회에 참석했다가 코나 해변에서 바라보았던 석양이 떠오른다. 어려서부터 수도 없이 노을을 보아왔지만 그처럼 장엄한 광경은 처음이었다. 태양이 바다로 잠겨가면서 구름 모양을 따라 겹겹이 붉은 물결이 퍼져 나갔다. 드넓은 태평양 전체가 새빨갛게 타올랐다. 그 빛깔이 절정에 달하는 순간 나도 모르게 숨을 참았다. 그리고 기도했다.

"하나님, 저렇게 나이 들게 해주십시오. 제 노년도 저렇게 아름다울 수 있으면 좋겠습니다."

자신을 남김없이 불사른 태양은 바다 밑으로 사라져 갔고 순식간에 어둠이 내렸다. 까만 밤하늘에는 달과 별이 떠올랐다.

석양을 닮는다는 것은 그렇게 곧 떠나야 한다는 것을 잊지 않고서 마지막까지 최선을 다해 살아간다는 뜻이리라. 그렇게 내 노년을 멋진 노을색으로 칠해갈 수 있기를, 사라지기 전까지 점점 더 황홀한 색으로 더해갈 수 있기를 소망한다. 나 자신을 위해서가 아니라 아직 내 힘을 필요로 하는 사람들, 하나님이 주시는 사역을 위해서.

처음 책을 내고 8년여 만인 2023년, 몇 가지를 고쳐서 다시 내려고 준비하면서 다시 돌아보니 어느덧 지나온 세월이 85년이나 된다. 회상해 볼수록 85년을 참 잘 살았다. 열심히 살았고, 결과가 분에 넘치게 좋았다. 인생의 순간순간마다 손 잡아주는 사람이 있었고, 이리 와 보라고 초청해 주는 사람이 있었다. 따라가 보니 좋은 길이었고 축복의 길이었다. 주님께 일찌감치 붙잡혀서 살아온 덕분이었다.

글을 다 정리하고 나서 돌아보니 '행복하다'는 말을 참 여러 번 썼다. 그럼에도 마지막으로 한 번 더 쓰고 싶다. 하나님께 쓰임받으며 잘 살아왔고, 앞으로도 쓰임받을 것을 기대할 수 있어서 참으로, 참으로 행복하다.

* 끝으로 황세원 작가에게 고맙다는 말을 빼놓을 수 없다. 그는 나의 지난 삶을 더듬고 정리하는 생색이 안 나는 작업을 나와 함께해주었다. 황 작가가 없었다면 나는 이 자서전을 완성하지 못했을 것이다.